U0918379

● 本书为中央级公益性科研院所基本科研业务费专项资金资助项目

IAED

Research on the Dispute and Resolution of Rural Land Contract Management based on Large Sample Survey

基于大样本调查的我国农村土地承包经营纠纷与化解研究

夏英 吕开宇 等 ◎著

中国财经出版传媒集团
经济科学出版社
Economic Science Press

前言

Preface

“三农”问题是我国经济工作的重点，土地问题是“三农”问题的核心，农地制度改革已经成为当前经济和社会体制改革的重中之重。我国主要涉农土地制度政策调整包括：改革开放以来，法律和政策文件逐步将土地承包关系从第一轮30年、第二轮延包15年稳定为长久不变；2013年《中共中央 国务院关于加快发展现代农业进一步增强农村发展活力的若干意见》提出，计划用5年时间基本完成农村土地承包经营权确权登记颁证工作（2015年全国已有12个省份开展整省试点工作，部分省份已基本完成落实集体土地所有权）、承包地实行“三权分置”的产权结构等。在此过程中，随着我国农村土地制度、政策及利益关系等的调整，农村土地纠纷成为农村社会的常见现象，有的地方因多种原因引发的农村土地承包经营纠纷日益增多，成为农村基层管理的焦点和难点问题。特别是从2013年国家开始实施土地承包经营权确权颁证工作以来，一些潜在的人地矛盾、历史遗留问题有重新浮现的苗头，导致农村土地承包经营纠纷呈阶段性上升态势。这些纠纷涉及土地承包关系的诸多方面，一般具有政策性强、影响面广、敏感度高、处理难度大等特点，一旦解决不好，很容易激化矛盾并影响社会和谐稳定。因此，在新形势下，如何及时有效地化解土地承包矛盾纠纷，是现阶段深化农村土地制度改革、实现农业可持续发展的关键所在，也是现实中亟须解决的大问题。

本书旨在通过对农村土地承包经营纠纷状况的研究，分析和构建纠纷调处机制。鉴于农村纠纷类型不同、调处方式不同，从农业经营管理部门职能出发，本书研究的“农村土地承包经营纠纷”，是指依靠当事人自身力量无法解决而必须寻求第三方来解决的农村土地承包经营争端和矛盾。因此，不必寻求第三方的以及不在农村土地承包经营范畴之内的（如征地补偿标准等）纠纷，不在本书研究范畴之内。

本书研究的期限为2013~2015年，按年度分阶段完成。课题组分三次对东、中、西部多个省份不同类型的农户进行了专项连续调查研究，获得了一系列前沿性、开拓性、综合性的研究成果：第一，对农村土地承包经营权纠纷的基本特点及规律进行了较全面的探索；第二，系统地探究了土地承包经营纠纷分布特征及其产生根源；第三，更深入地了解、透视了土地确权试点不断推进背景下我国农村土地纠纷问题发生的趋势；第四，为相关部门及时提供土地承包经营纠纷的实证研究资料和数据，以及解决农村土地承包纠纷的对策建议。以上研究成果，对及时防控、化解农村土地承包经营纠纷，推进农村土地制度改革，实现和维护农村社会稳定，构建和谐社会产生积极作用，为今后继续深入进行相关研究积累了重要学术资料，不仅具有决策咨询价值，也具有一定学术研究价值。

由于本书研究主要基于大样本调研，涉及的信息资料较多，疏漏之处还请读者批评指正。

目录

Content

第1章

我国农村土地承包经营纠纷状况及调处

在工业化、城镇化和农业现代化发展多重动力推动下，我国农村土地资源呈现加快非农转移和承包经营权流转的演化态势。与此相伴，国家陆续出台各项惠农政策，在一定程度上缓解或对冲了农业比较利益下降产生的不利影响，提升了土地价值和农民对土地附加利益的追逐。在此背景下，围绕土地的“纠纷”逐渐增多。但长期以来，农业管理部门对土地纠纷的基本情况不甚了解，特别是从2013年国家开始实施土地承包经营权确权颁证工作以来，一些潜在的土地矛盾以及历史遗留问题有重新浮现的苗头。个别地区、一定时期农村土地纠纷呈现持续上升趋势，成为农村社会治理的风险对象，也成为农村基层管理的重点和难点问题。为了摸清土地纠纷的数量、特点、分布规律以及产生的原因等，在新形势下及时有效化解土地承包矛盾纠纷，展开有关土地纠纷的追踪调研具有十分重要的意义。

受有关部门委托，课题组历时三年（2013～2015年），对东、中、西部多个省份、不同类型农户进行了农村土地承包经营纠纷专项、连续调查研究。调研内容包括土地承包经营、流转、确权及征占情况，以及承包经营中的纠纷发生情况。历时三年的持续调研是一个循序渐进、层层深入的过程：从最初的摸清我国农村土地承包经营纠纷实际情况，发现相关影响因素；到了解土地确权试点地区总体土地纠纷发生情况，探究发生土地纠纷的原因；再到结合农村土地确权全面推进和农业经营方式升级的大背景，以及前两年的研究基础，深层次挖掘我国农村土地纠纷发生的原因。

调研成果为相关部门及时防控、化解农村土地承包经营纠纷，实现和维护农村社会稳定，构建和谐社会，进一步探讨解决农村土地承包纠纷的对策建议，提供了数据支持和科学决策依据。

1.1 调研样本、方法及框架概述

历时三年的农村土地承包经营纠纷的调研以问卷调查为主、座谈方式为辅，问卷调查采用的是多阶段分层抽样方法。首先，根据我国东、中、西部地区分类和经济发展水平确定样本省。其次，分别从每个样本省确权试点县（市）和非确权试点县（市）各抽取一个样本县（市）确定样本县。最后，每个县（市）随机选取三个（乡）镇，各（乡）镇原则上选取两个村，各样本村至少随机选取 2 ~3 名村干部和 15 户农户，分别进行村级和户级水平调研确定样本村镇及农户。其中，在确定样本户的过程中对规模种植户和普通种植户在村级按 3∶5 比例抽取，以提高样本的精准性和有效性。

历时三年的持续调研是一个循序渐进、层层深入的过程（见图 1 –1）。一方面，调研样本逐步扩大，由 2013 年的 3 个省份、450 户农户扩大到

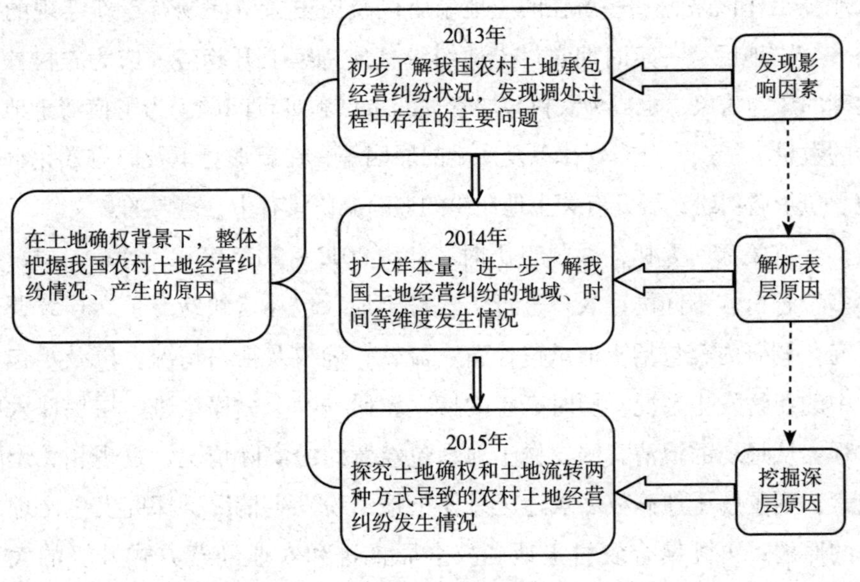

图 1 –1 研究框架

2015年的7个省份、1911户农户；另一方面，调研内容逐渐深入。为了从整体上把握土地确权背景下我国农村土地纠纷情况，首先，初步了解我国农村土地承包经营纠纷状况，并发现调处过程中存在的问题以及初探影响纠纷产生的因素；其次，扩大样本量，进一步解析我国土地经营纠纷产生原因；最后，探究土地确权和土地流转两种方式导致农村土地承包经营纠纷的现状，以及挖掘土地纠纷产生的深层原因。历时三年的连续调研，有针对性地指导、缓解和对冲了我国农村土地经营纠纷，具有重要的现实意义。

2013～2015年调研样本量和范围逐年扩大，提高了调研结果的准确性和可靠性。调研样本范围横跨东西部、纵伸南北方，几乎覆盖我国的典型省份。三年抽取的样本省相同中又略存差异，后一年抽取的样本省，一般在前一年的基础上进行优化，既有同省的面上扩展，也有不同省的面上扩展，目的在于从两个层面扩大样本量，提高样本的密度、可靠性和有效性。样本量由2013年的18个村、450户农户扩大到2015年的190个村、1911户农户，大大提高了实证研究结果的可靠性（见表1－1）。

表1－1　　2013～2015年土地纠纷调研样本分布

年份	样本省	样本量
2013	3个省：吉林、江苏、四川	18个村、450户农户
2014	7个省：江苏、山东、河北、安徽、吉林、陕西、贵州	74个村、1251户农户
2015	7个省：江苏、山东、浙江、黑龙江、吉林、河南、四川	190个村、1911户农户

1.2 我国土地承包经营纠纷的主要发现

1.2.1 我国农村土地纠纷发生率

我们对农村土地承包经营纠纷发生率采用两种计算方式进行界定：第一，农村土地承包经营纠纷件数发生率＝发生承包经营纠纷的件数/全部承包经营件数；第二，农村土地承包经营纠纷户数发生率＝发生承包经营纠纷的户数/全部承包经营户数。其中，农村土地承包经营纠纷发生率是为了了解土地纠纷发生可能性的大小，结合件数纠纷发生率和户数纠纷发生率是为了了解土地纠纷在农户家庭发生的集中度。

（1）从总体来看，可以推测全国范围土地承包纠纷发生率保持在10%以内是大概率事件。根据调研访谈经验，可认为纠纷的发生情况总体并不普遍。2013～2015年三年跟踪调研的我国土地经营纠纷发生率分别为7.2%、7.97%和9.35%，均在10%以内，以全国2.3亿农户计算，那么目前我国农村土地承包经营纠纷数量大致为1656万～2150.5万件（见表1－2）。

表1－2　　　　2013～2015年基于件数的总体纠纷发生率

年份	有效样本户承包经营件数	纠纷件数	发生率（%）
2013	450	32.4	7.2
2014	1242	99	7.97
2015	1896	177.3	9.35

（2）从区域来看，各省份之间差异较大；同一省因时间变化，纠纷发生率也不同。按照发生率低于5%、趋于平均水平和发生率高于10%将调研样本省份分为三类，其中，发生率低于5%的省份包括四川（2013年）、河北（2014年），以及浙江、河南、江苏（2015年）；发生率高于10%的省份包括江苏（2013年），吉林、陕西（2014年），以及黑龙江、四川、吉林（2015年）。另外，2015年吉林农村土地承包纠纷发生率高达22.6%，黑龙江农村土地承包经营纠纷发生率为17%；2013年，江苏农村土地承包纠纷发生率为12.8%。

同一省份不同年份之间土地纠纷发生率也存在差异。2013～2015年江苏农村土地纠纷发生率逐年下降，由2013年的12.8%下降到2015年的3.2%；吉林、四川和山东呈上升趋势，但山东上升幅度较小，仍处于全国平均水平（由5.43%上升到9.1%），吉林和四川的上升幅度较大，吉林由6.47%上升到22.6%，四川由2.4%上升到11%（见表1－3和图1－2）。分析各省份纠纷发生率相差悬殊的原因可能是，吉林省作为农业大省，人均耕地多，农民的收入来源以农业生产为主，因而特别重视土地经营，容易因土地问题引发矛盾或纠纷；而非农产业发达、人均耕地较少或土地产出较低的省份，一般的土地问题不足以引发明显的纠纷，因此发生率相对低一些。

表 1－3　　2013～2015 年基于件数的分省份纠纷发生率

年份	发生率 <5%	趋于平均水平	发生率 >10%
2013	四川	吉林	江苏
2014	河北	江苏、安徽、贵州、山东	吉林、陕西
2015	浙江、河南、江苏	山东	黑龙江、四川、吉林

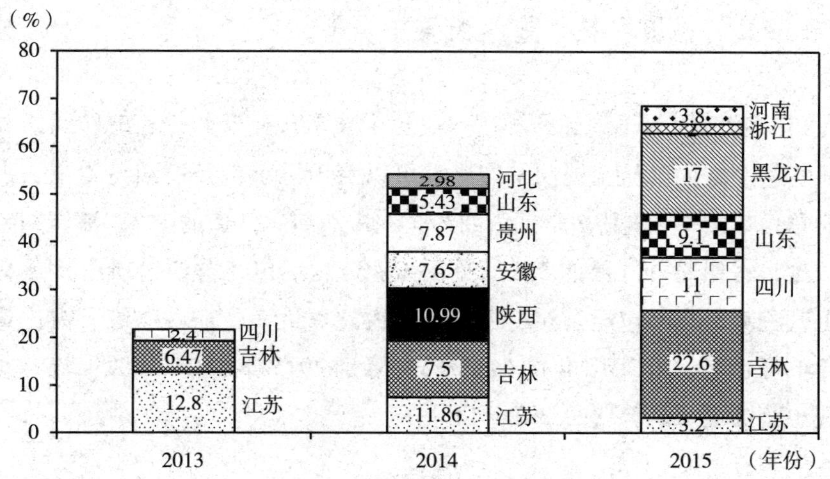

图 1－2　2013～2015 年不同省份纠纷发生率

（3）基于户数纠纷发生率来看，约有 7%～8% 的农村家庭曾经发生过土地纠纷，但结合件数发生率，统计结果显示纠纷在农户中比较分散。分析 2014 年调研数据发现，1242 户有效农户样本中，共发生纠纷 99 件，涉及农户 95 户，也就是说，每 100 户农户中，大致有 8 户发生或者曾经发生过农村承包经营土地纠纷，或者 100 户农户中约发生 7～8（平均数为 7.6）件土地纠纷事件。2015 年发生率为 6.75%，即每 100 户农户中，大约有 7 户发生或曾经发生过农村承包经营土地纠纷，与 2014 年统计结果基本一致（见表 1－4）。通过对 2014～2015 年数据的分析，还发现农村土地经营纠纷在农户中比较分散，很少出现一户存在很多件纠纷的情况，说明纠纷强度相对较弱。这意味着，解决农村土地承包经营纠纷问题的重点并非只关注个别重点户，而应该基于制度改革和创新，从面上彻底解决纠纷存在的根源，提高政策瞄准率。

表 1-4　2014~2015 年基于户数的总体纠纷发生率

年份	有效样本户	纠纷家庭数（户）	发生率（%）
2014	1242	95	7.65
2015	1896	128	6.75

1.2.2　我国农村土地纠纷发生类型

（1）我国农村土地纠纷类型主要集中在承包经营纠纷、流转纠纷和征占纠纷三个方面。从土地纠纷的比重可以看出以承包经营纠纷为主，占到纠纷总件数的1/2；其次是征占纠纷，约占纠纷总件数的1/3；流转纠纷相对较少，占纠纷总件数的1/5（见图1-3）。承包经营纠纷所占比重呈逐年上升趋势，且承包经营纠纷在各年所占比重最大；征占纠纷所占比重呈逐年下降趋势，由2013年的51.35%下降到2015年的25.39%；流转纠纷呈现小范围波动趋势（见图1-4）。

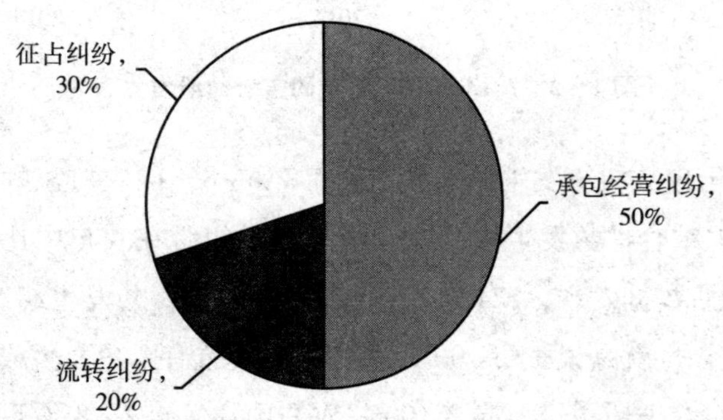

图 1-3　我国农村土地纠纷类型及所占比重

（2）从各类纠纷发生比率来看，征占事件发生纠纷的比率最大，流转纠纷次之。2014年调研发现：调研农户中有144户的土地被征占过，征占事件共发生159件，其中24户发生过纠纷，共发生纠纷25件，征占纠纷发生率为15.7%。发生过土地流转的503个样本户中，产生流转纠纷的只有22户，比例为4.4%（见图1-5）。

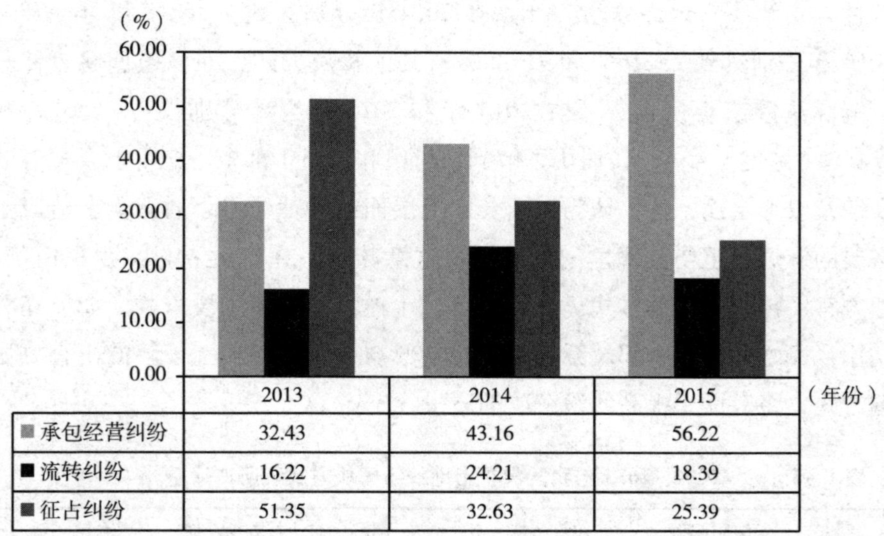

	2013	2014	2015
承包经营纠纷	32.43	43.16	56.22
流转纠纷	16.22	24.21	18.39
征占纠纷	51.35	32.63	25.39

图1－4　2013～2015年我国农村土地承包纠纷发生的类型及所占比重

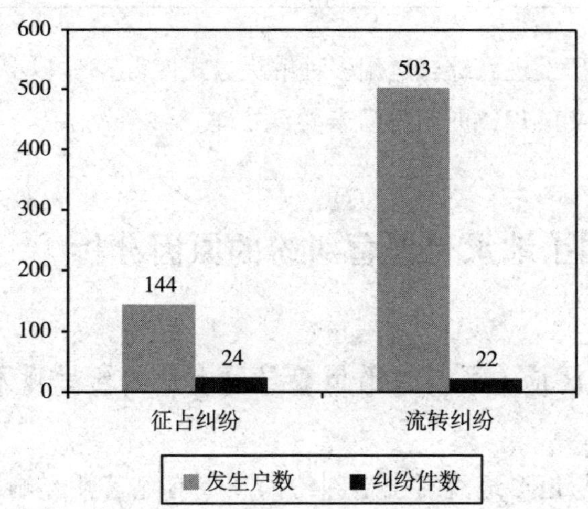

图1－5　2014年样本户征占纠纷与流转纠纷发生情况

（3）从解决纠纷方式来看，调解是解决农村土地纠纷最主要的途径，法院起诉和仲裁调解发挥补充作用。从现有途径看，农村承包经营土地的解决渠道包括调解、仲裁、法院三种途径，而调解分为自行调解、村委会调解和乡镇调解三种方式。结果表明，样本农户主要通过自行调解和村委会调解两种方式解决农村承包经营土地纠纷问题。自行调节和村委会调节两种方式解决土地纠纷所占比重在2014年分别达到46.67%和36.67%，2015年分别达到25.16%和71.38%；其他解决方式，如乡镇调解、仲裁调解和法院起诉所占比重在2014年和2015年合计分别仅占16.67%和3.45%（见表1-5）。访谈中了解到，村民和村组干部多不愿将争议上升到乡镇及以上层面，他们认为乡镇及以上层面的仲裁会将矛盾夸大，造成不必要的麻烦，也伤及邻里间的感情。这意味着，在广大农村，乡民内部、地方官民传统的调解方式仍是解决乡村土地纠纷的最主要方式，如能充分利用乡民之间传统相邻关系和基层村干部与乡民之间相互了解的半官方协调方式，将有助于提高纠纷解决的质量。

表1-5　2014~2015年我国农村土地纠纷解决方式及所占比重　单位：%

年份	法院起诉	仲裁调解	自行调解	村委会调解	乡镇调解
2014	10.00	—	46.67	36.67	6.67
2015	0.38	0.64	25.16	71.38	2.43

2015年调研发现：综合运用多种解决方式使得88%以上的土地纠纷已被调处化解，仅有12%的纠纷尚未妥善处理。

1.3 我国土地承包经营纠纷的原因分析

1.3.1 区位关系与地形地貌导致土地纠纷呈现不同特点

区位特征与地形地貌对土地纠纷的产生有显著性影响，或存在弱相关，或存在强相关。例如，吉林辽源市西安区和龙山区位于城乡接合部，人口密度高，土地增值潜力大，因此该地区土地权界难度较大，土地问题敏感，在土地承包资料缺失或不清、家庭人口变动以及政策导向不明或政策发生变动的情况下，容易引发纠纷问题。辽源市负责确权任务的农村经济信息服务站（以下简称“农经站”）官员透露，其确权工作的实际推进原则是谨慎稳妥，绝不比其他地区抢先行动。对河北平乡县和张家口的调研发现区位特征和土地纠纷存在强相关性。又如，安徽省南部丘陵山区水田自然分界物明显，由四至不清导致的土地纠纷数量较少，而北部平原旱地此类纠纷数量就较多。实际上，这种情况在新疆、内蒙古等类似地形地貌的地区同样存在。再如，尚义县大柳沟村属于坝下地区，人均土地相对较少，加上经济较为落后，土地纠纷相对较少；而张北县处于坝上地区，人均土地较多，且水浇地少、土地贫瘠，导致二轮承包时农户自愿不要土地的情况大量存在，因此农户现在回来要地引发的纠纷较多。

1.3.2　经济水平是导致土地纠纷产生的直接原因

社会经济的发展和土地效益的提升，会加速土地纠纷的形成。近年来，随着农村经济体制改革的不断深入，国家对“三农”投入绝对规模不断增长，农业综合开发投入力度也不断加大，农村土地增值明显。并且，城镇化进程的加快，使得建设用地和农业用地的矛盾日益突出，导致农村土地一定程度的升值，特别是城市郊区的土地价值呈百倍千倍的增长。土地效益增加给农民带来了巨大的实惠和诱惑，农民对土地有了新的认识，对土地的欲望增强，开始认真对待土地权属问题，引发了一系列的土地纠纷。

1.3.3　相关政策变动与落实错位是纠纷产生的根源

相关政策的变动与落实错位易导致承包经营纠纷、征占纠纷和流转纠纷，其中政策变动是导致承包经营纠纷和征占纠纷的主要根源。调研发现：

第一，现有土地承包经营纠纷有相当一部分是由二轮承包遗留问题造成的。一是一些乡村二轮承包工作不规范，土地承包权属不清或确权不准，造成承包地与合同或登记档案严重不符，再次确权时引发后续纠纷；二是很多地区在二轮承包之后多次调整土地，实际的土地承包关系已经较二轮承包记录发生极大的事实改变从而引发纠纷；三是部分乡村不按政策规定为农户调整承包地，若严格按照二轮承包为基础，易引起纠纷。

第二，现行土地政策与乡规民俗相冲突致使土地纠纷异常复杂。为了稳定土地产权、防止土地频繁调整从而实现土地的可持续利用，政策强调实行土地承包经营权“30年不变”，要“增人不增地、减人不减地”，同时发给农民《中华人民共和国农村土地承包经营权证》，并签订书面承包合同。但实际中，由于农户人口的自然增减、退耕还林或土地征收等原因，逐步形成“有人无地种”和“有地无人种”的局面，加之农民传统观念最看重的是公平，最终导致对土地的频繁调整，易出现纠纷。

第三，土地效益的大幅度增加是土地纠纷增多的直接原因。一是国家推行二轮承包时土地仍然收取农业税费，繁重的税费负担使得一些农民自愿放弃土地，村委会将放弃的土地另行发包给他人，但几年之后，国家取消农业税费，还给予种地农民各类农业补贴，形成“土地红利”，土地效益增加给农民带来了巨大的实惠和诱惑，这部分当时自愿放弃土地的农户返乡要地，由此引发土地纠纷。二是随着我国工业化和城镇化进程的推进，大量的农村土地被征占转为非农业用地，被征土地进入市场后，以招标拍卖挂牌或协议出让方式得到的定价高，而被征地农民获得的安置补偿标准偏低，于是就出现了“低征高卖”的现象。由此，土地增值空间的提升直接导致政府与农民之间的利益矛盾激化，征占纠纷日益突出。

1.3.4 “三权分置”可能激发潜在土地纠纷

“三权分置”的核心要义是稳定承包权、放活经营权，在这个过程中土地经营权的流转（土地流转）和承包权的确权（土地确权）可能激发潜在土地纠纷。近年来，随着土地规模经营的大力推进，农户承包地变动明显活跃，表现为承包地经营权的转出和流入。虽然调研数据显示流转纠纷实际发生率通常不高，但我们注意到，在流转不同阶段也会出现一些影响顺畅交易的问题。例如，搜寻与谈判阶段的非自愿流转、与对方沟通困难、村集体或政府不当干预、土地承包权属不清等一些潜在问题也容易引发土地纠纷。另外，由于缺乏法律意识、契约意识，在土地承包和土地流转过程中，村民之间不按法律的规定和程序进行，一般只是口头约定，为后续纠纷的发生埋下了隐患。一旦双方发生纠纷，口说无凭，很难处理。

虽然通过前面的定量分析，我们并没有发现土地确权对纠纷发生率存在显著影响，可能的原因是目前确权登记都是选择基础条件较好、矛盾纠纷较少、情况较为单一明朗的地区开展试点，因此，矛盾纠纷并未在数量上出现人们所担心的那种明显上升或大量爆发的情况。但调研中大家也反映，很多地区情况十分复杂，历史遗留问题难以解决，随着确权工作的深入开展，纠纷显化的可能性很大，如由于土地权属档案资料的遗失或本来就没建档等原因，很难按现有的新政策和制度来确权，导致土地权限模糊不清而带来许多意想不到的矛盾和冲突。

1.3.5　土地纠纷产生的其他可能成因

除了上述原因导致土地纠纷外，其他因素如乡规民俗、农民思想意识等也可能导致土地纠纷。

调研中，基层干部反映一些特殊的土地纠纷也根源于农村习俗。例如，“倒插门”女婿、已经出嫁的女儿、离婚妇女、大中专学生因上学户口迁出和毕业后户口迁入等特殊情况，当事人是否有资格获得或继续拥有承包地，不同地区有不同的习俗。这些习俗得到农民的广泛接受和遵守，很多时候这种传统习俗在当地的控制力甚至大于正式的法律制度。同时，农村社会相对封闭，教育程度落后，法律资源匮乏，使得农民这个群体从整体上看法律意识比较淡薄，反而农村的一些“潜规则”“土政策”在当地大行其道。由于缺乏法律意识、合同意识，在土地承包和土地流转过程中，村民之间不按法律的规定和程序进行，违法违约现象严重，为后续纠纷的发生埋下了隐患。

1.4　政策建议

根据调研实际情况，以及我国农村土地纠纷的特征及产生的原因，现提出以下几个方面的政策建议。

1.4.1　扎实做好农村土地经营管理的基础工作

首先，农经系统干部队伍和村集体经济组织要起到应有作用。通过调研发现，处理纠纷的工作人员大多存在法律基础知识缺乏和受训时间短、范围窄等问题，难以满足农村土地纠纷调解的需要。要增强农经系统干部队伍的作用，一是农经系统招聘具有法律基础的人员；二是组织安排具有丰富调解纠纷经验的工作人员对纠纷调解员进行培训。村集体经济组织对本村的情况较为熟悉，应充分发挥村集体经济组织的作用。村集体经济组织要充分了解本村的土地流转等详细情况，同时，要积极成为村民和政策之间沟通的“桥梁”，发挥好中介作用。

其次，抓好二轮农地延包，稳定承包关系。正视农地承包现状，对各地二轮承包时的遗留问题重新排查摸底，对混乱错杂的农地承包关系进行全面清理，分类处理，强化合同意识，未订立农地承包合同的及时补订，未发放承包经营权证的及时补发。对尚未进行二轮农地承包的机动地，本着尊重历史、稳定承包关系的原则，出台统一的政策，界定承包对象和农地，统一计量标准，按照有关法律法规进行发包，订立二轮农地承包合同，核发新的农村土地承包经营权证书等，保障农民长期稳定的农地承包经营权。

最后，尽快解决农户承包地块面积不准、四至不清、位置不明等问题。要对农户农村土地承包经营权证书的持有、农地承包台账、农地流转台账和农地流转合同的签订等进行全面督查；凡农地经营权证内容不实者，要按照《中华人民共和国农村土地承包经营权证管理办法》的规定，及时做好变更、换发、解除、注销、回收等工作。

1.4.2 完善土地制度和政策顶层设计

对现行法律法规与新形势、新政策不符合的部分加以修改完善，以保持政策变化一定的连贯性和系统性。一是政策应有统一、明晰的顶层设计，避免政策“碎片化”导致政策之间的相互冲突。我国农村土地制度和政策历经多次变迁，相关法律法规和政策文件在一些问题的规定上或存在冲突、或存在漏洞，相关法律法规和政策的不规范、不健全造成许多难以调处的土地纠纷。例如，《中华人民共和国土地管理法》规定土地撂荒两年即可以收回土地，但《中华人民共和国土地承包法》则规定在承包期内不得收回承包地；又如，对于农村土地承包经营纠纷的处理，由于农业系统缺乏强制执行力，虽然高法司法解释认为法院应该受理相关纠纷，但地方法院并不执行。相关政策的“碎片化”和相互冲突造成了很多难以调处的土地纠纷，未来政策设计需要加强连贯性和系统性。二是未来政策设计应保持一定的前瞻性，避免政策“碎片化”和相互冲突。调研中我们发现，农村很多土地承包经营纠纷是由于承包或流转不规范导致的，如缺乏合同文本或相关工作记录等，加之农村信息化条件落后，影响农村土地工作的顺利和规范开展，由此造成了一部分土地承包经营纠纷，这需要农村相关政策的设计和制定具有一定的前瞻性。

1.4.3 构建制度化的农民利益表达机制

纠纷的本质是利益的不平衡。农民缺乏合理有效的利益诉求和表达机制，是导致农村土地纠纷甚至群体性事件的重要原因之一。建立制度化的利益表达机制，有利于引导农户以理性、合法的形式表达利益要求，可以有效避免纠纷和妥善处理纠纷。构建制度化的农民利益表达机制，可以从以下四个方面入手：一是依法规范农民利益表达。以法律规范农民与其他土地利益群体的沟通、交涉、协调等程序，把利益表达纳入制度化轨道。二是进一步完善村民自治。村民自治是目前我国农民政治参与的最主要途径，应在实践中进一步完善和创新村民自治形式，参考借鉴一些地区较好的做法，如村民代表设岗定责制度、村民代表民主议事“双票”制度、社会中介组织参与村级财务管理制度等。三是发展农民中介组织，积极培育农村经济合作组织、专业协会等，培育农民利益表达的“代言人”。四是建立农村社会的协商对话机制，表达民意、解释政策、提供决策，发挥民意和政策相互上通下达的作用，并把它作为农民利益表达的一种基本形式进行规范化和普遍化。

1.4.4 进一步推动村民自治，加强正式治理和非正式治理机制的有机结合

完善的农村村民自治制度有望解决农村基础设施公共投入不足、村干部工作激励不足的问题，也有利于通过高效的民主决策灵活调整土地承包

关系以缓解人地矛盾。对多个省份的调研都发现，当前的村民自治制度还过于孱弱，难以有效发挥作用，新式的民主决策机制还有待磨合，与农村长久以来形成的村务问题处理方式难以吻合，这不利于农村确权过程中土地矛盾的解决。因此，既要完善“三权分离”的土地承包经营制度，进一步推动农村土地契约关系的法治化，为土地承包和流转提供明确的行为参考和权利边界，还要赋予基层治理方式更多的灵活性，在土地权利调解方面发挥乡土社会熟人关系的积极作用。

1.4.5 强化仲裁渠道化解土地承包经营纠纷的功能和作用

仲裁作为一种居中裁决的纠纷解决机制，具有公正、高效、便民化解纠纷的优势，将成为化解农村土地承包经营纠纷的主渠道。同时，农村土地承包经营纠纷日趋复杂、难度日趋加大，单靠仲裁难以有效稳妥化解，而且仲裁作用的发挥也需要其他部门的支持与配合，因此建议构建一种以仲裁为核心、以仲裁以外其他纠纷解决机制为依托的多形式、多层次、多渠道相互衔接补充、相互协同互动的多元化农村土地承包经营纠纷解决机制（见图1-6）。

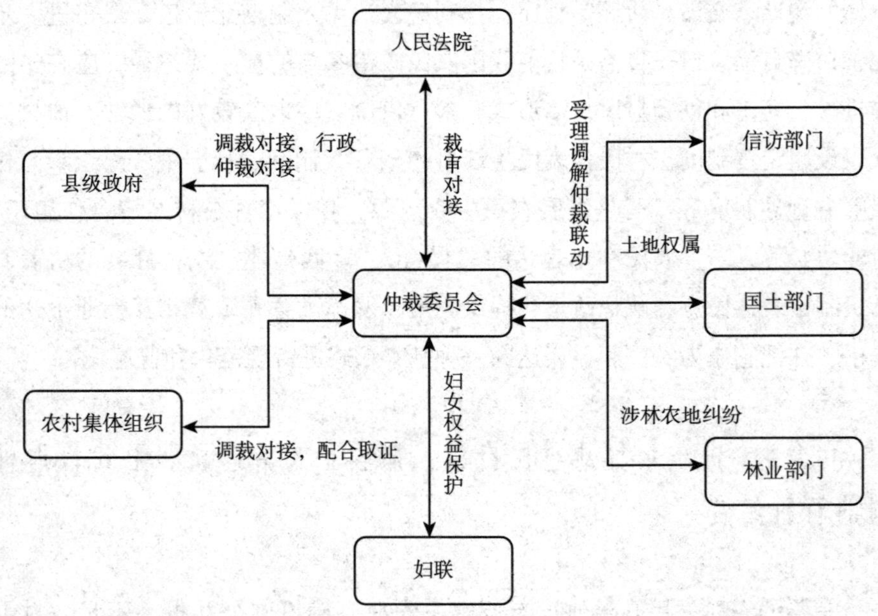

图1-6 构建衔接顺畅的多元化纠纷调处机制

1. 加强仲裁机构与法院的裁审对接

仲裁机构与法院衔接不畅一直是影响仲裁裁决效果和公信力的一个重要影响因素。加强裁审对接，对增强仲裁执行力、妥善处理农村土地承包经营纠纷关系重大。第一，建议做好以下三方面衔接。（1）仲裁与法院在受理案件范围方面的衔接。仲裁受理案件范围较法院宽，建议法院适当扩大案件受理范围，真正落实司法最终原则。（2）仲裁与法院在程序上的衔接。仲裁不是诉讼的前置程序，对于属于法院受理的土地承包经营纠纷，法院应予受理；对于生效的仲裁裁决、先予执行及财产保全申请，法院应当及时执行。（3）仲裁与法院在法律适用方面的衔接。由于土地承包立法相对滞后，加之土地纠纷政策性强，因此仲裁审理案件难免会在审理法律依据不足的情况下以政策文件为依据，对此，法院不宜以仲裁裁决缺乏法律依据为由简单地加以撤销，建议在没有明确的法律依据的情况下，符合当前相关政策的裁决一样具有法律效力，法院应给予依法执行。第二，建议建立四项制度。建议仲裁机构与法院建立疑难案件研讨制度、裁审开庭互听制度、裁审评判认定制度、共享裁判文书制度，有效整合仲裁和司法资源与优势，降低仲裁裁后诉讼率，保证纠纷案件裁审结果的一致性，提高裁审质量，提高仲裁工作的公信力和权威性。

2. 加强仲裁机构与县级政府、村集体经济组织的调裁对接

农村土地纠纷发生在基层，具有很强的地域性和家族性，村镇和县级政府是最贴近纠纷及当事人的机构，具有熟悉当地社情、了解纠纷发生背景、熟悉当事人、理解当地村规民约和传统习俗等优势，仲裁机构应与县级政府、村集体经济组织积极配合，一方面充分发挥它们调解纠纷和行政处理纠纷的网络优势；另一方面提高仲裁工作调查取证等工作环节的效率，促进仲裁作用的发挥。

3. 加强仲裁机构与相关部门及社会团体的联动配合

具体包括以下四个方面：一是进一步加强仲裁机构与妇联协调合作，妥善处理妇女权益类纠纷。建立仲裁调解与妇联调解衔接机制，建立仲裁

与妇联的工作交流机制，充分利用妇联的优势，提高妇女土地权益类纠纷的裁决效果。二是进一步加强仲裁机构与信访部门协调合作，提高调处纠纷效率。信访部门作为一个集受理案件和调解案件于一身的机构，在广大农民群众心中具有重要分量，仲裁机构应与信访机构在工作程序、内容等方面协调配合。例如，信访部门将农村土地承包经营纠纷案件及时转交仲裁机构；对不服仲裁裁决的应引导到法院起诉，信访部门不予受理；对已有仲裁处理意见的信访案件不予受理等。把农村土地承包经营纠纷信访案件纳入仲裁解决的法制化程序。三是进一步加强仲裁机构与国土部门协调合作。国土部门负责村集体土地的勘界和划界，负责调处农村土地权属类纠纷，农村土地承包经营纠纷仲裁工作需要在地界明晰的情况下才可以调处具体的承包经营纠纷，因此，应加强仲裁机构与国土部门的协调配合。四是进一步加强仲裁机构与林业部门协调合作。一方面，一些土地承包经营纠纷涉及林地，必须与林业部门协调处理；另一方面，一些地区属于农林区，林业部门可以承载农村土地承包经营纠纷。因此，仲裁机构必须与林业部门协调配合。

4. 构建联席会议制度，促进衔接机制顺利实施

构建仲裁机构与相关政府部门、组织的联席会议制度，通过联席会议制度，共同制定本地区纠纷调处机构之间的衔接机制，研究衔接工作中遇到的问题和困难，分析、排查本地区各类农村土地承包经营活动中的焦点性、群体性纠纷，共同向有关部门提出防范性措施和意见。联席会议制度有利于实现仲裁机构与其他部门之间协调、沟通和指导工作的常态化，有利于有效促进机构之间、部门之间衔接机制的顺利开展和实施。

第 2 章

2013 年我国农村土地承包经营纠纷状况

深入研究农村土地承包经营纠纷现状，剖析其特点、原因，是化解农村土地承包经营纠纷、有针对性地完善仲裁机制以及提高仲裁工作效率的基础性工作，是维护农民合法土地权益、构建和谐美好乡村的需要。农村土地承包经营纠纷随着城镇化、工业化、农业现代化的快速发展，呈高发多发状态，但是从对农村土地承包经营纠纷的各口径统计数据来看，纠纷数量偏低，一定程度上影响了相关决策的制定与工作的开展。为了摸清我国目前农村土地承包经营纠纷实际状况，开展本项课题研究。

在正式展开分析前，首先对本章中的“农村土地承包经营纠纷”概念及研究范畴进行界定。“纠纷”泛指“争执不下的事情、不易解决的问题”。由于本章意在通过对农村土地承包经营纠纷状况的研究分析和构建纠纷调处机制，因此，本章研究的“农村土地承包经营纠纷”是指依靠当事人自身力量无法解决而必须寻求第三方来解决的农村土地承包经营争端和矛盾。所以，不必寻求第三方解决的以及不在农村土地承包经营范畴之内的（如征地补偿标准等）纠纷，不在本章研究范畴之内。

2.1 农村土地承包经营纠纷现状和趋势

为摸清全国农村土地承包经营纠纷实际情况，课题组于 2013 年 6 月、

7月、9月分别赴吉林（长春、九台、梅河口）、江苏（扬州、镇江、徐州）、四川（绵阳、遂宁、资阳）调研，每个省选择3个县，每个县选择2个村，三省共发放450份问卷，对所调研地区的主要经济社会发展指标、农业发展情况、农村土地经营情况及农村土地承包经营纠纷情况，特别是农村土地承包经营纠纷的类型、特点、规律、趋势进行了较为全面的了解。

2.1.1 纠纷数量和发生率

关于我国农村土地承包经营纠纷数量迄今并没有一个准确的统计，据农业部统计，2012年我国农村土地承包经营纠纷数量为22.4万件。农业部统计数据来源于各地上报数据，调研中我们发现数据的准确性存在失真的问题。纠纷上报数据失真的原因主要有以下两个方面。

一是农村土地承包经营纠纷的真实数量应该包括三类情况，而统计上报的纠纷仅为三种情况的其中之一。这三类情况包括已经发生且求助于基层相关部门的纠纷、已经发生但尚未求助于相关部门的纠纷和政策变化极易引发的潜在性纠纷。其中，我们统计的上报数据仅仅属于第一种情况，而且还只是这第一种情况中的一小部分（原因我们在下面有详细分析）。而对于另两种情况的纠纷，虽然没有上报相关部门，但纠纷已经实实在在地存在，或者预期中必然发生，由此也说明了当前农村土地承包经营纠纷真实状况的必不可少的考虑因素：（1）“已经发生但尚未求助于相关部门的纠纷”，是指纠纷已经存在，但双方当事人仍试图自行解决而尚未求助于相关部门，这类纠纷由于没有确凿证据，无法统计和估测，但我们可以根据当地经济社会发展水平以及土地利用状况做出一个大体的印象性判断。（2）“政策变化极易引发的潜在性纠纷”，是指农村土地等相关制度改革过程中，在一些相关法律、政策、措施等尚未明确、存在一些历史遗留问题的情况下，存在引发潜在纠纷浮现的风险。特别是包括确权登记等在内的农村制度改革，通常是选取基础条件好、基层能力强的地点进行试点，因此，试点通常比较顺利，较少出现大规模问题，但改革若全面铺开，则一定程度上存在矛盾爆发的风险。①

二是已经发生且求助于基层相关部门的纠纷在上报过程中存在“缩水”情况。“缩水”的原因有两个方面：第一个是社会稳定是中央政府考核地方政府的最重要指标之一，粉饰当地社会稳定状况是地方政府的通常做法。第二个是一些纠纷是由基层工作人员政策执行偏差导致。例如，政策规定二轮延包不得对土地进行打乱重分，但一些地区违反政策规定打乱重分土地，由此引发的纠纷往往成为地方不愿意、不能够如实上报的纠纷。

本次抽样调研旨在探索以实证方法摸清土地承包纠纷的真实情况。

1. 土地承包经营纠纷发生率

我们对农村土地承包经营纠纷发生率进行界定：农村土地承包经营纠纷发生率=发生承包经营纠纷的户数/全部户数。对三省450份问卷的数据分析显示，江苏的土地承包经营纠纷发生率为12.8%，吉林为6.47%，四川为2.40%，即江苏省每100户农户中有12.8户发生了农村土地承包经营纠纷，吉林每100户农户中有6.47户发生纠纷，四川每100户农户中有2.40户发生纠纷。如果以三省纠纷发生率简单算术平均计算全国纠纷发生率，那么全国农村土地承包经营纠纷发生率为7.20%，以全国共有2.4亿农户计算，那么目前我国农村土地承包经营纠纷数量大致为1700万件(见表2-1)。

表2-1　**农村土地承包经营纠纷发生率**　单位：%

项目	江苏	吉林	四川	全国
发生率	12.8	6.47	2.40	7.20

2. 土地承包经营纠纷发生的分布

调研数据显示（见表2-2），三省土地承包经营纠纷数量在总量中所占比重不同，江苏占比最高，为57.14%；其次为吉林，占比为32.14%；

① 我们根据调研情况，对土地确权登记可能遇到的问题进行了归纳总结，参见附录2。

四川居后，占比为10.71%。

表2-2　江苏、吉林和四川土地承包纠纷分别占全部样本数据比例　单位：%

地区	纠纷占比
江苏	57.14
吉林	32.14
四川	10.72

3. 潜在的农村土地承包经营纠纷情况

根据调研数据，有6.68%的人认为有潜在的（即尚未发生但存有争议或隐患，或者政策变化将引发纠纷）农村土地承包经营纠纷，有56.04%的人认为自家没有潜在纠纷，另有37.28%的人没有回答。

综上可见，我国目前农村土地承包经营纠纷状况较为严峻，实际发生的纠纷数要远大于统计上报的纠纷数。

4. 农村土地承包经营纠纷解决情况

从调研情况来看（见表2-3），大多数农村土地承包经营纠纷尚未得到比较完满的解决。一方面可能是因为纠纷农户缺少畅通和有效的纠纷解决途径；另一方面也可能是因为被调研农户没有将已经解决的纠纷计算在内，而只统计上报了尚未解决的纠纷数。

表2-3　土地承包经营纠纷解决情况

项目	承包纠纷		流转纠纷		征占地纠纷		合计	
	已解决	未解决	已解决	未解决	已解决	未解决	已解决	未解决
纠纷数量（件）	1	11	0	6	5	14	6	31
比重（%）	8.33	91.67	0	100	26.32	73.68	16.22	83.78

2.1.2 各类型农村土地承包经营纠纷发生情况

对农村土地承包经营纠纷的类型进行分析，可以依据纠纷主体、纠纷性质和范围、纠纷发生原因、适用的法律、处理的方式等来进行分类。不同的分类方法提供了不同的观察视角，对深入分析农村土地承包经营纠纷具有不同角度的启发。《中华人民共和国农村土地承包经营纠纷调解仲裁法》（以下简称《调解仲裁法》）将土地承包经营纠纷的类型划分为承包纠纷、流转纠纷、征占地补偿分配纠纷三种。目前各地实践中采用较多的是按照纠纷内容进行分类。例如，黑龙江将农村土地承包经营纠纷分为 9 类，分别为：户在人不在导致的纠纷；新增劳动力导致的纠纷；机动地发包不规则导致的纠纷；侵犯妇女土地权益导致的纠纷；发包方违法或违规导致的纠纷；因自然灾害或征地导致的纠纷；农户间土地流转引发的纠纷；征占地分配引发的纠纷；其他。内蒙古更是按照内容将纠纷类型细化为 30 种。

考虑到单纯按内容分类太过庞杂，而且各地实际情况也各不相同，本章认为综合几种不同的分类角度和方法，在《调解仲裁法》基本分类的基础上，结合按主要内容分类和按纠纷主体分类方法，特别是按纠纷主体的分类，可以帮助我们观察纠纷的激烈程度。这种综合的分类方法也许有利于我们以一种新的综合的视角来审视农村土地承包经营纠纷。因此，我们对农村土地承包经营纠纷的类型作出如下归纳（见表 2 -4）。

表 2 -4　　农村土地承包经营纠纷的分类

一级分类	二级分类	纠纷主体
集体所有权权属纠纷	两村集体地界不清	村—村
	村民小组间土地权属未定或不清	村—村
	村集体将土地无偿转让给国家机构未偿还	村—上级国家机构
承包经营权权属纠纷	发包过程的规范性和公正性问题	农户—基层组织及干部
	土地调整的合理性和公正性问题	农户—基层组织及干部
	违规预留机动地	农户—基层组织及干部
	集体组织成员资格确定	农户—基层组织及干部
承包经营权流转纠纷	不规范的自愿流转	农户—农户
	变更土地用途等非法流转	农户—农户 农户—资本持有者
	村集体行政干预强行流转	农户—基层组织及干部
土地征占补偿纠纷[a]	补偿分配不合理	村民集体—较高层政府及其土地管理部门

注：a 土地征收补偿纠纷还包括征地范围过宽、征地程序不公开、征地补偿标准过低等问题引发的纠纷，但因为这几种纠纷不属于农村土地承包经营纠纷范畴，因此类型归纳中未纳入。

从表2－4可以看出，农村土地承包经营纠纷原因和种类不同，有不同的纠纷主体，不同纠纷主体之间的地位及资源动员能力可能不平衡，例如，村—村及农户—农户属于平等主体，而村—上级国家机构、农户—基层组织及干部等就是地位和能力不对等的纠纷主体。就纠纷主体地位相对平等的纠纷而言，这类纠纷更容易引发大规模群体性事件，农民更容易采取大规模联名上访或者集体行动来诉诸更高级别政府部门或中央政府来维护自己的土地权益，因此纠纷冲突程度也更为激烈。

调研问卷中将纠纷分为土地承包纠纷、土地流转纠纷、土地征占地补偿分配纠纷、宅基地纠纷。其中，前三类为农村土地承包经营纠纷范畴。土地承包经营纠纷占全部土地纠纷的比例情况如表2－5所示。此外，还存在一户中有多种类型纠纷的情况，从调研统计数据来看（见表2－6），还存在以下四种纠纷情况，即耕地承包与耕地征占纠纷、耕地流转与耕地征占纠纷、耕地征占与宅基地征占纠纷、四种类型纠纷全部涉及的纠纷。

表2－5　土地承包经营纠纷占全部土地纠纷比例情况　单位：%

纠纷类型	占全部纠纷比例
土地承包经营纠纷	96.55
宅基地相关纠纷	20.69

注：因为有纠纷类型重叠的情况，所以表中土地承包经营纠纷与宅基地相关纠纷所占比例相加之和不等于100。

表2－6　各类型农村土地承包经营纠纷发生情况　单位：%

类型	江苏	吉林	四川	全国
承包纠纷	3.20	0.72	0.00	1.29
流转纠纷	0.80	1.44	0.00	0.77
征占耕地补偿纠纷[a]	4.00	2.16	0.80	2.31
宅基地纠纷	0.00	0.72	0.00	0.26
耕地承包与耕地征占纠纷	4.00	0.00	0.00	1.29
耕地流转与耕地征占纠纷	0.00	0.72	0.00	0.26
耕地征占与宅基地征占纠纷	0.00	1.44	0.80	0.77
四种基本类型纠纷全部涉及的纠纷	0.80	0.00	0.80	0.51

注：a包括三种情况：涉及分配对象确定的；涉及补偿金分配比例的；涉及补偿金发放的。

可以看出，江苏“征占耕地补偿纠纷”和“耕地承包与耕地征占纠纷”是问卷调研中所占比例最大的纠纷，占比均为 4.00%。吉林“征占耕地补偿纠纷”发生率最高，为 2.16%，其次为“流转纠纷”和“耕地征占与宅基地征占纠纷”，发生率均为 1.44%；四川“征占耕地补偿纠纷”、“耕地征占与宅基地征占纠纷”和“四种基本类型纠纷全部涉及的纠纷”的发生率均为 0.80%。从全国情况来看，“征占耕地补偿纠纷”发生率也是最高的，为 2.31%；其次为“耕地承包与耕地征占纠纷”和“承包纠纷”，发生率均为 1.29%。可见，“征占耕地补偿纠纷”是目前农村土地承包经营纠纷中发生率最高、民众反应最为强烈的纠纷类型。

2.1.3　农村土地承包经营纠纷的特点

农村土地承包经营纠纷具有原因的复杂性、主体的多元性、规模的群体性、影响的深远性等特点，已经为人们所熟知。由于农村土地承包经营纠纷因各地区经济发展状况、人均土地面积、主要收入来源等因素而呈现明显的区域差异，并在纠纷数量、纠纷主体和纠纷激烈程度方面有不同的表现，因此，本章从区域视角，分析不同经济社会发展地区农村土地承包经营纠纷呈现的特点。

1. 农村土地承包经营纠纷在全国范围内普遍存在

纠纷是与人类相伴相生的常态现象，贯穿于人类社会发展始终，只要人类社会存在，纠纷就不会消亡。农村土地承包经营纠纷作为纠纷的一个小类别，也是如此，只要存在农村土地，就不可避免地存在农村土地承包经营纠纷，一定数量的土地承包经营纠纷是农村社会矛盾的正常反映，只是各地区的纠纷多少、类型、激烈程度有所不同而已。只要有某种顺畅、合理的纠纷解决机制和渠道，农村土地承包经营纠纷不仅可以顺利化解，还可以在一定程度上促进农村社会相关制度的不断完善。这也说明，虽然农村土地承包经营纠纷数量随着经济或政策变化在不同年份会出现高低波动，但是纠纷的普遍存在与常态化说明构建合法的、高效的、常态化的纠纷解决机制是非常必要的，也是创新社会管理、构建法制社会的客观需要。

2. 各地农村土地承包经营纠纷的强度有大有小

各地区农村土地承包经营纠纷都存在不同的纠纷主体、不同的争执原因、不同的复杂程度以及牵涉的不同性质，因此，纠纷的强度有大有小。有的纠纷有深刻的制度根源，影响面大，是综合性、全局性的纠纷，可能发生大规模群体事件甚至械斗；而有的纠纷可能只是邻家的几棵树的问题，通常通过友好协商、互谅互让就能够平息。这也说明，我们对农村土地承包经营纠纷的关注，不仅应该关注纠纷数量，也应同时关注纠纷强度。特别是随着农村土地和集体资产相关改革的深入，如广东实行的土地股份制、北京实行的“确权、确地、确利”等制度，导致要么不出现土地纠纷，如果出现纠纷就不会是一家一户的纠纷那么简单，而是整村的土地纠纷，纠纷强度巨大。

3. 某些类型的农村土地承包经营纠纷在各个地区广泛存在

由于各地区经济社会发展水平不同，某些类型纠纷在有些地区并不存在或不突出，但另一些类型纠纷则在全国各地区广泛存在，最突出的就是新增人口无地问题引发的纠纷、妇女土地权益纠纷等。这类纠纷之所以在各地区普遍存在，说明其与经济社会发展水平无关，而是由制度或政策因素引发，可以在制度或政策上找到根源。以新增人口无地纠纷为例，《中华人民共和国土地承包法》规定，家庭承包经营是按集体经济组织成员数量承包分配的，“增人不增地、减人不减地”是现行政策，但新增人口在有机动地等情况下可以增地。但现实情况是，随着人口不断增加，村5%的预留机动地已分给新增人口，以后的新增人口无地可分。且各县、乡镇、村财政困难，对这部分新增人口也无力给予经济补助，农村社会保障体系又没有建立起来，使得新增人口无地纠纷成为全国农村的一个普遍纠纷。

4. 以种植业为主要收入来源的地区纠纷数量相对较多

农民对土地的依赖程度，可以根据农民人均土地和农业收入占农民收入比重为依据进行划分和分析。这里可以分为三种情况来讨论：一是在农村人均土地较多、农业收入为农民主要收入来源的地区，如东北地区，农村土地承包经营纠纷数量相对较多；二是在经济较为发达，第二、第三产业发展迅速，人均土地较少的地区，如江浙、广东、上海等地，农村土地承包经营纠纷数量相对而言偏少一些；三是在经济比较落后、人均土地较少的地区，如贵州、甘肃等地，耕地撂荒现象较为严重，农户收入以外出务工收入为主，这类地区农村土地承包经营纠纷情况也相对较轻。当然，这只是大致的划分，实际上，在同一省份的不同地区，农村土地承包经营纠纷数量也有较大不同。例如，在贵州一些地区茶产业较为发达，农民种植茶叶收益较高，那么在这类地区，即使是在半山坡也存在较为严重的土地纠纷问题。

5. 不同经济社会发展地区纠纷呈现不同特点

一是纠纷主体呈现不同特点。这里可以归纳为以下四类：（1）在农村人均土地较多、农业收入为农民主要收入来源的地区，农户与农户之间的纠纷相对较多；（2）在农村人均土地较少的地区，农户与村集体的纠纷相对较多，而户与户之间的纠纷相对较少；（3）在经济较为发达且农村人均土地较少的地区，农户与由土地流转形成的规模经营大户、家庭农场、涉农工商资本纠纷相对较多；（4）在城镇化进程较快的地区特别是这类地区的城乡接合部，农户与当地政府因征占地引发的纠纷相对较多。二是纠纷性质和类型呈现不同特点：（1）在经济较为发达的省份和地区，土地流转纠纷是农村土地承包经营纠纷的主要类型，特别是农户与工商资本持有者之间的土地流转纠纷较多；（2）在劳务输出大省，土地流转纠纷也是农村土地承包经营纠纷的主要类型，但农户与农户之间的非正规流转导致的纠纷较多；（3）在城镇化进展较快的地区特别是城郊地区，征地补偿纠纷是农村土地承包经营纠纷的主要类型；（4）在人均土地较少，第二、第三产业经济欠发达地区，农户与农户之间的土地边界纠纷与人均土地多的地区相比较多。

6. 纠纷强度取决于多种因素

纠纷的强度不是必然与纠纷数量成正比。有的地区土地承包经营纠纷数量较多，但激烈程度并不大；相反，有的地区虽然土地承包经营纠纷数量不多，但却较为激烈。我们认为，纠纷的强度与以下三个方面有必然联系：一是与纠纷性质密切相关。一般来说，征地补偿类纠纷，由于涉及巨大利益、不同利益主体的立场截然不同、农民与政府在权力和地位上的巨大反差等原因，导致这类纠纷的冲突程度往往更为剧烈，而农户之间的邻里纠纷由于影响面小、涉及人少、内容简单等原因，冲突程度往往较轻。二是与土地依恋程度密切相关。农民收入中来源于土地的比重越大，农民对土地的依恋程度越深，土地承包经营纠纷强度就越大；反之越小。三是与经济利益大小密切相关。涉及经济利益较大的，则纠纷冲突程度较激烈，反之程度较轻。

2.1.4 对农村土地承包经营纠纷数量和趋势的判断

当前我国农业农村正在发生着深层次的结构性和趋势性的变化，突出的表现包括：农村青壮年大量外出务工，农业收入占农民纯收入比重显著下降；城镇化质量较低导致农民不得不在城乡之间频繁流动；农业生产经营主体日益多样化；耕地适度规模经营探索步伐加快等。这种新形势下，农村土地承包经营纠纷呈现如下几个新特点和新趋势。

1. 土地流转纠纷越来越多

随着城镇化进程深入、现代农业推进力度加强，农村土地流转规模越来越大，特别是在江浙等经济发达省份，土地流转起步早、进程快、规模大，土地流转纠纷更为突出。以江苏为例，江苏土地流转比重已达到80%~90%，江苏某县法院2011年受理的农地流转纠纷仅12件，2012年这一数字激增至159件。当然，土地流转不会必然带来土地纠纷，纠纷的产生多是由缺少群众参与、缺少有效的社会中介环节、基层土地流转服务短缺、农民合同意识较为淡薄等因素导致。

2. 由于政府行政推动色彩过浓导致的纠纷越来越多

近年来我国农村改革步伐加快，很多政策措施与农村土地密切相关。

例如，加快土地流转、发展农业规模经营；大力发展和建设现代农业园区；农村土地综合整治，特别是优化城乡建设用地布局；易地扶贫搬迁；退耕还林还草等，都涉及农村土地特别是农民承包地的整理、整治或调整。政策导向和意图无疑是正确的，但在操作过程中，普遍存在政府行政推动色彩过浓的问题，加之缺少必要的监督和制约机制，缺少群众参与意愿表达机制，由此引发违背农民意愿的、农户与基层政府或更高层政府及其部门的纠纷频频发生。例如，江苏农村土地流转的一个突出特点是，土地流转通常由镇村政府出面组织和推动，将土地从农民手中流转到政府手中，再统一由农业部门或村集体统一开发和经营。这一过程中一定程度地存在不尊重农民意愿的情况，这也是江苏农村土地承包经营纠纷数量较多的一个原因。

3. 深层次矛盾和新矛盾叠加，纠纷处理难度加大

在经济社会和农村改革过程中，一些能够处理、容易处理的问题和纠纷已经逐渐解决，余留的问题和纠纷通常是较难处理的深层次矛盾问题，如体制因素导致的、政策因素导致的、长期历史遗留的问题等，并且伴随着农村土地等改革的逐渐深入，新的矛盾和问题不断出现，改革新旧难题日益交织，导致纠纷处理难度加大。

根据上述分析，我们对我国农村土地承包经营纠纷状况有以下三方面判断。

一是对纠纷数量和发生率的判断。根据调研数据以及结合基层访谈分析，仅就已经发生且诉诸基层相关部门的纠纷而言，全国农村土地承包经营纠纷规模大致为上报数据的2.5~3倍。如果考虑到已经发生但尚未诉诸相关部门的纠纷，我国当前农村土地承包经营纠纷发生率约为7.20%，也就是说，我国目前农村土地承包经营纠纷数量大约为1700万件。如果再进一步把潜在纠纷等情况考虑在内，那么相比于我国农村土地承包经营纠纷的现实状况，上报数字应是低估了纠纷数量，本报告基于抽样数据的估算结果则更为客观和贴近实际。

二是对纠纷数量趋势的判断。一方面，如前所述，经济发展、城镇化、财政支农力度等因素，导致农村土地承包经营纠纷的总数量增多，确权登记等农村土地制度改革也会引发一定数量的纠纷；另一方面，土地仲裁等纠纷调处机制正在发挥越来越大的作用，各地在确权登记等改革过程中也积极化解了一部分纠纷，特别是历史遗留问题。因此，两方面因素综合来看，使纠纷数量出现一个相互抵消的客观效果，据此判断，未来一段时间内，农村土地承包经营纠纷不会出现大规模爆发的情况，会处在一个可控的、相对平稳的状态中。

三是对纠纷影响因素的判断。社会是一个矛盾体，纠纷必然是一种常态现象。但农村土地承包经营纠纷也具有一定的阶段性特征，即在经济社会发展的不同阶段会有不同类型的纠纷呈现居多现象。例如，当全国或某个地区大力发展房地产业时，相应地，征占地补偿纠纷就成为主要纠纷；当大力发展现代农业、加快土地流转、发展规模经营时，土地流转的纠纷就成为主要纠纷。也就是说，农村土地承包经营纠纷具有十分强的政策影响性，与时下经济社会工作重点、热点有密切联系，因此，随着城镇化和农地流转的深化发展，可以判断农村土地承包经营纠纷类型也将呈现征用地纠纷、承包地流转纠纷为主，且在区域上有所差异的阶段性特点。

2.2 农村土地承包经营纠纷的相关影响因素

农村土地承包经营纠纷数量一定程度上也受到地方政府换届等政治因素影响。调研中我们发现，通常是原领导提升或离任时，农村土地承包经营纠纷也会随之减少；相反，新领导上任时，纠纷会随之增多。实际二者并不具有必然的内在因果联系，但在我国政府考核机制作用下，纠纷数量也与之呈现一定的相关性。

2.2.1 经济发展因素

从宏观经济发展层面上看，存在三个显著的影响因素：（1）随着经济发展和城镇化进程加快，城市建设用地和农业用地的矛盾日益突出，征占地补偿费用的上升导致土地价值不断攀升，相应地，土地承包经营纠纷特别是征占地补偿分配纠纷不断增多；（2）国家对农业扶持力度不断加大，如取消农业税、实施种粮农民直接补贴、农资综合补贴、良种补贴、农业机械购置补贴等，并不断提高补贴标准，财政支农力度逐年加大，也是导致土地升值的一个重要因素；（3）高新科学技术越来越多地在农业领域得以应用和推广，高科技农业呈现较好的发展势头，农业效益不断提高，也是造成农地纠纷逐年增多的一个不可忽视的因素。

1. 经济区位

土地纠纷与经济发展水平相关的一项佐证是：纠纷发生率与到县城距离之间的关系。在调查中发现，在发生纠纷的样本中，大多与县城的距离都在 5 公里以内；而未发生纠纷的样本中，绝大部分农户都集中在距离县城 5 公里以外的区域（见表 2－7）。同时，按照是否发生纠纷将样本分为两组，对它们到县城距离进行均值比较 t 检验发现，发生纠纷组中距离县城 5 公里以内农户的比例要显著高于未发生纠纷组（见表 2－8）。这也表明，距离县城较近地区更容易发生纠纷，这可能是因为距离县城较近地区经济发展水平相对较高，土地收益和价值也随之较高，而且更有可能发生土地征用和流转，从而成为土地纠纷的高发区。

表 2－7　土地纠纷与到县城距离　单位：户

类别	距县城超过 5 公里	距县城 5 公里以内
未发生纠纷	324	36
发生纠纷	17	12

表 2－8　是否发生纠纷与到县城距离的 t 检验

类别	数量（户）	5 公里以内比重（%）	标准误	t 值
未发生纠纷	360	10.0	0.0158	－5.0926
发生纠纷	29	41.4	0.0931	

2. 人均收入

我们并没有发现纠纷组和非纠纷组之间在收入方面有明显的差异。无论采用实际人均收入（见表 2－9）还是人均收入的分组数据（见表 2－10），两组人群的收入并不显著。这意味着，纠纷与当地农民的收入水平之间关联度不大。

表2－9 不同纠纷组的人均收入比较（1）

类别	数量（户）	实际人均收入（元）	标准误	t值
未发生纠纷	360	9716.38	474.69	0.0840
发生纠纷	29	9572.47	1310.98	

表2－10 不同纠纷组的人均收入比较（2）

类别	数量（户）	人均收入分组数据	标准误	t值
未发生纠纷	360	3.40	0.08	0.1820
发生纠纷	29	3.34	0.29	

注：我们按照收入将不同农户分为6组[2000元(含)以下＝1，2000～5000元(含)＝2，5000～8000元(含)＝3，8000～10000元(含)＝4，10000～20000元(含)＝5，高于20000元＝6]。

3. 人均耕地面积

我们的确发现纠纷组和非纠纷组之间在耕地面积方面有一定差异。尽管按照人均经营实际耕地面积计算的差异t值不是太显著（见表2－11），但如果考虑耕地面积分布的偏态，将经营面积进行分组，就能发现纠纷组和非纠纷组之间在耕地面积上有明显差异（见表2－12）。上述结果意味着，纠纷往往发生在人地面积紧张的地区，由于土地资源的稀缺，从而加剧了纠纷发生的概率。

表2－11 不同纠纷组的人均经营耕地面积比较（1）

类别	数量（户）	人均经营实际耕地面积（亩）	标准误	t值
未发生纠纷	360	2.07	0.18	1.47
发生纠纷	29	1.13	0.32	

表2－12 不同纠纷组的人均经营耕地面积比较（2）

类别	数量（户）	人均经营耕地面积分组数据	标准误	t值
未发生纠纷	360	2.34	0.08	2.39
发生纠纷	29	1.62	0.25	

注：我们按照人均经营耕地面积将不同农户分为5组［1亩(含)以下＝1，1～1.5亩(含)＝2，1.5～2亩(含)＝3，2～3亩(含)＝4，高于3亩＝5］。

2.2.2　农村土地制度与政策变迁

1. 制度变迁造成大量历史遗留问题

我国农村土地制度历经了复杂的历史变迁过程（见表 2 - 13）。土地所有权和使用权相关政策规定频繁变动，从土地农户所有到土地集体所有，从“政社合一”管理到“三级所有、队为基础”，从“增人不增地、减人不减地”到“大稳定、小调整”再到“长久不变”等，导致土地权属不清，造成诸多难以解决的历史遗留问题。

表 2 - 13　我国农村土地制度的历史变迁

土地制度	具体内容
1947 年《中国土地法大纲》和 1950 年《中华人民共和国土地改革法》	规定“所有权归农户所有”“分配给人民的土地，由政府发给土地所有证，并承认其自由经营、买卖及在特定条件下出租的权利”，由此确立了均分化的农村土地私有制
1956 年《高级农业生产合作社示范章程》	以此为标志，20 世纪 50 年代开展并加快的农业合作化运动完成了从初级形式向高级形式的彻底转变，也完成了由土地的农民所有制向土地集体所有制的转变
1958 年《关于在农村建立人民公社问题的决议》	农业生产合作社进一步改组为人民公社，实行政社合一的管理体制，人民公社成为社会主义政权组织的基层单位
1962 年《农村人民公社工作条例（修正草案）》（即“农业六十条”）	对人民公社体制进行了适度纠正和调整，明确以队为基础的核算管理模式
1983 年《当前农村经济政策的若干问题》	在维持传统“三级所有、队为基础”的管理体制基础上，将土地使用权和收益权逐步下放到农户，由此确立了家庭联产承包责任制的双层经营体制
1984 年《关于一九八四年农村工作的通知》	提出延长土地承包期，规定一般应在 15 年以上
1993 年《关于当前农业和农村经济发展的若干政策与措施》	在原定耕地承包期到期之后，再延长 30 年不变，并制定了“为避免承包耕地的频繁变动，防止耕地经营规模不断被细分，提倡在承包期内实行‘增人不增地、减人不减地’”的办法
1997 年《关于进一步稳定和完善农村土地承包关系的通知》	规定土地承包关系“大稳定、小调整”，且“小调整限于人地矛盾突出的个别农户，不能对所有农户进行普遍调整”“小调整的方案要经过村民大会或村民代表大会三分之二以上成员同意”
2008 年《关于推进农村改革发展若干重大问题的决定》	提出现有土地承包关系要保持稳定并长久不变

2. "集体所有"界定不明确，导致"所有者缺位"

一是我国现行与农村土地权属有关的《中华人民共和国宪法》、《中华人民共和国农业法》、《中华人民共和国土地管理法》、《中华人民共和国土地承包法》和《中华人民共和国村民委员会组织法》五部法律均明确规定农村土地归农村集体所有，但并没有明确到底哪一级集体是农村土地的所有者。例如，《中华人民共和国土地管理法》规定："农民集体所有的土地依法属于村农民集体所有的，由村集体经济组织或者村民委员会经营和管理；已经分别属于村内两个以上农村集体经济组织的农民集体所有的，由村内该农村集体经济组织或者村民小组经营和管理；已经属于乡（镇）农民集体所有的，由乡（镇）农村集体经济组织经营和管理。"这种所谓的"集体所有"成为一种"所有者缺位"，产权模糊、所有者不明确，直接导致了大量土地纠纷。二是缺乏精确的地籍管理制度，耕地面积"家底"不清，导致管理模糊，造成诸多土地纠纷（见表2-14）。三是土地流转管理和操作不规范。一方面，基层流转服务机构不健全，多数县市和乡镇没有建立完善的农村土地流转服务机构，政府流转平台的中介作用没有充分发挥；另一方面，涉及农民重大利益的土地发包、土地流转、土地征收等重大问题中，存在民主议定原则流于形式的问题，为充分履行程序带来很多后续遗留问题。

表2-14　　我国地籍管理存在的问题

1986年《中华人民共和国土地管理法》颁布之前	地籍管理基本是空白，一些定界历史资料缺失，导致一些土地权属争议难以认定
1988年第一次全国土地详查工作	资金投入少、技术人员配置不到位，形成的基础资料技术水平低，地籍资料不完整
土地承包后	1981年农村家庭联产承包到户的档案资料以及1985年、1990年、1995年土地小调整的相关档案资料不齐全或有缺失，主要表现为：有的土地没有登记，有的登记面积与耕种面积不一，承包合同、台账、地籍管理卡、经营权证书上记录的承包面积不一致；农村耕地有计税面积、承包面积、航拍面积、按地形图统计的面积，有习惯面积（按大亩统计）、粮产面积（承包时按粮食单产折合）、上报面积（统计局确定的法定报送数）、实测面积（按实际丈量）等，国土部门、统计部门、农业部门、乡村组织各有"一本账"又各不相同

3. 农业支持保护政策打破原有利益格局

农村土地承包经营纠纷的实质是当事人的利益分歧与冲突，当原本平衡的利益结构发生变化且这种变化不能被其中一方或多方利益主体所接受时，纠纷就会产生。目前导致利益结构变化的因素主要有以下两方面。

一是国家“三农”投入力度加大导致农村土地增值。随着农村经济体制改革的不断深入，一方面，“三农”投入绝对规模不断增长，2012年中央财政用于“三农”的支出安排合计约12287亿元，同比增长17.9%（见表2-15）；另一方面，“三农”投入结构也不断优化，“四补贴”规模不断扩大、农业综合开发投入力度加大，使得农村土地增值明显。

表2-15　2004~2012年中央财政“三农”支出情况

年份	中央财政支出（亿元）	中央财政“三农”支出（亿元）	占比（%）
2004	18274	2626	14.37
2005	20249	2975	14.69
2006	23482	3397	14.47
2007	29557	4318	14.61
2008	36320	5625	15.49
2009	43901	7253	16.52
2010	46660	8183	17.54
2011	54360	10498	19.31
2012	64148	12287	19.15

资料来源：根据中华人民共和国中央人民政府官网资料整理。

二是城镇化进程加快导致农村土地增值。城镇化进程的加快，使建设用地和农业用地的矛盾日益突出，导致农村土地一定程度的升值，特别是城市郊区的土地价值呈百倍千倍的增长，在这些地区，很大程度上存在发包方违法收回承包方土地重新发包的情况，承包方与发包方利益结构的重新调整造成一系列土地承包经营纠纷。

2.2.3　行政管理因素

很多农村土地纠纷源于村级组织和政府职能部门的权力滥用，得不到有效监督和制约，损害农民利益。

（1）村级组织方面。村干部在土地分配、土地流转、征地补偿等诸多环节发挥着十分重要的作用，有很大的权力，一旦权力运用不当或违规操作就易引发纠纷。例如，违法收回农户承包地，特别是强行收回外出务工农民的承包地、违法收回进入小城镇落户农民的承包地；强迫承包方流转土地承包经营权，如强制收回农民承包地搞土地流转，乡镇政府或村级组织出面租赁农户的承包地再进行转租或发包，假借少数服从多数强迫承包方放弃或者变更土地承包经营权而进行土地承包经营权流转等；侵占承包方的土地收益，如小调整时随意提高承包费，截留、扣缴承包方土地流转收益，截留、挪用征地补偿费用等；违法发包农村土地，如未经本集体经济组织成员的村民会议2/3以上成员或者2/3以上村民代表的同意，将农村土地发包给本集体经济组织以外的单位或者个人，将预留机动地长期用于对外发包，侵吞土地发包收入等。

（2）政府职能部门方面。地方政府拥有土地管理、审批、实施和监督等多项权能，权能的过度集中使得地方政府的自由裁量权很大。例如，地方政府利用手中的征地审批权，单方面制定征地方案或强行征地，在征地面积上，批少征多、多征少用等；在征地程序上，越级批地、未批先征、以租代征、批而未供等；在征地用途上，批非征耕等。此外，在征地补偿费上，压低、克扣、拖欠、截留和挪用征地补偿费也是土地纠纷的多发领域。

2.2.4 村规民约下的乡村治理因素

我国农村社会与城市不同，农村习俗与村规民约对农民的制约力非常大。农村土地制度也同时受到国家政策法规的正式制度和村规民约的非正式制度的双重规范。很多传统习俗有悖于法律制度，但却得到了绝大部分村民的认可和支持，其力量甚至要大于正式的法律制度。因此，当村规民约等传统秩序与现代法律政策相冲突时，常常造成相关法律政策规定难以真正贯彻执行，从而引发农村土地承包经营纠纷。

例如，按照农村的习俗，农民更习惯或者更认可的是按人口平均分配土地，这已经成为农民心中很深的“集体土地成员权”意识，基于这种意识，定期按照人口增减状况调整土地，使村集体每个人拥有的土地量大体平衡和公平，已经成为一种惯例。这就使得“保持农村土地承包经营权稳定和长久不变”的农村土地政策在执行中受到阻力。再如，妇女土地权益纠纷问题很大程度上也是源于农村习俗，虽然法律规定女子与男子享有同样的土地承包经营权，但各地在执行时对女子的土地承包权有诸多限制，如对农村中的“倒插门”女婿、已经出嫁的女儿、已离婚的妇女是否有资格获得或继续拥有承包地，不同地区有不同的习俗。

2.3 现有纠纷调处机制发挥的作用及存在的问题

农村土地承包经营纠纷解决途径主要包括调解、诉讼、行政处理、仲裁四种方式，每种方式都发挥着重要的纠纷调处作用，但也都存在一定的局限和问题。

2.3.1 调解方式常用但不具有强制力，容易出现纠纷反复

调解是指在村民委员会、乡（镇）人民政府等第三方主持下，在双方当事人自愿基础上，通过协调、说服劝导双方当事人化解纠纷的一种解决方式。

村民委员会和乡（镇）人民政府是最贴近纠纷及当事人的一级机构，熟悉当地社情、纠纷背景及当事人情况，调解时不仅可以运用法律，也会考虑当地习俗、道德和村规民约，在调解农村土地承包经营纠纷方面具有不可忽视的重要作用。特别是乡（镇）人民政府在解决村民委员会作为一方当事人的纠纷以及分属于不同村集体经济组织的村民之间的纠纷时，具有中立的地位，更有利于化解矛盾、平息纠纷。目前，调解方式在解决土地承包经营纠纷中所占比重很大，是一支调处纠纷的重要力量。

调解方式存在的局限和问题主要包括：一是需要以双方自愿为基础，有些承包经营纠纷特别是标的大、矛盾激烈的纠纷往往无法调解，而必须

诉诸其他途径解决；二是现行法律关于调解的事项范围、调解人员组成等内容规定不明确，容易产生调解协议与国家法律、政策相悖的情况；三是由于调解协议不具有强制力，容易出现当事人反悔的情况，降低调解效率。

2.3.2 诉讼方式最规范最权威，但存在适用范围限制且成本较高

诉讼是指纠纷当事人通过向具有管辖权的法院起诉另一方当事人来解决纠纷的形式，是一种解决利益冲突的机制和一种专门的法律活动。

诉讼方式的优势在于：诉讼是解决土地承包经营纠纷途径中最正式、最权威、最规范的一种方式，更加客观、中立和公正，也更有利于保护当事人的合法权益。具体而言，一是有规范的程序设置，可以保障双方当事人平等诉求，充分行使自己的权利；二是统一适用国家法律，有利于避免部门利益影响，维护法律秩序；三是具有权威性，诉讼结果是解决土地争议的最终结果。

诉讼方式也具有一定的局限性：一是一些土地纠纷目前无法得到司法解决。例如，农村土地权属纠纷，因为涉及农村土地使用权问题，按照现行法律规定，应由有关行政部门来解决，因此这类纠纷大多是裁定不予受理或被驳回起诉。再如，征地补偿纠纷多因涉及有无集体经济组织成员资格等问题，而难以获得司法支持。二是诉讼程序复杂烦琐、成本较高、效率较低，而且农村土地承包经营纠纷的当事人通常对法律规定、程序规定及活动方式比较陌生，参与度受到一定限制。另外，现阶段我国基层法院与地方政府联系密切，司法独立不能得到很好的保障，也制约了诉讼方式解决农村土地承包经营纠纷作用的发挥。

2.3.3 行政途径对解决政策性强的纠纷具有天然优势，但难以确保其中立性

行政途径主要包括行政裁决和行政复议。行政裁决即行政机关依法对

平等主体之间发生的与行政管理相关的争议进行处理的具体行政行为；行政复议即上级行政机关对行政相对人不服下级行政行为的审查及决定行为。

通过行政途径解决农村土地承包经营纠纷，具有一定的优势：一是土地纠纷政策性强，历史遗留问题、政策变迁引起的问题一直与土地行政管理密切相关，也与土地纠纷的产生密切相关。行政机关处理土地纠纷不仅对政策的把握更加熟悉，而且行政机关掌握大量司法机关所不享有的裁量权和各种权力资源，如减免税负、批租土地、给予特许经营等，在解决纠纷中可以通过不同的资源调配实现纠纷的有效解决。二是行政机关在处理土地纠纷方面具有专业对口的优势，土地争议专业性很强，涉及的利益主体范围也比较广，常常需要运用专门的知识和技术。而行政机关掌握这些专门的知识和技术，拥有与其管理职能相关的信息资料，能够较为快速地查清事实，做出准确的判断。三是与诉讼相比行政裁决更富有效率。由行政机关直接处理土地纠纷，程序简便、快捷，纠正错误比较及时和彻底，成本投入也比诉讼低得多。四是行政裁决与行政复议还有利于行政机关自我纠错，强化上级行政机关对下级行政机关的监督。

但是，由于土地纠纷的复杂性，其中一部分并不适合采用行政途径来解决。政府及其主管部门代表国家行使土地管理方面的职能，一些土地争议的发生本身就与其行政行为有关。例如，当国家作为土地所有者与集体经济组织就一块土地的所有权发生纠纷、因土地确权行为发生纠纷时，行政裁决或复议就会出现自己做自己案件法官的情形，裁判者的中立地位难以保证，最低限度的程序公正就不能实现。在实践中，政府及其主管部门在处理土地争议时过多考虑自身利益、侵害相对人利益的案件时有发生。这些都说明行政裁决与复议也是存在局限性的。

2.3.4 仲裁居中裁决、便民高效，日益成为纠纷调处主渠道，但仍存在问题

仲裁是仲裁机构根据当事人的申请，由仲裁庭根据事实和法律，对纠纷进行居中裁决的解决纠纷的制度。农村土地承包经营纠纷调解仲裁制度

具有既依法管理又沟通协商、既政府主导又多方参与、既及时监测又源头化解的优势，有利于公正、高效、便民地化解纠纷，在农村社会形成一个出现纠纷有处可诉、化解纠纷有法可依的依法维权、依法管理的新机制和新风尚。目前，仲裁方式已经在化解农村土地承包经营纠纷中发挥着重要的作用，但仍存在以下六个方面问题。

1. 回避征地补偿纠纷，仲裁范围过于狭窄

《调解仲裁法》第二条规定了仲裁范围，包括：因订立、履行、变更、解除和终止农村土地承包合同发生的纠纷；农村土地承包经营权转包、出租、互换、转让、入股等流转发生的纠纷；因收回、调整承包地发生的纠纷；因确认农村土地承包经营权发生的纠纷；因侵害农村土地承包经营权发生的纠纷；法律、法规规定的其他农村土地承包经营纠纷。而对于近年来凸显的征地补偿纠纷则采取了回避态度。据估计，农民因征地引发的上访事件已经占到农民上访事件的70%，且大多具有明显的群体性、组织性、对抗性和持久性特点。按照《全国土地利用总体规划纲要（2006—2020年）》，2000~2030年我国将占用耕地超过5450万亩，每年将新增失地农民200多万人，预计到2030年将有超过1亿的失地农民。国家建立土地纠纷仲裁制度的目的是解决土地纠纷案件告状无门的状况，及时、公正地化解土地纠纷，为新农村建设提供稳定的社会环境。虽然我国的土地仲裁制度自建立以来解决了大量的土地纠纷，但对占土地纠纷上访案件七成并对农村社会稳定具有重大影响的征地补偿纠纷采取回避的态度，是值得商榷的，也成为影响土地纠纷仲裁制度效用发挥的一个重要制约因素。

2. 相关法律的关键性概念界定模糊，可操作性存在一定欠缺

《调解仲裁法》缺乏具体操作性规定，主要表现在两方面：一是法律侧重的是宏观方面的规定性，而实际问题的解决则需要根据实际情况出台相关问题的配套政策，缺乏配套政策，就会导致很多具体问题由于找不到法律依据而陷入“真空”状态；二是一些关键性的概念在法律上并没有得到厘清，容易造成纠纷仲裁工作的无所适从，如“集体经济组织成员”的确认、加入、取得等界定问题，以及对“机动地”“弃耕地”的界定等。

3. “一裁两审”模式下，仲裁与诉讼存在一定脱节

《调解仲裁法》第四十八条规定：“当事人不服仲裁裁决的，可以在收到裁决书之日起三十日内向人民法院起诉。逾期不起诉的，裁决书即发生法律效力。”但是，这一条款并没有说明法院受理后是审理仲裁裁决还是重新审理案件。《调解仲裁法》第四十九条规定：“当事人对发生法律效力的调解书、裁决书，应当依照规定的期限履行。一方当事人逾期不履行的，另一方当事人可以向被申请人住所地或者财产所在地的基层人民法院申请执行。受理申请的人民法院应当依法执行。”也即，对于仲裁裁决，法院必须依法执行，无审查权利。可见，我国土地纠纷仲裁与诉讼的关系是“一裁两审”制，属于两个完全独立的程序，由此带来以下问题：一是仲裁受理的案件范围与法院受理的土地案件并不一致，如果当事人不服仲裁裁决又向法院提起不在法院受理范围内的诉讼，法院应如何处理？二是按照《调解仲裁法》，当事人不服仲裁裁决起诉的，法院似乎应当重新对案件进行审理，这一方面造成司法资源的浪费，另一方面可能会造成同一案件出现两个完全不同的结论，又该如何处理？三是如果申请法院执行的土地仲裁裁决是一项仲裁机构无权裁决的事项或是存在严重违法行为的裁决，法院是否也应该无条件执行？可见，仲裁与诉讼的脱节，已经成为目前造成土地仲裁进一步发展的“瓶颈”问题。

4. 仲裁基础设施条件不能满足纠纷调处需求

仲裁基础设施条件匮乏一直是困扰土地承包经营纠纷调解仲裁工作开展的一个重要制约因素。自 2012 年启动西部地区农村土地承包经营纠纷调解仲裁基础设施建设项目以来，西部地区的仲裁庭、合议庭、调解室等基础设施建设得到了迅速推进，条件得以加强，为仲裁工作的开展奠定了基础。但我们在调研中也了解到，仍存在以下两个突出问题：一是仲裁工作经费很多地方仍没能得以落实和解决，仅有少部分地区将仲裁工作经费纳入财政预算，很多地区仅是一次性地给予几万元不等的财政资金支持，更多的情况是没有工作经费来源；二是仍有一些地区的仲裁机构尚未开展实

际工作，这些地区虽然已经组建机构、设有仲裁场所，但还没有审理过案件，仲裁机构在这些地区只是“空架子”。

5. 仲裁人力资源条件不能满足纠纷调处需求

这突出表现在以下两个方面。一是仲裁员人数不足。目前我国农村土地承包经营纠纷仲裁员的组成一般来自两部分：一部分是从原土地部门或农经部门抽调出来兼任；另一部分是社会聘用。社会聘用的仲裁员没有正式编制，不能领取财政工资而只能领取业务工资，这一方面不利于调动仲裁员的工作热情，另一方面也在一定程度上影响了仲裁的权威性。二是仲裁员素质不够。农村土地承包经营纠纷仲裁工作专业性较强，需要对法律和农村状况有清晰和透彻的了解。目前，我国的土地纠纷仲裁员大多不具备法律基础知识，虽然各级农业部门对仲裁员组织了大量培训，但培训的时间有限、范围较窄，导致很多仲裁员要么采用行政机关的做法来调处纠纷，要么撇开法律完全通过人情世故来解决矛盾。这样也导致了“诉讼的继续诉讼，上访的继续上访”等恶性循环。仲裁员素质不够也影响了档案文本的规范性，这也是导致法院对土地仲裁案件不予受理的一个重要原因。

6. 仲裁工作缺乏相关的组织机构联动性

缺乏组织机构联动性主要表现在以下两个方面。一是相关机构出台的政策文件相互冲突矛盾。农村土地承包经营纠纷涉及面广，有些纠纷涉及多个管理部门，如农业、林业、民政、土地等，这些部门直接或间接地管理着土地，传达、管理或出台土地相关的政策文件，有时会出现多个文件“互相打架”的情况，导致仲裁机构无所适从。二是相关机构和部门的协调配合还存在一定问题。例如，仲裁的强制执行需要法院的大力配合，而目前还存在大量的法院对土地纠纷仲裁裁决不予受理的情形，极大地影响了仲裁工作的权威性和有效性。再如，仲裁工作经费的落实需要地方财政部门等的大力配合，而目前仍有相当多地区的仲裁工作经费没有纳入财政预算，极大地影响了仲裁工作的顺利开展。另外，仲裁机构与村委会村干部的沟通协调也有待加强，因为他们对本村土地和人际环境更为熟悉，更有利于纠纷的化解，减少仲裁机构的工作阻力。

2.4 农村土地承包经营纠纷化解及完善调处机制的建议

根据上述对纠纷原因、特点及现有调处方式的分析，提出以下两个方面的建议。

2.4.1 构建制度化的农民利益表达机制

纠纷的本质是利益的不平衡。农民缺乏合理有效的利益诉求和表达机制，是导致农村土地纠纷甚至群体性事件的重要原因之一。建立制度化的利益表达机制，有利于引导农户以理性、合法的形式表达利益要求，可以有效避免纠纷和妥善处理纠纷。构建制度化的农民利益表达机制，可以从以下四个方面入手：一是依法规范农民利益表达。以法律规范农民与其他土地利益群体的沟通、交涉、协调等程序，把利益表达纳入制度化轨道。二是进一步完善村民自治。村民自治是目前我国农民政治参与的最主要途径，应在实践中进一步完善和创新村民自治形式。三是发展农民中介组织，积极培育农村经济合作组织、专业协会等，培育农民利益表达的“代言人”。四是建立农村社会的协商对话机制，表达民意、解释政策、提供决策，发挥民意和政策相互上通下达的作用，并把它作为农民利益表达的一种基本形式进行规范化和普遍化。

2.4.2 完善调解、司法、行政、仲裁四大纠纷调处渠道

1. 整合各种调解资源，建立“大调解”机制

鉴于调解方式在解决农村土地承包经营纠纷中的优势和局限，建议应从以下两个方面进行完善：一是建立村、镇、市三级“大调解”网络体系。村居民委员会主要负责人直接过问、牵头处理纠纷；各镇人民政府依托农经中心建立镇农村土地承包经营纠纷调解委员会，协调、调查处理和

服务纠纷调处；市社会矛盾纠纷调处服务中心设立农村土地承包经营纠纷的接待窗口，及时接待处理农村土地承包经营纠纷、分流转办。二是赋予调解更强的执行力。考虑对调解中心促成的调解协议，在审查其程序公正、符合法律的前提下，应视同为法院的调解书，当事人一旦自愿达成调解协议、承诺接受调解结果则不得反悔，否则对方当事人可以向法院申请强制执行。

2. 贯彻司法最终审判原则，充分发挥诉讼在解决纠纷中的作用

一是从当事人角度来说，应通过普法宣传等方式，增强农民群众的法律意识和权利意识，使他们有能力、有素质来选择自己认为对自己最有利的保护自身合法权益的方式。二是从法律角度来说，应完善相关制度，特别是贯彻司法最终审判原则。司法最终审判原则是现代法治国家的一项重要原则，是指一切案件或者纠纷一经司法审判便应当得到最终的解决或平息，即司法具有终局性，除非经过法定严格程序的纠正，否则任何人和国家机构都无权推翻。因此，按照这一原则来说，无论任何类型的农村土地承包经营纠纷，当事人都应该可以通过诉讼方式来解决，而且，选择何种解决纠纷的方式和途径，应该是当事人的自由，任何纠纷解决方式都不能成为当时寻求诉讼解决的障碍。

3. 强化行政机关在纠纷处理过程中的中立位置

因土地纠纷引起的行政处理比较复杂，带有一定程度的政府管理色彩。在实践中，存在行政机关在处理土地纠纷时过多考虑自身利益、操纵程序、违法办案、侵害当事人合法权益等情况，因此，强化行政机关纠纷处理过程中的中立和公正至关重要。一是严格依照国家法律处理纠纷，避免以政策代替法律，更不能将地方政府一些管理性的目标带到土地纠纷的解决中。二是程序公正。行政机关应保持中立，不偏袒任何一方，应当保障争议各方陈述权、申辩权的充分行使，保障其程序参与的权利，同时行政机关处理纠纷须严格遵守程序规定，如申请、受理、调查等均需依法进行。三是与诉讼有机结合，加强对当事人的权利保护。当当事人对行政裁决或复议不服时，应可顺利寻求司法救济。

4. 从法律和操作两个层面完善土地纠纷仲裁制度

一是清晰界定关键性法律概念，对实践中难以操作的法律条文，出台配套政策或指导文件，避免基层实际工作因缺乏明确政策指导而出现五花八门做法的情况，同时减少不合理纠纷诉求。二是增强仲裁机构与其他相关部门和机构之间的衔接、配合和联动，避免出现部门之间文件或做法互相矛盾的情况，增强仲裁工作的权威性和有效性。三是加大仲裁工作物质保障力度，主要包括仲裁基础设施建设、仲裁员培训及相关专业人才培育、仲裁工作经费落实三个方面。四是增强仲裁工作的针对性，特别是通过对纠纷案件发生频率、类型、地域的分析，有针对性地对某些重点地区、重点类型纠纷进行重点跟踪。五是畅通衔接机制，构建以仲裁为核心的多元化纠纷解决机制。

第3章

2014年我国农村土地承包经营纠纷状况

“四化同步”背景下，亟待深化改革农村土地制度和构建新型农业经营体系，确保顺利推进农业现代化。面对改革进程中各地出现的土地承包经营纠纷，政府部门如何正确、及时、妥善处理，将是现阶段深化农村土地制度改革、未来实现农业现代化的关键所在。

基于农村土地承包经营纠纷信息统计的复杂性，如何全面掌握农村土地承包经营纠纷的发生概率和分布特征，深入了解纠纷产生的背景及根源，成为当前决策部门亟待解决的首要问题。为此，亟须应用经济学、统计学相关原理，科学、有效地设计出一套调研方案，对当前农村土地承包经营纠纷问题进行深度调研。

在此背景下，经农业部相关领导与课题组负责人共同商讨，确认当年的农村土地承包经营纠纷调研工作首先瞄准农业部农村土地确权试点地区，并最终确定如下农村土地纠纷调研方案：调研主要以问卷调查为主，同时辅以座谈。在问卷调查方面，主要采用分层抽样方法确定样本区域。首先，根据经济发展水平，从东、中、西部分别选定两个省份进行调研；其次，分别从各省确权试点县（市）和非确权试点县（市）中各抽取一个样本县，再于每个县（市）中随机选取三个（乡）镇，各（乡）镇原则上选取两个村；最后，于每个样本村中至少随机选取一名村干部和15户农户，分别进行村级和户级水平的调研。在座谈方面，主要通过分别与样本县（市）、乡镇农业部门、村干部以及农户进行座谈交流，从总体上了解土地纠纷的发生情况。这样，最后选定江苏、安徽、吉林、河北、陕西、贵州和山东共7省作为样本省份，共调研74个样本村，得到1251个样本农户，数据处理时，去除填写和录入错误的9户样本，得到1242户有效样本。①

3.1 农村土地承包经营纠纷发生的现状与特征

3.1.1 农村土地承包经营纠纷总体特征

基于样本地区农户对其承包经营土地纠纷发生状况的追忆，我们梳理和汇总了相关资料信息。结果表明，样本地区农村土地承包经营纠纷呈现以下四个特征（见表3－1）。

表3－1　样本地区农村土地纠纷发生率

省份	样本（户）	纠纷件数		纠纷户数	
		件数（件）	发生率（%）	户数（户）	发生率（%）
江苏	240	18	7.50	18	7.50
河北	168	5	2.98	3	1.79
安徽	196	15	7.65	13	6.63
吉林	177	21	11.86	21	11.86
陕西	191	21	10.99	21	10.99
贵州	178	14	7.87	14	7.87
山东	92	5	5.43	5	5.43
合计/平均	1242	99	7.97	95	7.65

资料来源：根据调研数据汇总统计。

第一，总体看，样本地区农村耕地纠纷发生率为7%～8%。无论是从

① 按照抽样方法，应该为6个省份，山东省并不包括在内。山东省作为土地确权整体推进试点区，为进一步弄清土地确权和土地纠纷情况、扩大样本有效性，在抽样省份完成后，又在山东省追加调研6个村。实际村数应为78个村，但实际调研中有个别地区无法严格按每村15户抽取，我们采取从该村所在乡镇中抽取30户的方式进行调研，在统计时将这30户作为一个村，所以造成统计样本村为74个。

纠纷发生的件数看，还是从纠纷涉及的户数看，纠纷发生率都在10%以内，平均为7.97%和7.65%。具体的，1242户有效样本中，共发生纠纷99件，涉及农户95户，也就是说，每100户农户中，大致有8户发生或者曾经发生过农村土地承包经营纠纷，或者每100户农户中约发生7~8（平均数为7.6）件土地纠纷事件。

第二，农村耕地纠纷分散在不同的农户之间。按照件数统计的纠纷发生率和按照户数统计的纠纷发生率极为接近，这意味着很少有家庭出现一户存在很多件纠纷的状况。事实上，样本中只有2户存在2件纠纷、1户存在3件纠纷，其余家庭均只有1件纠纷。纠纷件数较低的农户集中度意味着纠纷面较广，但内部强度不高。这意味着，解决农村土地承包经营纠纷问题的重点并非只是关注个别重点户，而应该基于制度改革和创新，从面上彻底解决纠纷存在的根源，提高政策瞄准率。

第三，从区域上看，各地区在农村耕地纠纷发生率方面差异较大。其中，从纠纷件数看，吉林和陕西的纠纷发生率较高，超过了10%，江苏、安徽和贵州的纠纷发生率集中在平均水平6%~8%，山东和河北排在各地区之后。这意味着，在制定全国农村土地纠纷仲裁政策时，需要因地制宜，增加各地执行弹性，从而提高政策实施的最终效果。

第四，与农村宅基地纠纷相比，农村土地承包经营纠纷强度明显要弱。结合调研信息，我们发现农村土地承包经营纠纷不同于宅基地纠纷，较少出现集中暴发现象。进一步从纠纷在各乡镇和村的分布结果看，发现这些纠纷分布在不同的乡镇和村，分散面比较广，这与宅基地纠纷往往集中在城乡接合部的特点形成了鲜明的对比。事实上，较低的土地承包经营纠纷发生率也意味着承包流转纠纷即使存在，其强度也不会太高。

3.1.2 农村土地承包经营纠纷的时空分布特征

结合农村土地承包经营纠纷发生的年度时点，我们汇总了99件纠纷发生的具体年份（见表3-2）。总体来看，这些纠纷分布呈现以下四个特点。

第一，纠纷分布年度比较分散。从纠纷分布时间跨度看，这些纠纷分布在1980~2014年的时间跨度内。除2013年，每一年度纠纷样本占总纠纷的比重不超过 10%，平均为 7.07%。

表 3-2　　　　样本地区农村土地纠纷的时空分布

年份	纠纷户数（户）							合计（户）	占比（%）
	江苏	河北	安徽	吉林	陕西	贵州	山东		
1980						1		1	1.01
1983					1			1	1.01
1985				2				2	2.02
1991	1							1	1.01
1995		1	1	1	1			4	4.04
1996	1							1	1.01
1997	1		1					2	2.02
1998				2	2			4	4.04
2000	1				3			4	4.04
2002	1							1	1.01
2003	1			3				4	4.04
2004	1				1			2	2.02
2005	1	1		1	1	1		5	5.05
2006			1			2		3	3.03
2007		1		1	1	4	1	8	8.08
2008			3	1		1	1	6	6.06
2009			2					2	2.02
2010		1	2	2				5	5.05
2012			1	3	5			9	9.09
2013	7		2	1	6	2		18	18.18
2014	1		2	1		3	2	9	9.09
n. a.	2	1		3			1	7	7.07
合计	18	5	15	21	21	14	5	99	—
占比	18.18	5.05	15.15	21.21	21.21	14.14	5.05	—	—

注：n. a. 表示农户未能回忆出具体年份。

第二，2005 年以后，纠纷总体呈现增长的趋势。2005 年之前，年度纠纷发生率不超过 5%，一般均在 1%~4%。但 2005 年之后，年度纠纷发生率往往超过 5%，最高的 2013 年达到纠纷总数的 18.18%，2012 年和 2014 年达到 9.09%。图 3-1 清晰地表明了农村土地承包经营纠纷呈不断增长的总体趋势。

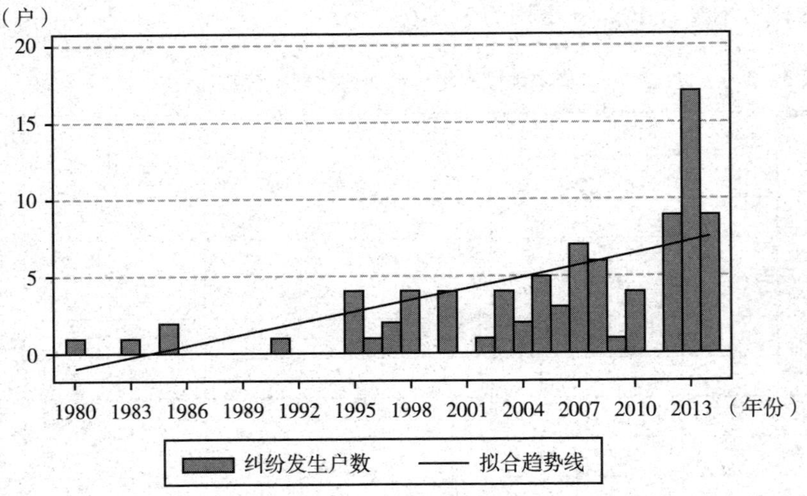

图 3-1 1980~2014 年纠纷发生数量

第三，纠纷分布区域也存在较大差异。吉林和陕西的纠纷占全部纠纷的比重均达到 21.21%，江苏、安徽和贵州分别达到 18.18%、15.15% 和 14.14%，而河北和山东的纠纷分别占全部纠纷的 5.05%。吉林作为东北地区样本和土地密集型农业主产区，在其土地纠纷中承包经营纠纷一类占比高于其他类型纠纷（见附录 1-5），表明农民对土地的依赖性、与城市区位关系等因素对农村土地纠纷类型具有显著影响。

第四，从地区分布看，除西部地区偏高外，其他地区差异不明显。东部地区（江苏和山东）占全部样本的 23.23%，中部地区（河北和安徽）占全部样本的 20.20%，西部地区（陕西和贵州）占全部样本的 35.35%，东北地区（吉林）占全部样本的 21.21%。需要指出的是，吉林作为东北地区唯一代表，其样本村量在总样本村量中偏少，从而影响了东北地区纠纷占比程度，从调研的实际情况看应高于目前计算的 21.21%。

3.1.3 农村土地承包经营纠纷的类型、解决与否和解决方式

纠纷类型方面，现有农村土地承包经营纠纷主要涉及三种纠纷：在土地承包中引起的纠纷（以下简称“承包纠纷”）、因政府征占农地引起的纠纷（以下简称“征占纠纷”）和因承包土地流转引起的纠纷（以下简称

"流转纠纷")。从图 3－2 可以看出，承包纠纷最多，占比为 43.16%；其次为征占纠纷，占比为 32.63%，约占纠纷总数的 1/3；流转纠纷最少，占比为 24.21%，约占纠纷总数的 1/4。

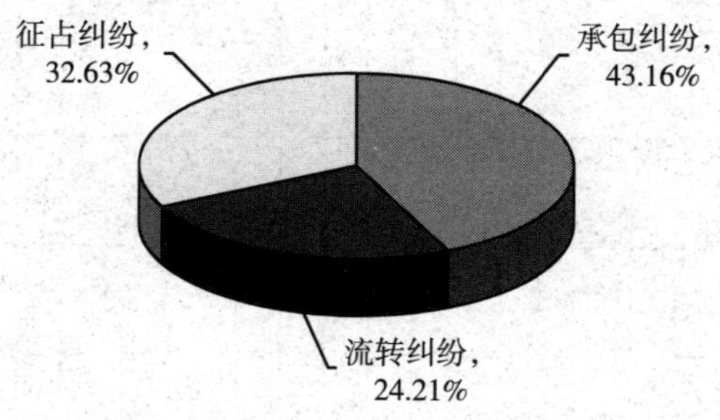

图 3－2　纠纷发生类型

纠纷解决与否方面，尚未解决的纠纷仍占大头。调查结果表明（见图 3－3），约 37.50% 的纠纷已得到解决，但还有 62.50% 的纠纷仍没有得到妥善解决。结合纠纷解决年度分布信息，发现样本地区尚未得到解决的纠纷主要集中在 2004 年之后。这意味着，研究近年来新增的纠纷成为未来彻底解决农村土地承包经营纠纷的关键。进一步，为提高基层调解仲裁解决纠纷的效果，仲裁调解系统需要对近期出现的纠纷特征和原因进行重点分析，这也是未来一段时期纠纷解决的重心。

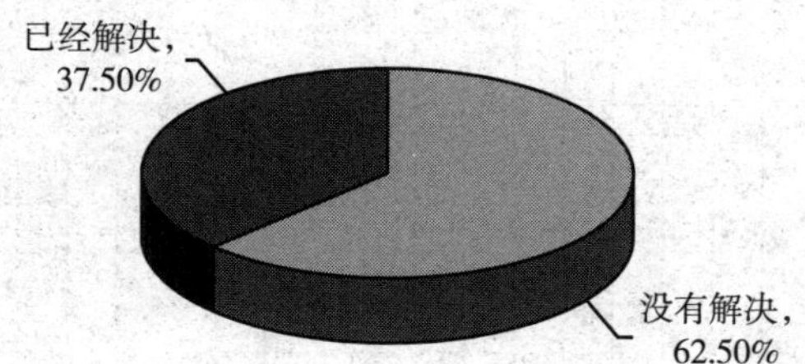

图 3－3　农村土地纠纷解决状况

纠纷解决与否的时空分布表明，截至 2014 年底，新的纠纷主要产生于 2012 年之后（见表 3－3）。2012～2014 年，新增的尚未解决的纠纷占全部尚未解决纠纷总量的 39.34%，也就是说，如果能彻底解决这三年的纠纷，就能处理完全部待解决纠纷的四成。尽管这三年解决的纠纷数量也很多，已解决纠纷件数占全部已解决纠纷总量的 31.58%，但相对于新增纠纷件数，仍有较大提高空间。

表 3－3　纠纷解决与否的时空分布

年份	未解决纠纷									已解决纠纷								
	江苏（户）	河北（户）	安徽（户）	吉林（户）	陕西（户）	贵州（户）	山东（户）	合计（户）	占比（%）	江苏（户）	河北（户）	安徽（户）	吉林（户）	陕西（户）	贵州（户）	山东（户）	合计（户）	占比（%）
n. a.	1	1	1	3				6	9.84	1						1	2	5.26
1980						1		1	1.64								0	0.00
1983								0	0.00					1			1	2.63
1985				2				2	3.28								0	0.00
1991	1							1	1.64								0	0.00
1995		1	1					2	3.28				1	1			2	5.26
1996								0	0.00	1							1	2.63
1997			1					1	1.64	1							1	2.63
1998				2	1			3	4.92					1			1	2.63
2000					2			2	3.28	1				1			2	5.26
2002	1							1	1.64								0	0.00
2003				2				2	3.28	1			1				2	5.26
2004								0	0.00	1				1			2	5.26
2005	1				1	1		3	4.92		1		1				2	5.26
2006						1		1	1.64			1			1		2	5.26
2007				1		3	1	5	8.20		1			1	1		3	7.89
2008			1	1		1		3	4.92			2				1	3	7.89
2009			1					1	1.64								0	0.00
2010			1	2				3	4.92		1	1					2	5.26
2012				3	3			6	9.84			1		2			3	7.89
2013	5				5			10	16.39	2		2	1	1	2		8	21.05
2014	1		2	1		3	1	8	13.11							1	1	2.63
合计	10	2	8	17	12	10	2	61	—	8	3	7	4	9	4	3	38	—
占比	16.39	3.28	13.11	27.87	19.67	16.39	3.28	—	—	21.05	7.89	18.42	10.53	23.68	10.53	7.89	—	—

注：n. a. 表示农户未能回忆出具体年份。

时空信息同时表明，纠纷解决的地区压力差异较大。从表3－3可以看出，未来吉林纠纷压力最大，尚未解决纠纷占全部尚未解决纠纷的27.87%；陕西、江苏、贵州和安徽排在第二梯队，尚未解决纠纷占比分别达到19.67%、16.39%、16.39%和13.11%；河北和山东排在第三梯队，尚未解决纠纷占比均为3.28%。

纠纷解决方式方面，调解仍是其中最主要的解决途径，而法院起诉也发挥了作用（见图3－4）。从现有途径看，农村承包经营土地的解决渠道包括：调解、仲裁、法院三种方式，其中，调解分为自行调解、村委会调解和乡镇调解三种方式，仲裁分为仲裁调解和仲裁裁决两种方式。结果表明，样本农户主要通过自行调解和村委会调解两种方式解决农村承包经营土地纠纷问题，两种方式的农户占比分别达到46.67%和36.66%；第三种和第四种方式分别为法院起诉和乡镇调解，两种方式的农户占比分别为10.00%和6.67%。这意味着，在广大农村，乡民内部、地方官民传统的调解方式仍是解决乡村土地纠纷的最主要方式，如能充分利用乡民之间传统相邻关系和基层村干部与乡民之间相互了解的半官方协调方式，将有助于提高纠纷解决的质量。

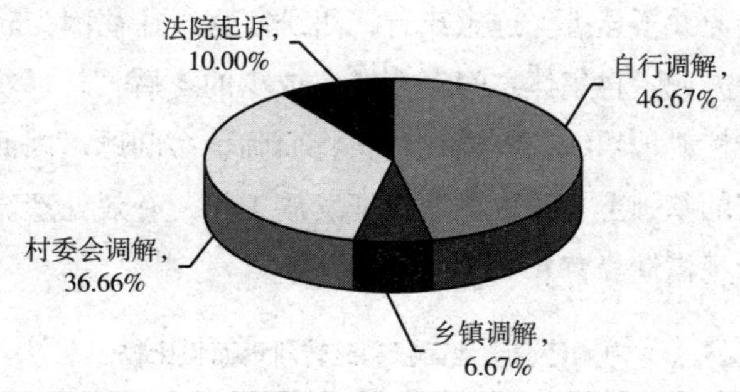

图3－4　纠纷解决类型

3.1.4　纠纷家庭的特征分析

土地资源禀赋方面，结果表明，我国农村耕地分配较为公平。无论是最初二轮承包人均耕地面积，还是现有家庭人均承包耕地面积，在没有纠纷家庭和纠纷家庭两个家庭组之间差异并不显著（见表3－4）。数据表明，样本地区二轮承包耕地的人均面积大致为2.40亩，而目前人均承包耕地面积降到1.98亩，但这种耕地资源禀赋的减少似乎并非造成农村耕地纠纷问题的根源，因为从统计结果看，纠纷家庭组与没有纠纷家庭组之间在人均耕地资源方面不存在显著差异。

表3-4　　人均承包土地面积比较

不同家庭	样本（户）	人均承包面积（亩）	t值	样本（户）	二轮承包人均面积（亩）	t值
没有纠纷家庭	1147	1.99	0.34	1060	2.41	0.52
纠纷家庭	95	1.90		90	2.28	

耕地经营信息却进一步表明，流转性耕地与纠纷之间存在显著性相关关系。表3-5表明，纠纷家庭组和没有纠纷家庭组之间在人均经营耕地方面存在着显著性，纠纷家庭组户均经营耕地达到22.54亩，远远高于没有纠纷家庭组7.92亩的水平。对人均流转耕地和人均转入、转出耕地数据作进一步梳理，发现两组人均经营耕地之间的差异主要源自人均流转耕地的差异，而人均流转耕地的差异则源自人均转入耕地的差异，两组在人均转出耕地方面差异并不显著。这意味着，纠纷家庭组往往因为转入大量耕地而与转出耕地方或者村集体之间存在或多或少的矛盾。长远看，如果无法有效解决流转性耕地纠纷，规模化种植将面临诸多问题。因此，需要在稳定承包经营权的基础上，加快耕地权证发放工作，有效处理流转性耕地纠纷，推动农业规模性经营。

表3-5　　户均经营土地面积和流转耕地面积比较

不同家庭	样本（户）	户均经营耕地（亩）	t值	样本（户）	户均流转耕地（亩）	t值
没有纠纷家庭	1147	7.92	-2.48**	1147	5.93	-2.49**
纠纷家庭	95	22.54		95	20.64	
不同家庭	样本（户）	户均转入耕地（亩）	t值	样本（户）	户均转出耕地（亩）	t值
没有纠纷家庭	1147	6.23	-2.50**	1147	0.30	-0.92
纠纷家庭	95	21.02		95	0.38	

注：**代表5%的显著性水平。

家庭收入方面，我们并没有发现收入因素与耕地纠纷存在显著相关关系（见表 3－6）。尽管在理论上，非农务工会在很大程度上影响农户的时间分配，进而影响其对耕地资源的需求，结果可能会使一些家庭因为高度依赖耕地资源而产生一些耕地纠纷。调查结果表明，尽管纠纷家庭组在农业经营人均收入、外出打工人均收入、其他非农务工人均收入、非农总收入和人均家庭纯收入等方面均高于没有纠纷家庭组，但从统计角度看，这些差异并不显著。这意味着，至少在样本地区，收入因素并非农村耕地纠纷产生的重要因素。

表 3－6　　人均家庭收入比较　　单位：元

不同家庭	农业经营	给人务农	外出打工	其他非农务工	非农总收入	人均家庭纯收入
没有纠纷家庭	3246	385	4804	1281	5189	9715
纠纷家庭	4094	176	5530	1522	5706	11322
全部家庭	3310	369	4859	1299	5228	9838

人口特征方面，研究发现纠纷家庭组和没有纠纷家庭组之间在民族特征、党员身份和家族特征方面存在着显著性差异。结果表明（见表 3－7），纠纷家庭组少数民族虚拟变量得分为 0.14，是没有纠纷家庭组的得分 0.07 的两倍；纠纷家庭组是否共产党员的得分为 0.17，远低于没有纠纷家庭组的平均得分 0.31；纠纷家庭组是行政村较大家族的得分为 0.37，远低于没有纠纷家庭组的平均得分 0.52。因此，纠纷家庭更容易出现在少数民族家庭、非共产党员家庭和非行政村大家族家庭。显然，对于大多数少数民族家庭、非共产党员家庭和非行政村大家族家庭而言，其所处社会生态环境往往不如那些非少数民族家庭、共产党员家庭和村行政大家族家庭，其在村里往往处于社会弱势，在村中影响力弱，在诸多承包经营矛盾中因为无法有效表达利益诉求而使矛盾进一步激发为纠纷事实。

表 3－7　　家庭人口特征比较

不同家庭	样本（户）	少数民族（少数民族＝1，汉族＝0）	t 值
没有纠纷家庭	1146	0.07	-2.30^{**}
纠纷家庭	95	0.14	

续表

不同家庭	样本（户）	共产党员（党员 =1，非党员 =0）	t 值
没有纠纷家庭	1147	0.31	1.86*
纠纷家庭	95	0.17	
不同家庭	样本（户）	行政村较大家族（较大家族 =1，非大家族 =0）	t 值
没有纠纷家庭	1147	0.52	2.76***
纠纷家庭	95	0.37	

注：***、** 和 * 分别代表 1%、5% 和 10% 的显著性水平。

家庭人口特征方面，也没有发现人口因素与耕地纠纷存在显著相关关系。理论上，人口因素是造成人地比例不平衡的关键，进一步产生包括承包、流转纠纷在内的一系列纠纷。结果表明（见表 3－8），无论是在家庭成员人数、二轮家庭分地人数、家庭劳动力人数，还是 2013 年务农人数方面，纠纷家庭组与没有纠纷家庭组之间的差异在统计意义上并不显著。这意味着，至少在样本地区，人口因素并非农村耕地纠纷产生的重要因素。

表 3－8　家庭人口特征比较

不同家庭	样本（户）	家庭成员人数（人）	t 值
没有纠纷家庭	1147	4.50	0.18
纠纷家庭	95	4.46	
不同家庭	样本（户）	二轮家庭分地人数（人）	t 值
没有纠纷家庭	1060	3.53	－0.60
纠纷家庭	90	3.63	
不同家庭	样本（户）	家庭劳动力人数（人）	t 值
没有纠纷家庭	1147	2.55	－1.15
纠纷家庭	95	2.71	
不同家庭	样本（户）	2013 年务农人数（人）	t 值
没有纠纷家庭	1147	1.98	－0.71
纠纷家庭	95	2.05	

确权方面，没有发现确权农户与非确权农户之间在纠纷发生率方面存在显著差异。理论上，短期看，确权将激化农户与农户之间、农户与村集体之间可能隐藏的矛盾隐患，最终打破农户之间原先自发形成的稳定的耕

地承包经营默认结果，从而新增更多纠纷；长期看，确权可能会因为明确产权、发放清晰的权证，而使早先的矛盾纠纷迎刃而解，结果出现纠纷数量稳定下降。调查结果显示，对于确权家庭组而言，纠纷发生率为7.26%，与没有确权家庭组的8.23%相比，差异不大。这表明，确权工作与纠纷发生率之间关系并非紧密。

但对各地区做进一步分析发现，各地区在确权与农村耕地纠纷之间的关系上存在一定差异（见表3-9）。其中，安徽已开始确权家庭组的纠纷发生发生率（11%）显著高于没有确权家庭组（3%），而陕西的已开始确权家庭组的纠纷发生率（5%）显著低于没有确权家庭组（17%）。陕西之所以出现已开始确权家庭组纠纷发生率反而低的现象，可能与农户对确权不了解也不够关注，而基层政府为求快对一些问题不予及时处理有关。这意味着，部分地区伴随着确权工作的深入，纠纷将有可能被激发。因此，及早发现纠纷隐患，做好确权工作的宣传和解释，通过疏导和调解，将有助于彻底、有效地解决好各类纠纷问题。

表 3-9　不同农村土地确权地区的纠纷发生状况

地区	不同家庭	样本（户）	纠纷（发生=1，没发生=0）	t 值
江苏	没有确权	82	0.11	1.47
	已开始确权	158	0.06	
河北	没有确权	82	0.02	0.62
	已开始确权	86	0.01	
安徽	没有确权	103	0.03	-2.22**
	已开始确权	93	0.11	
吉林	没有确权	29	0.10	-0.28
	已开始确权	148	0.12	
陕西	没有确权	96	0.17	2.55**
	已开始确权	95	0.05	
贵州	没有确权	102	0.08	-0.01
	已开始确权	76	0.08	
山东	没有确权	4	0	-0.49
	已开始确权	88	0.06	

注：** 代表5%的显著性水平。

3.2 农村土地承包经营纠纷原因分析

根据7个样本省份的调查情况，我们总结出引起农村土地承包经营纠纷的原因主要有以下六个方面。

3.2.1 二轮土地承包的遗留问题引发土地纠纷程度较重

开展农村土地承包经营权确权，是在二轮承包已签订的土地承包合同和已经颁发的土地承包经营权证书基础上的进一步完善。但农村现有的土地承包经营纠纷有相当一部分是由二轮承包遗留问题造成的，表现在以下三个方面：一是一些乡村二轮承包工作不规范，土地承包权属不清或确权不准，造成承包地与合同或登记档案严重不符，再次确权时引发后续纠纷；二是很多地区在二轮承包之后多次调整土地，实际的土地承包关系已经较二轮承包记录发生极大的事实改变，突出表现为二轮承包时农户因自愿或外出等原因放弃土地，或分地后又退地，但土地证还在，现在返乡要地引发纠纷；三是部分乡村不按政策规定为农户调整承包地，如涉及退耕还林或农地征占的村庄，各户之间土地受到不同影响（有的农户土地全部或部分退耕或因征占而失去土地，有的农户土地未受影响），为了平衡而打乱重分土地，由此在确权时引发纠纷。这些历史遗留问题由来已久，如果严格地以二轮承包为基础，很多地区的确权工作将面临很大难度，容易引起纠纷，即使采取涉讼的办法，也是“诉了事未了”，难以解决。

3.2.2 现行土地政策与乡规民俗相冲突致使土地纠纷异常复杂

国家推行二轮土地承包时，为了稳定土地产权、防止土地频繁调整而实现土地的可持续利用，强调实行土地承包经营权“30年不变”，要“增人不增地、减人不减地”，同时发给农民《土地承包经营权证》，并签订书面承包合同。但实际中，由于农户人口自然增减，加之退耕还林或土地征收会导致农户部分或全部失去土地，逐步形成了“有人无地种”和“有地无人种”的局面。在农民传统的观念中，最看重的就是公平，“不患寡而患不均”，即按人口平均分配土地，“30 年不变”的政策与此相违背。由此，农民强烈要求调整土地的呼声不断，扎根于“熟人社会”的乡村干部为了稳定局面，往往会根据农户要求对土地频繁进行调整，改变了原有的二轮承包关系，再次土地确权时引发纠纷。

除此之外，调研中基层干部还反映，一些特殊的土地纠纷也根源于农村习俗。例如，“倒插门”女婿、已经出嫁的女儿、离婚妇女、大中专学生因上学户口迁出和毕业后户口迁入等特殊情况，当事人是否有资格获得或继续拥有承包地，不同地区则有不同的习俗。这些习俗受到农民广泛接受和遵守，很多时候这种传统习俗在当地的控制力甚至大于正式的法律制度，因此，村干部在界定特殊群体的土地承包资格时，工作相当棘手，需顾及各方利益，处理不当容易产生纠纷。

3.2.3　相关土地法律、法规相互“打架”导致土地纠纷无法处理

从家庭承包制实施以来，国家有关农村土地承包问题的政策、条例、法律和法规不断出台，法律如《中华人民共和国土地管理法》《中华人民共和国农业法》《中华人民共和国民法通则》《中华人民共和国农村土地承包法》等，有关的政策条例就更多了。国家出台的有关土地问题的相关规定目的是明确的，就是为了稳定农村土地承包关系，保障农民的土地承包权利。但是，有些政策和文件在具体的细则内容上有所冲突。例如，1997 年发布的《中共中央 国务院关于进一步加强土地管理切实保护耕地的通知》，严禁耕地撂荒，规定“对于不再从事农业生产、不履行土地承包合同而弃耕的土地，要按规定收回承包权”。对此问题，《中华人民共和国土地管理法》规定：“对于农户撂荒两年以上的土地，发包方可以终止承包合同，收回发包的土地。”而按照《中华人民共和国农村土地承包法》第 26 条规定，除全家迁入设区的市转为非农业户口等法律规定情况外，“承包期发包方不得收回承包地”。同时，2004 年国务院办公厅发布的《关于

妥善解决当前农村土地承包纠纷的紧急通知》也规定：“要严格执行《农村土地承包法》的规定，任何组织和个人不能以欠缴税费和土地撂荒为由收回农户的承包地，已经收回的要立即纠正，予以退还。”这种法律“打架”的情况引发了一系列纠纷，令基层相关部门调处纠纷时无所适从。

3.2.4 土地效益的大幅提升是土地纠纷增多的直接原因

近年来，土地承包经营纠纷呈不断增长趋势，很大程度上是受农村土地增值的刺激。一是国家推行二轮承包土地仍然收取农业税费，繁重的税费负担使得一些农民自愿放弃土地，村委会将其放弃的土地另行发包给他人，但是几年之后，国家取消农业税费，还给予种地农民各类农业补贴，形成“土地红利”，土地效益增加给农民带来了巨大的实惠和诱惑，这部分当时自愿放弃土地的农户返乡要地，由此引发土地承包确权纠纷。这方面的案例在课题组调研的省份中基本都有反映，但尤以西部地区（如附录7中的张家口地区样本）更为突出。二是随着我国工业化和城镇化进程的推进，大量的农村土地被征占转为非农业用地，被征土地进入市场后，以招标拍卖挂牌或协议出让方式得到的定价高，而被征地农民获得的安置补偿标准偏低，于是就出现了“低征高卖”的现象。由此，土地增值空间的提升直接导致政府与农民之间的利益矛盾激化，征占纠纷日益突出。

3.2.5 农民法律意识淡薄埋下了土地纠纷的隐患

农村社会相对封闭，教育程度落后，法律资源匮乏，使得农民这个群体从整体上看，法律意识比较淡薄，反而农村的一些“潜规则”“土政策”在当地大行其道。由于缺乏法律意识、合同意识，在土地承包和土地流转过程中，村民之间不按法律的规定和程序进行，违法违约现象严重，为后续纠纷的发生埋下了隐患。以土地流转为例，调研中张家口市流转的土地面积中一半以上为个人之间口头流转，之后因互换地块价值变化导致不遵守原口头协议或君子协议的纠纷多有发生，但因流转当下未签订相关合同，缺乏证据，给纠纷的解决增加了难度。

3.2.6 土地产权制度设计缺陷是土地纠纷的内在起因

科斯（Coase）认为，保证经济高效率的产权首先应该具有明确性，即财产所有者享有各种权利的完整体系。中国现行的农地产权制度以家庭联产承包经营为主要形式，其特点是将集体土地的所有权与经营权相分离，所有权归集体，经营权归农户，意即单个农户并不拥有完整意义上的土地产权。这种农地产权制度，仅仅解决了土地的经营方式问题，缺乏对土地所有权和使用权权能的严格界定，并没有形成明晰的产权关系，隐含着内在的矛盾和冲突，随着市场改革的不断深入和农村市场经济的发展，其深层矛盾及缺陷逐步显现出来。例如，土地承包确权时出现土地频繁调整、产权模糊导致纠纷不断；土地征占过程中，被征地农户与开发商、政府、村集体以及非征地农户之间出现利益冲突等。

3.3 主要结论与发现

3.3.1 土地承包经营纠纷的现状与趋势

1. 从整体上看，土地承包经营纠纷发生率为7%~8%

根据调研数据，7个省份1242户有效样本中，共发生纠纷99件，涉及农户95户，由此计算，样本地区土地承包经营纠纷的发生率平均在7%~8%，其中，吉林省纠纷发生率最高，大约为12%；河北省发生率最低，约为2%。具体地，从纠纷发生的件数看，发生率平均为7.97%；从纠纷涉及的户数看，发生率平均为7.65%。这说明按件数统计的纠纷发生率和按户数统计的纠纷发生率基本保持一致，即每个农户只存在1件纠纷。

2. 纠纷类型方面，土地承包引起的纠纷最多

调研数据显示，土地承包经营纠纷所占比例最大，为43.2%；其次为征占纠纷，占比为32.6%，约占纠纷总数的1/3；最后为流转纠纷，占比为24.2%，约占总量的1/4。具体到各类纠纷原因，由土地承包经营权侵权引发的纠纷最多，如人死地在、外嫁女被收回土地、返乡要地、外出务工将土地转包给他人等因素；由土地流转不规范引发的纠纷也较为普遍，如互换、转包、代耕代种、流转合同等因素；征占纠纷涉及的因素比较复杂，主要表现为征地补偿引发的政府、村集体与农民之间的纠纷，集中发生在经济发展水平较高的江苏省。

3. 现有纠纷案件，尚未解决的纠纷仍占大头

在已发生的土地纠纷中，约37.5%的案件已得到处理，但仍有一半以上的纠纷尚未进行妥善解决，且待解决纠纷集中为2004年之后的案件。这意味着，目前土地纠纷缺乏有效的解决机制，存在纠纷处理的时间成本高、效率低的问题。另外，就未解决纠纷在各省的分布，吉林省所占比例最高，为27.9%，未来解决纠纷的压力最大；河北省和山东省所占比例最低，均为3.3%。

4. 目前调解仍是土地纠纷最主要的解决途径

目前大部分农村土地承包经营纠纷仍然主要通过自行调解（占比46.7%）和村委会调解（占比36.7%）的方式解决，法院起诉和乡镇调解只起到补充作用。而民众也几乎一致认为调解是解决土地承包经营纠纷最为有效的途径。尽管一些较为复杂的纠纷难以通过调解解决，应该诉求仲裁机构或法院，但由于部分地区仲裁机制不健全，且向法院提起诉讼的成本又较高，许多纠纷主体并不愿意选择，这就导致纠纷解决的质量和效率都较低。

3.3.2 土地承包经营纠纷时空分布特征

1. 土地纠纷的时间分布特征

从纠纷发生情况来看，以2005年为节点，2005年之前，每年的纠纷发生率一般维持在1%~4%；2005年之后，每年的纠纷发生率一般在5%以上，2013年的纠纷发生率最高，达到18.2%，2012年和2014年也均达到9%左右。这说明，总体上农村承包经营土地纠纷随着时间的推移呈不断增长的趋势。从纠纷解决方面来看，在全部尚未解决的纠纷中，近三年新增的未解决案件占到39.3%，这意味着近年来纠纷解决的压力不断加大。

2. 土地纠纷的地区分布特征

从地区分布来看，各地区的纠纷发生率及解决情况差异较大。具体的，东部地区的江苏省和山东省，纠纷发生率分别为18.2%和5.1%，未解决纠纷在7省未解决纠纷总量中分别占比16.4%和3.3%。东北地区的吉林省纠纷发生率为21.2%，未解决纠纷占到27.9%，未来纠纷解决的压力最大。而中部地区的河北省纠纷发生率和未解决纠纷比率分别为5.1%和3.3%，均为最低水平；安徽省的纠纷发生率为15.2%，未解决纠纷比率为13.1%，均处于中间水平。西部地区的陕西省和贵州省纠纷发生率之和为35.45%，属四个区域中纠纷发生最多的地区，而两省未解决纠纷的比率之和也高达36.1%，意味着未来处理纠纷的压力也较大。

3.3.3　土地承包经营纠纷的影响因素

1. 农户层面

利用调研数据，对农户层面的土地纠纷影响因素进行显著性分析，得到影响土地纠纷的因素有以下三种。

（1）家庭特征。结果表明，土地纠纷更容易发生在少数民族家庭、非共产党员家庭和非大家族家庭，分析可能的原因是，包含这些特征的家庭在村里影响力弱，往往处于弱势地位，其利益诉求往往无法得到有效表达而使得纠纷发生。

（2）耕地流转。即人均转入耕地越多的农户发生纠纷的可能性越大，这说明纠纷家庭往往因为转入大量耕地而与转出方或村集体之间发生矛盾或纠纷。

（3）土地确权。理论上，土地确权可能会打破原有默认的耕地承包关系，从而激化农户之间或农户与村集体之间隐藏的矛盾，增加纠纷，但从长期看，确权可能会因为明确产权、发放清晰的权证而使早先遗留的土地纠纷得以顺利解决，进而出现纠纷数量下降。所以，综合两方面的影响，土地纠纷在确权家庭和非确权家庭的发生率存在差异，但差异不大。

2. 宏观层面

（1）经济因素。社会经济的发展和土地效益的提升，会加速土地纠纷的形成。近年来，随着农村经济体制改革的不断深入，国家对“三农”投入绝对规模不断增长，农业综合开发投入力度也不断加大，使农村土地增值明显。并且城镇化进程的加快，使建设用地和农业用地的矛盾日益突出，导致农村土地一定程度的升值，特别是城市郊区的土地价值呈百倍千倍的增长。土地效益增加给农民带来了巨大的实惠和诱惑，农民对土地有了新的认识，对土地的欲望增强，开始认真对待土地权属问题，引发了一系列的土地纠纷。

（2）政策因素。近年来我国农村改革步伐加快，很多政策措施与农村土地密切相关，由于政府行政推动色彩过浓导致的纠纷越来越多。例如，加快土地流转、发展农业规模经营，大力发展和建设现代农业园区，农村土地综合整治，特别是优化城乡建设用地布局，退耕还林还草等，都涉及农村土地特别是农民承包地的整理、整治或调整。政策导向和意图无疑是正确的，但在操作过程中，普遍存在政府行政推动色彩过浓的问题，加之缺少必要的监督和制约机制，缺少群众参与意愿表达机制，由此引致违背农民意愿的、农户与基层政府或更高层政府及其部门的纠纷频频发生。

3.4 仲裁化解土地承包经营纠纷的政策建议

多渠道化解土地承包经营纠纷是目前农民的主流选择，未来也仍将是基本趋势。在多渠道选择中，一般而言，首选当事人间的自我协商；在自我协商解决不了的情况下，进入村社区组织内部调处；如果这两种方式仍不能有效化解矛盾和问题，仲裁机构介入则是必要的选择。将仲裁制度引入农村土地承包经营纠纷的解决机制是完善我国农地制度的重大举措。就当前农村土地承包经营纠纷的处理方式而言，尽管由仲裁处理的案件在纠纷案件中所占比例仍然较小，但仲裁作为与协商、调解、诉讼相并列的解决纠纷的方式，也因其自身独特的功能和优势而在农村土地承包经营纠纷多元化解决机制中拥有不可或缺的地位。本研究结合实际调研情况，对未来仲裁部门解决土地承包经营纠纷问题提出相关建议。

3.4.1　注重土地仲裁与调解的关系，先调解，后仲裁

实践证明，农民土地承包经营纠纷最有效的解决办法是调解。当前引发农村土地承包经营纠纷的多数都是农民之间相互利益的问题，侵权、强迫等问题还是少数。对于农民之间利益引发的纠纷，一般以调解进行处理；对于侵权、强迫等违法问题，经过调解后双方之间认可的，并在保证不侵害农民合法权益的情况下，也适用调解的办法解决。调解与仲裁都能处理和解决问题，但调解能够化干戈为玉帛，仲裁却会对邻里之间的感情造成很大伤害，两种做法、两种结果。绝大部分的案件之所以通过调解方式解决，一是相对于仲裁，调解手续简单、快捷、费用低；二是大多数农地纠纷案件案情比较简单，事实和证据易于获取，执行效率高。因此，要坚持“以调为主，先调后裁”的工作机制，充分发挥基层民调组织和乡村干部的工作积极性，把矛盾化解在基层，必要的时候，仲裁和诉讼再予以配合，从而提高纠纷解决效率，确保社会和谐稳定。

3.4.2　妥善处理土地仲裁与诉讼的衔接问题

正确处理仲裁与诉讼的关系，妥善解决仲裁与诉讼的衔接问题是关乎土地仲裁能否达到其立法目的的重大问题。土地仲裁只有在取得法院充分支持的情况下，才能发挥其应有作用。根据调研地区的经验与实践，从长远来看，解决仲裁与诉讼的衔接问题是土地仲裁深入发展的“瓶颈”所在，建议从以下三方面做好衔接。

（1）土地仲裁与诉讼在受案范围方面的衔接。根据最高人民法院《关于审理涉及农村土地承包纠纷案件适用法律问题的解释》，目前法院受理的土地纠纷主要有：承包合同纠纷；承包经营权侵权纠纷；承包经营权流

转纠纷；承包征地补偿费用分配纠纷；承包经营权继承纠纷。集体组织成员因未实际取得土地承包经营权提起民事诉讼的，人民法院则不予受理。虽然目前各地对仲裁的受案范围没有统一规定，但集体经济组织成员因未实际取得承包权而产生的纠纷，仲裁机构一般是受理的。因此，若当事人不服仲裁裁决又另行提起诉讼，法院会以该纠纷不属于法院受案范围而驳回起诉，为仲裁工作带来后续麻烦。针对这种情况，建议人民法院适当扩大案件受理范围，保证法院与仲裁受案范围的一致性。

（2）土地仲裁与诉讼在程序及适用依据方面的衔接。当事人不服仲裁裁决而提起诉讼的，法院应当组成合议庭进行审理，对于仲裁庭认定的证据及事实，如果没有新证据足以推翻并不违反法律法规的，法庭不应重新认定，以维护仲裁的严肃性和权威性。另外，对于仲裁过程中申请证据保全、财产保全的，人民法院应当依法及时办理，给予仲裁机构积极支持。在明确仲裁与诉讼各自分工的前提下，仲裁机构与法院之间还应建立有效的联系制度，加强沟通与合作，及时了解仲裁、诉讼动态。

（3）赋予法院对土地仲裁的司法监督权力。任何纠纷解决机制都不可能保证不会出现错误，因此，法院对土地仲裁的适度监督是必要的。为此，应当赋予法院对明显违背法律、政策及存在重大违法行为的仲裁裁决作出不予执行并撤销的权力。法院依法撤销仲裁裁决的，当事人可依法重新申请仲裁或向有管辖权的法院提起诉讼。

3.4.3 规范土地仲裁机构设置，逐步实现其独立性

目前仲裁在土地纠纷中未充分发挥其优势的深层次原因是，仲裁机构设置不规范，仍带有很强的行政化色彩，这对案件公平性、经费到位都有很大影响。针对这一问题，首先应尽快出台仲裁机构组织规则，明确仲裁机构设置原则、设置程序、仲裁委员会与仲裁庭等的分工和职责、仲裁与各层级调解机构的关系及衔接。农村土地纠纷仲裁机构原则上应与行政脱钩，以保证仲裁的独立和公正。具体可以参照民商事仲裁机构的操作模式，在组建土地承包经营纠纷仲裁机构时可以由农业、林业等部门和有关农村工作机关负责，但仲裁机构不附设在任何行政机关内部，而是作为独

立的机构建制。在人事方面，仲裁机构采取委员会制，仲裁办事机构人员由仲裁委员会自行聘任，建立仲裁委员会与仲裁员分立制度，以利于其自身管理，避免行政干预。同时，还应强调当事人对仲裁员的选任，以体现仲裁机构的民间性和中立性。在财政上，考虑到有利于当事人原则，农村土地承包经营纠纷仲裁收费应当采取较低标准，其经费缺口由财政以公益支出形式划拨。

3.4.4　赋予仲裁裁决终局效力，提高仲裁效率

目前，农村土地承包经营纠纷仲裁裁决并不当然地具有终局效力，裁决做出后，当事人仍享有诉权。“一裁两审”制度的安排使得纠纷的解决可能要经过仲裁和诉讼两套程序、三次审理才能最终解决，这不仅增加了纠纷的解决成本，而且使得程序烦琐，与仲裁快捷方便的原则背道而驰。因此，不少学者提出“一裁终局”才是仲裁的基本特征，在实践中可以采取“或裁或审，一裁终局”的方式来完善当前“一裁二审”工作的不足。人民法院对仲裁的司法监督应体现有限监督的原则，即纠纷当事人对仲裁裁决不服的，法院只应对仲裁程序进行审查，如出现不属于仲裁受案范围、仲裁员应当回避而没有回避、仲裁中存在徇私舞弊等严重违背仲裁程序的情形等，法院可依法裁定撤销仲裁裁决书并由当事人另行约定仲裁或诉讼。除此之外，仲裁则发生一裁终局的效力。这有利于节省司法资源和当事人处理纠纷的成本，发挥仲裁高效、快捷的优势，也避免仲裁完全成为纠纷解决的“中间环节”。

3.4.5　进一步加强土地仲裁机构的软、硬件建设

（1）从硬件建设方面加大投入。多渠道筹集资金，加快仲裁庭的基础设施建设和设备配置，为仲裁机构配备必要的工作场所及办案所需的设备器材。县（市、区）仲裁机构建立健全化解纠纷、宣传法律、培训研讨、监测分析的新型社会管理平台，打造解决农村土地承包经营纠纷的主渠道。同时，加强各项规章制度的建设，对仲裁文书、档案管理等关键环节

要有相应的制度进行规范。

（2）从软件设施方面提升仲裁能力。一是提高仲裁人员素质，为进一步提高仲裁机构的办案质量提供组织保障。可聘请农业、土地、司法等相关部门人员为兼职仲裁员。县、乡（镇）仲裁机构须有三名以上专职仲裁员，以防止人员缺乏、大量案件积压现象的发生。仲裁员采用聘任制，实行持证上岗，并依托院校、科研机构，定期开展仲裁员和调解员的业务培训，提高其对社会形势的判断能力和法律法规掌握水平。二是完善农村土地承包经营纠纷调解仲裁规章，健全纠纷调解仲裁工作制度，制定仲裁委员会运行规则和仲裁员管理办法，规范仲裁申请受理程序和仲裁工作运转程序。

3.4.6 鼓励仲裁机构与其他部门合作，提高互动协调能力

农村土地承包经营纠纷日趋复杂、难度日渐加大，单靠仲裁难以有效稳妥化解，而且仲裁作用的发挥也需要其他部门的支持与配合。建议建立村组、乡镇和县市多级调解和县市仲裁委员会一级仲裁相结合的纵向农村土地承包经营纠纷调解仲裁协调体系；建立农业、信访、公安、司法等多部门共同参与的横向农村土地承包经营纠纷化解协调机制；各级政府建立多部门联席会议制度，调解仲裁组织机构会同信访部门引导群众申请农村土地承包经营纠纷调解仲裁，公安部门协助维护重大群体性案件审理秩序，司法部门提供农村土地承包经营纠纷仲裁司法保障。建立政府支持、多部门参与、仲裁委员会独立运行、司法监督和保障的农村土地承包经营纠纷调解仲裁多部门协调机制。

3.4.7 健全其他配合措施，确保土地仲裁长效运作

除上述重点阐述的建议外，还可以通过以下方式予以配合：其一，强化宣传培训，提高农民的法律意识，引导农民以理性、合法的形式表达利益要求，为纠纷的解决培养良好的乡村环境；其二，各地结合自身情况制定相关配套法规和具体实施细则，以解决基层仲裁工作中遇到的实际问题。

第4章

2015年我国农村土地承包经营纠纷量化评估与防控化解

农地制度改革是当前我国经济和社会体制改革的重要组成部分。改革开放以来，分田到户的家庭联产承包责任制显著提高了农业绩效，但也面临着日益突出的问题。许多农村地区面临不小的人地矛盾和由此引发的纠纷问题，其中部分根源于农地制度一直以来的不完善。在土地确权试点继续扩展推进的背景下，更全面、深入地了解我国农村纠纷问题，可以为确权工作和各项农村产权改革提供进一步的参考依据，具有重要意义。新阶段确权工作进展以及确权本身引致的纠纷问题也是亟待探索的重要内容。农地制度改革的目标是，通过建立兼顾灵活性和规范性的制度框架，为现代农业经营中土地要素的合理配置提供制度保障，及时关注农业经营者土地流转契约和潜在纠纷问题，反过来也有利于农地制度的改革完善。

基于以上目的，课题组在以往工作的基础上，对土地承包现状、纠纷、确权和流转问题进行了更加全面和深入的调研，通过所掌握的新背景、新动态下农村土地承包经营纠纷的基础样本数据，结合农村土地确权全面推进和农业经营方式转变升级的大背景，对农村土地承包经营纠纷的发展现状和演变新趋势进行跟踪评估。本研究力求为相关部门及时防控、化解农村土地承包经营纠纷，有效完善仲裁机制，提高仲裁效率提供科学决策依据。

4.1 问卷调研方法与样本概述

4.1.1 调研背景

2014年中共中央办公厅、国务院办公厅印发了《关于引导农村土地经营权有序流转发展农业适度规模经营的意见》，对稳定和完善农村土地承包关系、规范引导农村土地经营权有序流转作出重要指示。农业部自2009年开始开展土地承包经营权确权登记颁证试点工作以来，已进行了四个阶段：2009~2010年以村组为单位，以8个村为试点，探索整村推进；2011~2013年以乡镇为单位，在数百个县开展试点；2014年以县为单位，并首次确定在山东、四川和安徽3个试点省份“整省推进”；2015年进一步新增9个“整省推进”的试点省份。

在此背景下，经农业部相关领导和课题组负责人共同商讨，确认2015年的农村土地纠纷调研工作继续瞄准农业部确定的土地确权试点省份和土地流转活跃地区，并最终确认本次调研的选点原则、抽样方法及调研方案。

4.1.2 选点原则和抽样方法

2015年度调研采用多阶段分层抽样法，分三次进行，调研范围涵盖中、西部7个省份，调研对象为村干部和农户，调研方式为问卷调研和访谈。其中，黑龙江、浙江、河南和四川每个省抽取4个县，每个县抽取农户64户。调研农户限定为玉米、水稻种植户，规模种植户和普通种植户在村级按3∶5比例抽取，实际调研128个村、共1040户。江苏省抽取3个县，农户类型无限制，实际调研20个村、共301户。吉林和山东两省每个省抽取3个县，每个县抽取2~3个乡（镇），农户类型无限制，实际调研41个村、570户。江苏、吉林和山东三省的调研关注土地流转活跃地区的农户，调研共涉及190个村、1911户，收回有效问卷1896户。三次调研关注的农户类型有所差异，具体问题设计各有侧重。除黑龙江省和浙江省，其他五省都已开展土地确权整省试点，其中，山东省和四川省是首批试点省，河南省、江苏省、吉林省是 2015 年新增的试点省。

基于农村土地经济调研的通常做法，以及课题组对全国农村与农户土地承包关系和纠纷特点及差异性的先验认识，这次调研所采用的分层抽样方法和样本量足以反映本课题所关心的问题并得出有价值的结论。同时，这次调研对于不同确权进展省份和农户经营方式的选取方式有利于形成多方面的对照，形成更有层次性的结论。

4.2　农村土地承包经营纠纷状况

2015 年度调研统计的农村承包经营纠纷可能发生在一个家庭内部、农户之间或农户与其他组织之间。调研对象包括村干部和农户两级，其中，七省村级问卷考察 2005 年以来 10 年间的纠纷发生情况；黑龙江、浙江、河南和四川粮食经营户调研问卷考察 2010 年以来 5 年间的纠纷情况。这种设计主要考虑到：（1）在税费改革之后农村土地承包关系逐渐稳定背景下的纠纷情况，时间跨度过长容易造成数据失真，并不能如实反映纠纷的时间变化；（2）从调研经验看，村干部的统计数据相对于农户填写的数据更为准确，农民容易忽略比较琐碎的摩擦，特别是对于时间久远的事件也难以准确回忆，因此截取农户 5 年之内发生的纠纷；（3）村户表信息分析的角度不同，村级问卷统计纠纷发生的总数，农户问卷追溯每户发生的纠纷次数，二者可以相互补充、相互检验。

基于对问卷调研数据的梳理和汇总，加以定量分析，结果表明，样本地区的土地纠纷呈现诸多特征。

4.2.1　农村土地承包经营纠纷的基本特征

1. 土地纠纷的总体发生率

依据表 4－1 的调研数据，从纠纷发生件数来看，2005 年以来每村每年平均发生纠纷5.75件，以各村农户数作为分母，2005年以来平均每村每户有9.35%的概率发生过纠纷事件；从纠纷涉及的户数看，2005年以来平均每村发生过纠纷的农户的比例为6.77%；由以上两个数值，可知平均每件纠纷涉及0.72户。两个纠纷发生率的统计结果与2014年基本一致，基于本项研究所采用抽样方法的可靠性，我们可以推测全国范围的承包纠纷发生率也基本保持在10%以内是大概率情况，结合调研访谈经验，可认为纠纷的发生情况总体并不普遍。平均每件纠纷不足1户（最多的省份不过1.5户）可能反映出纠纷的发生总体比较分散，群体性事件较少；也可能反映出存在一户家庭有多件纠纷，纠纷较集中于某些农户的情况。因此，在解决土地纠纷问题时除了要降低面上的纠纷总数，还应关注个别重点户，彻底除掉纠纷存在的根源，提高政策瞄准率。

表4-1　样本村土地纠纷发生情况

省份	总村数	总户数	纠纷事件		纠纷农户		发生纠纷土地面积比例（%）
			每村每年发生件数	2005年以来发生率（%）	每件纠纷涉及户数	2005年以来发生率（%）	
黑龙江	24	22364	15.88	17.0	0.43	7.4	5.2
浙江	32	17423	1.07	2.0	1.43	2.8	1.8
河南	16	10080	2.38	3.8	1.22	4.6	3.8
四川	56	27968	5.48	11.0	0.63	7.0	4.9
江苏	21	23021	3.52	3.2	1.30	4.2	2.3
吉林	18	8368	10.50	22.6	0.94	21.3	1.2
山东	23	7537	2.98	9.1	0.91	8.2	3.0
总体/平均	190	116761	5.75	9.35	0.72	6.77	3.4

黑龙江、浙江、河南和四川四省的粮食经营户调研也对农户层面的纠纷发生情况进行过调查，1040户调研农户中，2010年以来共发生过35件纠纷，发生过纠纷的农户有33户，纠纷件数和户数发生率分别为3.37%和3.17%。基于农户调研的纠纷发生情况偏少，结合课题组访谈和调研经验，这可能是因为农户相对容易忽略能得到及时解决的、对利益影响不大的纠纷事件（四省农户调研中未得到解决的纠纷占比为42.9%，而村级调研中此比例为21.7%，可佐证这一判断）。

2. 土地纠纷的地域特征

从分省情况来看，村级数据显示各地区的纠纷发生率差异较大。具体的，按纠纷件数计算，吉林省的纠纷事件在农户中的发生率最高，达到了 22.6%，超过了总体平均水平的两倍以上，反映出吉林省 1/5 以上的农户在 2005 年以来曾发生过土地纠纷；黑龙江省和四川省的纠纷发生率也较高，分别为 17.0% 和 11.0%；山东省的纠纷发生率接近总样本均值，为 9.1%；河南省、江苏省和浙江省的纠纷发生率较低，集中在 2%~4%。分析各省纠纷发生率相差悬殊的原因可能是，吉林省和黑龙江省作为农业大省，人均耕地多，农民的收入来源以农业生产为主，因而特别重视土地经营，容易因土地问题引发矛盾或纠纷；而非农产业发达、人均耕地较少或土地产出较低的省份，一般的土地问题不足以引发明显的纠纷，因此发生率相对低一些。

按纠纷涉及农户数计算，各省每件纠纷涉及农户均不到 1 户，纠纷农户发生率最高的省份为吉林省（21.3%），其次是山东省（8.2%）、黑龙江省（7.4%）和四川省（7.0%），较低的为浙江省（2.8%）、江苏省（4.2%）和河南省（4.6%）。我们发现，黑龙江省和四川省的这一数值远远低于按纠纷件数计算的发生率，说明这两个省份的纠纷相对集中发生在易发生纠纷的某些农户中（每个农户发生的纠纷分别为 2.32 件和 1.58 件），可能的原因是长期累积的历史遗留问题未得到解决而导致纠纷反复。而纠纷事件发生率较低的浙江省、江苏省和河南省每件纠纷涉及的户数相对较多（每个农户发生的纠纷平均不到 1 件），这更有可能是因为对特定农户影响较小，纠纷农户较分散。

另外，问卷中还涉及发生纠纷的土地面积占本村承包地总面积比重的问题，这一数据可以侧面印证纠纷发生率并反映出纠纷对土地经营的影响程度。值得注意的是，吉林省的纠纷发生率最高（22.6%），但纠纷面积所占比重却最低（1.2%），分析原因可能是同一块土地发生过多起纠纷，这也印证了前面提到的纠纷集中在某些农户的结论。这就意味着，虽然吉林省的纠纷发生率高，但其集中发生在某些地块，对整体土地经营影响不大，今后应重点解决个别户存在的频发纠纷。黑龙江省和四川省的纠纷发生率都较高，其纠纷面积占比也都很高，类似的，其他省份的纠纷发生率也与纠纷面积比重的趋势基本保持一致。这反映出，这七个省份的土地纠纷多涉及不同的地块和农户，今后应注重解决整个面上的土地纠纷。

3. 土地纠纷的时间特征

根据黑龙江、浙江、河南和四川四省 2010 年以来纠纷情况的农户调研，在 32 个有时间记录的纠纷事件中，按年份看，2012 年以后记录的纠纷事件较多（见图 4－1）；按季度看，第二季度纠纷比较集中，占到全年总数的 56. 3%（见图 4－2）。

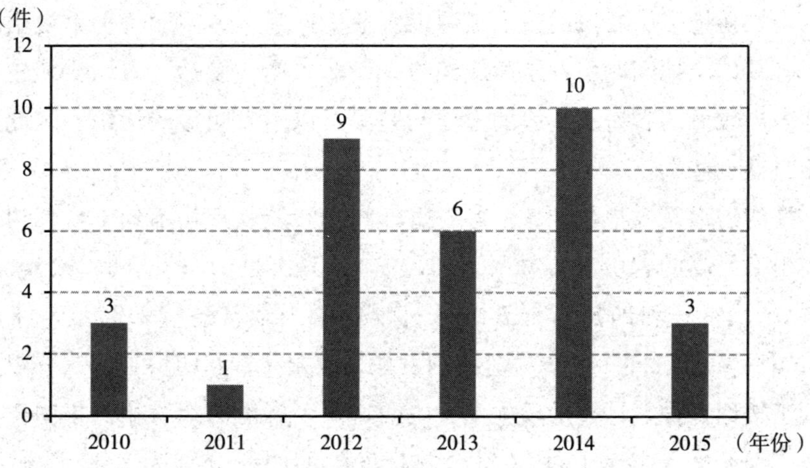

图 4－1　样本户纠纷发生年份分布

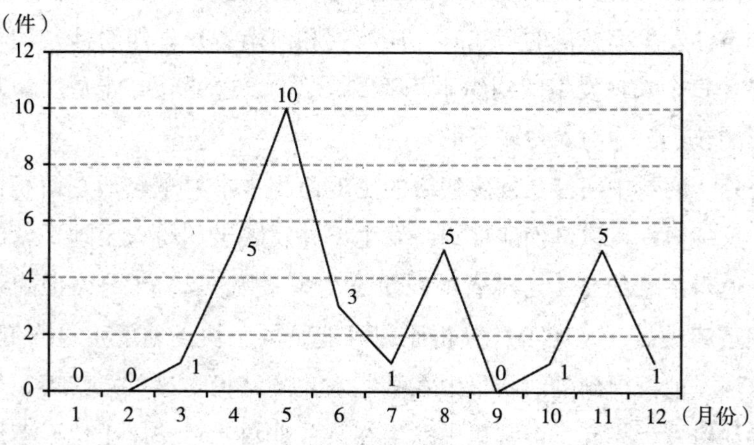

图 4－2　样本户纠纷发生月份分布

4. 纠纷土地的用途特征

我们对发生纠纷的土地类型进行统计发现（见图4－3），总体上，65%以上的纠纷发生于种粮土地，主要种植玉米、小麦和水稻等作物；近20%的纠纷发生在种植经济作物的土地上，主要种植花生、大豆和蔬菜等；还有6.99%和5.59%的纠纷发生于非农建设用地和养殖用地；其余少量纠纷用于其他用途。这一结果表面上显示，种粮土地最容易发生纠纷，这也与部分省份调研对象多选取粮食经营户有关。分省来看，黑龙江、河南和吉林三省的纠纷基本全部发生在种粮土地上；浙江和四川两省的种粮纠纷占到60%以上，其他纠纷所占比重较均匀地分布在种植经济作物、养殖业以及非农用途的土地；山东省的纠纷主要发生在种植粮食和经济作物的土地上，二者所占比重达到95%；而江苏省的纠纷比较分散，发生在种粮土地、种植经济作物土地、非农建设用地上的比重均在30%左右，其余少量纠纷发生在养殖用地上。

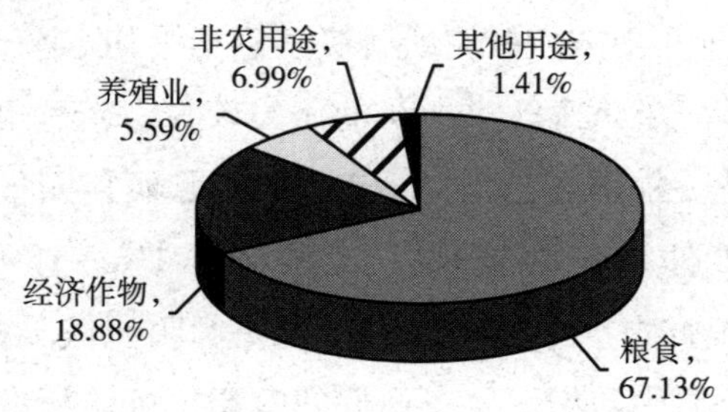

图4－3　纠纷土地的用途

4.2.2　土地纠纷的类型与解决情况

1. 土地纠纷的类型

现有土地纠纷主要涉及三种类型：因土地承包经营变动引起的纠纷（即承包纠纷），土地流转过程中发生的纠纷（即流转纠纷），以及因征收或占用农民承包地引起的纠纷（即征占纠纷）。如图4－4所示，总体上，承包纠纷仍然是大头，占到纠纷总数的1/2以上（即56.22%）；征占纠纷次之，占比为25.39%，约占到总数的1/4；最后为流转纠纷，占比为 18. 39%。

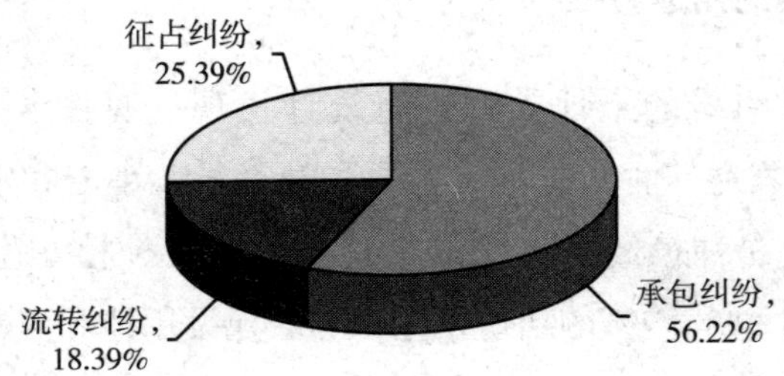

图 4 –4　土地纠纷的类型

2. 土地纠纷的解决情况

纠纷解决与否方面，与 2014 年调研情况不同，2015 年调研的地区大多数纠纷已得到解决。如图 4 –5 所示，村级数据反映，88% 的纠纷已经解决，还有 12% 的纠纷仍未妥善处理。各省纠纷解决的压力存在较大差异。具体的，黑龙江、吉林和河南三省的纠纷解决率达到 90% 以上，仅有 5% ~ 8% 的纠纷有待处理；山东省的纠纷解决率趋于平均水平，为 88. 91%；而浙江、四川和江苏三省未来解决纠纷的压力较大，尚有 20% ~ 25% 以上的纠纷尚未得到解决。根据黑龙江、浙江、河南和四川四省的农户调研，35 件纠纷事件中，20 件纠纷得到解决，比例为 57. 1%；15 件没有得到解决，比例为 42. 9%。根据农户调研的纠纷解决比例明显低于村级调研的结果，结合前面对农户调研中纠纷发生率偏低的解释，可认为在调研中农户更倾向于反映对生活影响较大的较难解决的纠纷事件，而村干部对纠纷的反映更为全面。

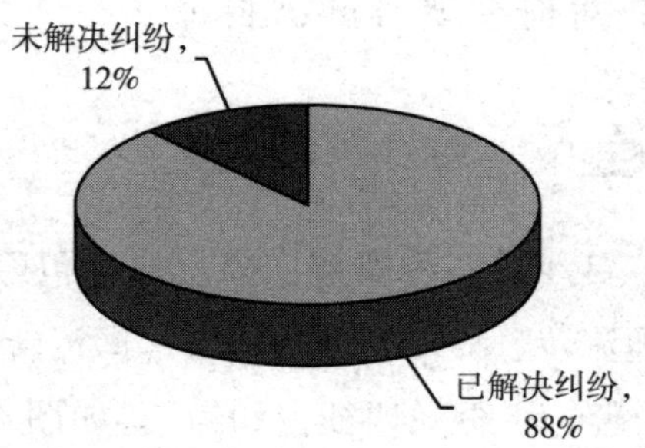

图 4 –5　土地纠纷的解决情况

3. 土地纠纷的解决方式

纠纷解决方式方面，村委会调解是其中最主要的途径，其次是村民自行调解。目前，农村土地纠纷的解决途径主要有调解、仲裁和法院三种方式，而调解又分为自行调解、村委会调解和乡镇调解三种方式。如图 4－6 所示，96.54% 以上的土地纠纷主要通过村委会调解和自行调解两种方式解决，二者所占比例分别为 71.39% 和 25.16%；而通过乡镇调节、仲裁和法院三种方式解决的纠纷所占比例分别为 2.43%、0.64% 和 0.38%，发挥了一定的补充作用。访谈中了解到，村民和村组干部多不愿将争议上升到乡镇及以上层面，他们认为乡镇及以上层面的仲裁会将矛盾无谓地夸大，造成不必要的麻烦，也伤及邻里间的感情。这意味着，在广大农村，村民内部、地方官民传统的调解方式仍是解决农村土地纠纷的最主要方式，如能充分利用村民之间传统相邻关系和基层村干部与村民之间相互了解的半官方协调方式，将有助于提高纠纷解决的质量。

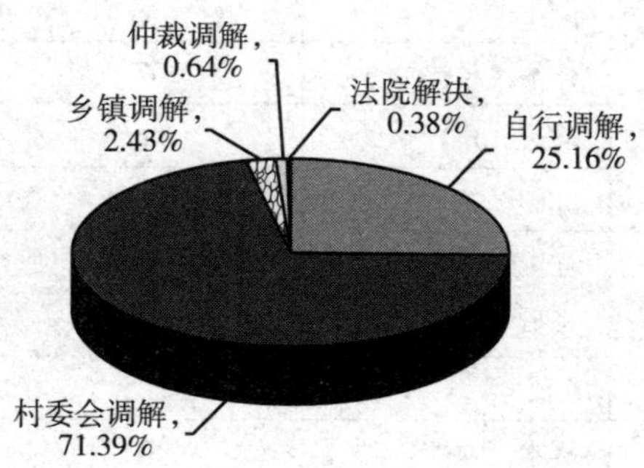

图 4－6　土地纠纷的解决方式

4.2.3　土地纠纷与村庄、农户特征的关系

1. 土地纠纷与村庄基本特征的关系

表 4－2 检验了村庄基本特征对土地纠纷是否存在影响。如表 4－2 所示，发生过土地纠纷的村村集体统一流转土地的比例（11.9%）比没有发生过纠纷的村（18.2%）更低。对此比较合理的解释是，容易发生纠纷问

题的村，村集体为统一流转土地而集体协调的难度更大，地方主管部门也因此更倾向于在其他地区推动土地规模流转工作。另外，与最近县（市）的距离、村耕地总面积与土地纠纷并没有显示存在显著的相关关系。理论上，距离城区越近，土地的经济价值越高，农民越容易因计较土地问题而发生纠纷。但结果却并没有体现这一点，这可能与2015年调研中在纠纷发生较多的东北地区选点较多有关，东北地区地域较为宽广，城乡距离相对其他地区更远。

表4－2　村庄基本特征比较

村庄基本特征	指标	未发生过纠纷	发生过纠纷
村耕地总面积	样本（村数）	57	133
	均值（亩）	4483.8	6648.6
	p值	0.1757	
村集体统一流转土地比例	样本（村数）	50	115
	均值（%）	18.2	11.9
	p值	0.0754*	
总户数	样本（村数）	57	133
	均值（户）	546.3	643.8
	p值	0.0869*	
总人口	样本（村数）	48	57
	均值（人）	1786	2289.6
	p值	0.0779*	
与最近县（市）距离	样本（村数）	57	133
	均值（公里）	24.1	29.5
	p值	0.1366	
土地确权进展	样本（村数）	57	133
	均值	1.9	2.1
	p值	0.1176	
土地确权时间	样本（村数）	20	66
	均值（年）	2014.3	2013.2
	p值	0.1649	

注：*表示10%的显著性水平。

确权方面，我们并没有发现确权进展快慢和确权时间早晚在纠纷发生率方面存在显著差异。理论上，确权可能会将农户之间或农户与村集体之间隐藏的矛盾公开化，权利界定规则的重建也可能打破村内原先自发形成并趋于稳定的耕地承包经营关系，从而新增更多纠纷。因而，确权工作开展时间越长、进展越深入的地区引发的纠纷也可能会越多。但数据显示，土地确权开展时间和进展阶段与纠纷发生率之间都没有紧密的关系。对此合理的解释是，地方主管部门在确权工作中会根据不同村之间的纠纷情况而有所选择，通常暂时回避存在纠纷问题的村。

2. 土地纠纷与农户家庭特征的关系

表 4 – 3 检验了农户家庭特征对土地纠纷是否存在影响。如表 4 – 3 所示，发生纠纷的家庭中，人口数及劳动力包括非农劳动力人数都明显更多。发生过纠纷的农户家庭人口数均值为 4. 54 人，家庭劳动力和非农劳动力数量均值分别为 3. 39 人和 1. 90 人，而未发生过纠纷的农户这三个数值分别为 4. 12 人、2. 91 人和 1. 52 人。这说明人地关系紧张、新增人口缺地问题可能是导致纠纷的一个重要因素。在纠纷家庭组和没有纠纷家庭组之间，家里有人当过村干部或办过企业的农户更不容易产生纠纷，村干部、企业主与普通农户的重要区别体现在社会关系网络的大小，这意味着纠纷问题更多地由社会关系网络更小的普通农户承担；家中上数两代生活在本村的农户更不容易发生纠纷，相比后来的迁入户，这些农户社会关系网络更广，这再次说明村中的社会关系网络对土地纠纷可能有影响。2014 年报告中村中较大宗族不容易发生纠纷的发现与此结果类似。同 2014 年一样，本年度调研没有发现存在纠纷家庭在收入水平和结构方面有何不同，这说明家庭收入因素与纠纷的关系并不紧密。

表 4 – 3　　家庭和土地基本特征比较

家庭和土地特征	指标	未发生过纠纷	发生过纠纷
是否村干部	样本（户数）	257	64
	均值（1 是，0 否）	0. 22	0. 13
	p 值	0. 0852*	
是否办过企业	样本（户数）	88	30
	均值（1 是，0 否）	0. 10	0
	p 值	0. 0694*	

续表

家庭和土地特征	指标	未发生过纠纷	发生过纠纷
家里人口数	样本（户数）	257	64
	均值（人）	4.12	4.54
	p 值	0.0618*	
家里劳动力人数	样本（户数）	257	64
	均值（人）	2.91	3.39
	p 值	0.0258**	
劳动力中从事非农工作的人数	样本（户数）	257	63
	均值（人）	1.52	1.90
	p 值	0.0284**	
家里上数两代是否生活在本村	样本（户数）	87	29
	均值（1 是，0 否）	0.98	0.90
	p 值	0.0656*	
通过调整得到的土地面积	样本（户数）	87	30
	均值（亩）	1.87	3.98
	p 值	0.0673*	
是否存在其他类型承包地	样本（户数）	169	34
	均值（1 是，0 否）	0.04	0.09
	p 值	0.0873*	

注：*、** 分别代表 10%、5% 的显著性水平。

表 4－3 还显示纠纷农户在二轮承包后通过土地调整得到的土地面积更多，这表明土地调整所反映的承包关系不稳定问题可能是导致纠纷的重要因素；并且发生纠纷的农户家中更可能有机动地、荒地等非家庭承包方式的土地，这同样反映了承包关系不稳定带来的问题。这些结果表明，需要在稳定承包经营权基础上，加快耕地权证发放工作，明晰农民的土地权利。

4.3 土地确权与流转中的纠纷问题

4.3.1 土地确权中的纠纷问题

1. 土地确权进展情况

本次调研将确权进展阶段分为未确权、量地、公示和颁证四个阶段，到调研结束的2015年第三季度，所有调研的190个村中，有105个村已开始确权，85个村尚未开始确权。开展过确权的村占比为55.3%，其中，完成或即将完成确权的村有29个，占比为15.3%；开始确权的村中，完成量地而尚未进入颁证程序的村所占比例最大，为44.2%。如表4－4所示，绝大多数村从2014年和2015年开始确权。其中，2014年开始确权的村中，25.9%的村达到颁证阶段，44.4%的村达到公示阶段，29.6%的村还在量地阶段；2015年开始确权的村中，56.5%的村达到公示阶段，43.5%的村还在量地阶段。这表明，整省试点推进以后，大多数村推进速度很快，但从公示到颁证期间需要较长时间，一些村在这个阶段可能存在一定困难。

表4－4　样本村的总体确权情况

确权开始时间（年）	当前各确权阶段的村数										
	量地	比例1（%）	比例2（%）	公示	比例1（%）	比例2（%）	颁证	比例1（%）	比例2（%）	合计	比例1（%）
1998	0	0.0	0.0	0	0.0	0.0	1	5.0	100.0	1	1.2
2002	0	0.0	0.0	0	0.0	0.0	1	5.0	100.0	1	1.2
2003	1	3.6	50.0	0	0.0	0.0	1	5.0	50.0	2	2.3
2006	0	0.0	0.0	0	0.0	0.0	1	5.0	100.0	1	1.2
2008	0	0.0	0.0	1	2.6	100.0	0	0.0	0.0	1	1.2
2009	1	3.6	100.0	0	0.0	0.0	0	0.0	0.0	1	1.2
2012	0	0.0	0.0	0	0.0	0.0	1	5.0	100.0	1	1.2
2013	0	0.0	0.0	0	0.0	0.0	1	5.0	100.0	1	1.2
2014	16	57.1	29.6	24	63.2	44.4	14	70.0	25.9	54	62.8
2015	10	35.7	43.5	13	34.2	56.5	0	0.0	0.0	23	26.7
合计	28	100.0	32.6	38	100.0	44.2	20	100.0	23.3	86	100.0

注：比例1为各阶段年份占比，比例2为各年份阶段占比；有19个村确权开始时间缺失。
资料来源：根据七省调研报告数据整理。

从分省情况来看（见表4－5），各省份之间确权进展差距较大，这与各省份确权工作方式和基层执行力有关。在首批整省推进试点中，山东省调研县（市）确权进展最快，所有被调研村都已开始确权，一半以上的村进入颁证阶段，绝大多数村完成量地；而同作为首批整省推进的试点省，四川省只有1.8%的村进入颁证阶段，尚未确权的村比例为41.1%。在新增试点中，江苏省确权进展较快，90.5%的村已经开始确权，均已完成量地；作为同批试点省，吉林省节奏稍慢，达到颁证阶段的只有5.6%；河南省进度比较缓慢，截至2015年8月底，仍有93.8%的村尚未开始确权。而对于试点之外的省份，黑龙江省和浙江省3/4的被调研村尚未确权。结合确权开始时间，在整省推进确权试点中，山东省、江苏省确权进展较快，四川省、河南省进展较慢。

表4-5　各省份确权进展情况

项目	确权阶段	山东	四川	河南	江苏	吉林	黑龙江	浙江	合计
村数	未确权	0	23	15	2	3	18	24	85
	量地	2	15	0	0	6	4	1	28
	公示	9	17	1	10	8	2	1	48
	颁证	12	1	0	9	1	0	6	29
	合计	23	56	16	21	18	24	32	190
比例（%）	未确权	0	41.1	93.8	9.5	16.7	75	75	44.7
	量地	8.7	26.8	0	0	33.3	16.7	3.1	14.7
	公示	39.1	30.4	6.3	47.6	44.4	8.3	3.1	25.3
	颁证	52.2	1.8	0	42.9	5.6	0	18.8	15.3
	合计	100	100	100	100	100	100	100	100

2. 土地确权中的纠纷问题

首先，关注确权是否会引发更多纠纷。调查发现，在105个已确权村庄中，57个村在确权中有农户发生过争议，占比为54.3%。如表4-6所示，具体来看，合计74.3%的村发生纠纷的农户低于5户，这说明大部分村庄在确权中没有发生严重问题。纠纷户数在20户以上的村占8.6%，可以认为这些村发生过比较严重的确权纠纷问题。从分省情况来看，江苏、河南和黑龙江省纠纷发生率较高，纠纷农户在20户以上的分别占7%、6.8%和2.3%，因此，这些省份应寻找确权工作中存在的问题，并及时化解，以保障确权能够继续顺利开展。

其次，关注确权中哪个环节更薄弱和容易出现纠纷。调研发现，确权过程中的量地阶段是最容易引发纠纷的环节。很多村庄的地籍管理不规范，如村集体记录的土地数量与农民实际分到的土地数量不一致、两块地之间的界桩埋设模糊不清等情况，导致工作人员丈量土地时无法准确界定，容易引发村民之间、村民与村集体之间的矛盾纠纷。

表4-6　确权中不同纠纷水平下的村庄数和比例

项目	确权中产生争议的农户数	山东	四川	河南	江苏	吉林	黑龙江	浙江	合计
村数	≤5户	20	25	0	10	12	4	7	78
	6~10户	1	5	1	1	2	1	0	11
	11~20户	0	2	0	4	0	0	1	7
	21~50户	2	0	0	3	1	0	0	6
	>50户	0	1	0	1	0	1	0	3
	合计	23	33	1	19	15	6	8	105
比例（%）	≤5户	87.0	75.8	0.0	52.6	80.0	66.7	87.5	74.3
	6~10户	4.3	15.2	100.0	5.3	13.3	16.7	0.0	10.5
	11~20户	0.0	6.1	0.0	21.1	0.0	0.0	12.5	6.7
	21~50户	8.7	0.0	0.0	15.8	6.7	0.0	0.0	5.7
	>50户	0.0	3.0	0.0	5.3	0.0	16.7	0.0	2.9
	合计	100.0	100.0	100.0	100.0	100.0	100.0	100.0	100.0

4.3.2 土地流转中的纠纷问题

江苏、吉林和山东三省重点调查了土地流转活跃的村庄，抽样时针对这三省的土地流转与纠纷问题进行相关分析。需要注意的是，在对土地流转实际发生的纠纷进行调查时发现，很多农民对流转的一些问题或矛盾缺乏足够认识，在回答是否存在流转纠纷时往往都是否定的，致使统计的显性纠纷量很少。因此，我们转变调查视角，通过询问农民对流转中一些潜在问题的认识与表达来挖掘土地流转中存在的隐性矛盾或纠纷。

1. 流转中存在的潜在问题

农户自发流转占多数情况，契约不规范问题较多。目前，农村土地流转主要通过村集体统一流转和农户私下自行流转两种方式。调研发现，由村集体出面作为中介推动的土地流转，一般都比较规范，会同受让方签订书面流转合同，日后发生纠纷的可能性较低。但这种情形在调查中所占比例很少，绝大多数的流转都是农民自发进行的。而农民自发流转往往都是私下达成协议，一般以口头合同为主，很少采用书面合同，即使签订了书面合同，也存在文本格式不统一、合同条款不完善等问题，一旦双方发生违约行为，合同的法律约束力很弱，存在很大的纠纷隐患。

不同流转阶段，潜在问题有所差异。江苏、吉林和山东三省的调研将经营农户一次土地转入的过程分为搜寻与谈判（流转前）、签约（流转中）和执行（流转后）三个阶段。调研发现，流转前非自愿流转和沟通困难是相对容易出现的问题，流转合同设置方面似乎问题不大，流转后双方事后关系的处理问题似乎更容易出现。三省调研数据显示，328 户发生土地流转的农户中，71.60% 的农户认为流转过程所有阶段都不存在问题，其余 28.4% 农户认为流转的第一阶段（搜寻和谈判阶段）、第二阶段（签约阶段）和第三阶段（执行阶段）最容易发生问题的比例分别为 19.70%、3.50% 和 5.20%（见图 4－7）。

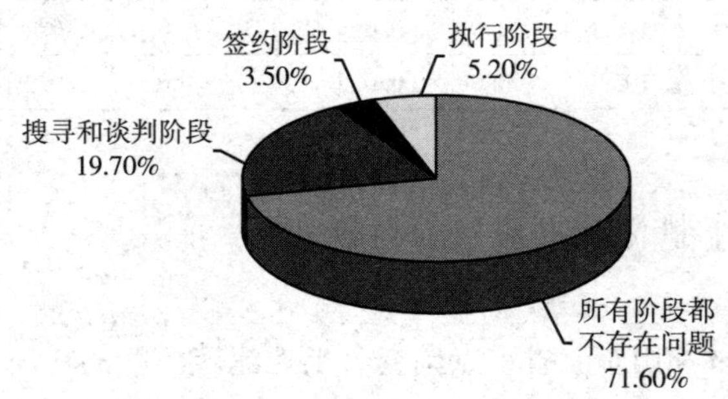

图 4－7 土地流转中存在的问题

2. 潜在问题的表达与解决

江苏、吉林和山东三省 291 次有效记录中（删除空缺及错误记录），87 次认为流转中存在潜在问题，其中，27 次存在潜在问题且没有提出过，占比为 31.04%；有 25 次同出让方又私下讨论过，占比为 28.73%；有 31 次反映到村或村民小组，占比为 35.63%；有 3 次反映到乡镇，占比为

3.45%；1次反映到县政府，占比为1.15%（见表4-7）。虽然这些潜在问题不能严格界定为纠纷，但随着土地流转的大规模推动，潜在问题容易显化成为纠纷，应予以重视。

表4-7　对潜在问题不同表达方式的比例

项目	次数	占存在潜在问题流转的比例（%）	占所有流转次数的比例（%）
流转中存在潜在问题	87	—	31.27
存在潜在问题且没有提出过	27	31.04	—
存在潜在问题且提出过	60	68.96	—
只私下讨论过	25	28.73	—
反映到村或村民小组	31	35.63	—
反映到乡镇	3	3.45	—
反映到县政府	1	1.15	—

资料来源：根据江苏、吉林、山东三省调研问卷数据整理。

对于潜在问题的解决，在认为存在问题的流转中，没有寻求过解决的比例为22.2%，私下解决的比例为38.9%，寻求过村委会或村民小组解决的比例为41.1%，寻求过乡镇解决的比例为3.3%。其中，已经解决的比例为77.2%。相对土地确权而言，由于一般不会涉及产权冲突的问题，流转中遇到的困难更容易得到解决。

4.4　农村土地承包经营纠纷的深层原因

基于以上的数据分析和实地调研情况，我们从定性角度总结归纳引发土地纠纷的原因。

4.4.1　政策因素导致纠纷异常复杂

一是惠农政策影响了农地价值，政策的变化扰动了农户及村集体之间的利益关系。近年来，我国根据情势变化出台多项惠农政策并进行多次调整，对农业农村发展稳定发挥了重要作用。但惠农政策的调整和变化多与承包地直接挂钩，一定程度上缺少对可能带来问题的前瞻性预判和统筹调处意见，由此诱发纠纷的产生。二是我国集体承包地初始分配制度的建立和逐步完善受制于当时的历史条件，各地在政策的原则性和灵活性之间的权衡取舍导致后续纠纷问题不断。例如，一些初始政策、法规中关于土地承包的表述基本都是原则性的，缺少关于新增人口是否调地、土地权属调整期限等问题的具体规范。初始承包未解决的问题，多为由于各地因情况不同、政策灵活执行各异后出现的既定事实，当再次出现宏观政策调整时难免又会在基层产生问题，导致今日的土地纠纷多为新、旧矛盾的积累。

4.4.2 基层管理职能缺失引发纠纷

基层政府和村级管理职能缺失也是造成土地纠纷的重要原因。在土地权属管理环节，建立精确化的地籍管理制度是基础性工作。但这些基础性工作仍远远不能满足现实需要。我们在调研中发现，很多村集体对本村的土地资源情况缺乏精确的掌握，由于各种复杂的原因，农村中还存在一些未在册、未承包的土地，存在一些预留地、机动地、开荒地、荒地、边角地、山坡地等尚存未统一发包的土地，这都有待于进一步弄清家底。同时，在关乎农民重大利益的土地发包、土地流转、土地征收等重大问题中，本应充分发挥民主议定原则，征求民意，但在基层管理中很多时候这些原则却流于形式，未充分履行程序，带来很多后续遗留问题。基层干部、集体经济组织长期以来的这种模糊管理积压下了很多土地纠纷。

4.4.3 土地确权可能激发潜在纠纷

目前，我们没有发现土地确权对纠纷发生率存在显著影响，分析可能的原因是，确权登记试点都是选择基础条件较好、矛盾纠纷较少、情况较为单一明朗的地区，因此，矛盾纠纷并未在数量上出现人们所担心的那样明显上升或大量爆发的情况。但调研中大家也反映，很多地区情况十分复杂，历史遗留问题难以解决，随着确权工作的深入开展，纠纷显化的可能性很大，如由于土地权属档案资料的遗失或本来就没建档等原因，很难按现有的新政策和制度来确权，导致土地权限模糊不清而带来许多意想不到的矛盾和冲突。

4.4.4　土地流转的各个阶段也会引发纠纷

按户分地的家庭承包是农村土地分配和承包的主要方式，因而很多地区存在土地细碎化问题。近年来，随着土地规模经营的大力推进，农户承包地变动明显活跃，表现为承包地经营权的转出和流入。虽然调研数据显示流转纠纷实际发生率通常不高，但我们注意到，在流转不同阶段也会出现一些影响顺畅交易的问题。例如，搜寻与谈判阶段的非自愿流转、与对方沟通困难、村集体或政府不当干预、土地承包权属不清等一些潜在问题也容易引发土地纠纷。另外，由于缺乏法律意识、契约意识，在土地承包和土地流转过程中，村民之间不按法律的规定和程序进行，一般只是口头约定，为后续纠纷的发生埋下了隐患。一旦双方发生纠纷，口说无凭，很难处理。

4.5　主要结论与对策建议

4.5.1　主要结论

（1）2005 年以来整体纠纷率低于 10%。村级水平上，2005 年以来平均每村每户纠纷事件发生率为 9.35%，平均每村发生过纠纷的农户比例为 6.77%，两个数值均在 10% 以内，这一结果与 2014 年相差不大；2005 年以来平均每村每年发生 5.75 件纠纷。农户水平上，根据黑龙江、浙江、河南和四川四省粮食经营户调研，2010 年以来纠纷事件和纠纷农户发生率分别为 3.37% 和 3.17%。村级和户级结果存在的不一致可能来源于村干部和农户对纠纷认定的差异。从时间特征来看，2012 年以来记录的纠纷事件较多，56.3% 的纠纷发生在第二季度。

（2）纠纷不具有群体性，但在少数农户中具有一定集中性和反复性，地区之间纠纷的集中程度存在差异。按每件纠纷涉及的农户数计算，总样本为0.72户，即平均每个农户大约发生过1.4件纠纷，这意味着纠纷集中发生在某些特定农户。分省来看，黑龙江和四川的纠纷最为集中，平均每个农户发生2.32件和1.58件，其他省份基本上不多于1件。因此，在解决土地纠纷时除了要降低面上的纠纷总数，还应关注个别重点户，提高政策瞄准率。

（3）承包经营纠纷仍是主要的纠纷类型。在各类纠纷中，承包纠纷仍为大头，占总纠纷的56.2%，除浙江省外，在其余各省承包纠纷均是最主要的纠纷类型。这说明土地承包制度的设计和实施问题仍然是当前农村各类农地问题最重要的根源。

（4）多数纠纷已处理，调解为主要解决途径。总体上，88%的纠纷已经解决，且71.4%和25.2%的纠纷分别由村委会或自行调解解决。可见，农村自治组织村委会的调处作用突出，也说明土地承包经营纠纷的性质仍以集体组织内部制度安排能否得到组织成员认同为主。

（5）总体上土地确权进展顺利，各省份之间进度差异较大。2014年开始确权的村中，25.9%的村达到颁证阶段；2015年开始确权的村中，56.5%的村达到公示阶段。总体上，开始确权的村中，完成量地而尚未进入颁证程序的村占比最大，为44.2%。分省来看，山东省、江苏省确权进展较快，四川省、河南省进展较慢。

（6）土地确权中的纠纷问题并不严重，但某些环节要重点关注。总体上，54.3%的样本村在确权中引发农户纠纷，其中74.3%的样本村涉及的纠纷农户少于5户，8.6%的样本村涉及的纠纷农户在20户以上，可以认为土地确权并未引发严重的纠纷问题。但也应注意，确权过程中的量地阶段是较易引发纠纷的环节。

（7）土地流转实际产生的纠纷较少，但一些环节存在很多潜在问题。从主体上看，大多数农户认为土地流转不会引发纠纷，且集体统一流转相比于农户自发流转引发纠纷的比率更小；从流转环节上看，流转前的搜寻与谈判阶段问题相对较多。大部分潜在问题都在私下或通过向村和政府反映而表达过，并得到解决。

（8）某些村庄特征对土地纠纷存在影响。数据显示，发生过土地纠纷的村相比没有发生过纠纷的村，其村集体统一流转比例更低（分别为11.9%和18.2%）。而理论上认为影响土地纠纷的因素，如确权时间、确权进展以及与最近县（市）的距离等特征并没有显示存在显著相关关系。

（9）某些农户家庭特征对土地纠纷存在影响。结果显示，在纠纷家庭组和没有纠纷家庭组之间，家里有人当过村干部、上数两代生活在本村的农户相对发生纠纷的概率较小；人口数、劳动力数、非农劳动力数越多，相对发生纠纷的概率更高。

（10）承包关系不稳定、政策变动等是承包纠纷发生的重要诱因。数据分析显示，土地调整面积越大，家中有机动地、荒地的农户越有可能发生土地纠纷，这表明土地调整所反映的地权不稳定问题可能是纠纷的重要因素。

4.5.2 对策建议

1. 完善土地制度和政策顶层设计

政策变化应保持一定的连贯性和系统性。我国农村土地制度和政策历经多次变迁，经历了土地农民私有到集体所有统一经营再到家庭承包经营三大阶段，这一过程中，相关法律法规和政策文件在一些问题的规定上存在冲突。例如，《中华人民共和国土地管理法》规定土地撂荒两年即可以收回土地，但《中华人民共和国农村土地承包法》则规定在承包期内不得收回承包地；再如，对于农村土地承包经营纠纷的处理，由于农业系统缺乏强制执行力，虽然最高法司法解释认为法院应该受理相关纠纷，但地方法院并不执行。相关政策的“碎片化”和相互冲突造成了很多难以调处的土地纠纷，未来政策设计需要加强连贯性和系统性。

2. 扎实做好土地管理的基础性工作

首先，抓好二轮农地延包、稳定承包关系。正视农地承包现状，对各地二轮承包时的遗留问题重新排查摸底，对混乱错杂的农地承包关系进行全面清理，分类处理，强化合同意识，未订立农地承包合同的及时补订，未发放承包经营权证的及时补发。对尚未进行二轮农地承包的机动地，本着尊重历史、稳定承包关系的原则，出台统一的政策，界定承包对象和农地，统一计量标准，按照有关法律法规进行发包，订立二轮农地承包合同，核发新的农村土地承包经营权证书等，保障农民长期稳定的农地承包经营权。

其次，尽快解决农户承包地块面积不准、四至不清、位置不明等问题。要对农户农村土地承包经营权证书的持有、农地承包台账、农地流转台账和农地流转合同的签订等进行全面督查；凡农地经营权证内容不实者，要按照《中华人民共和国农村土地承包经营权证管理办法》的规定，及时做好变更、换发、解除、注销、回收等工作。

3. 完善土地确权，稳妥处理矛盾

土地确权是有利于从根本上解决大量土地纠纷特别是历史遗留问题的治本之策。当然，确权的过程中会有激化矛盾的风险，这就需要我们在确权过程中采取符合大政策且因地制宜的解决措施，秉持“尊重历史、面对现实、平等协商”的原则处理好相关问题，避免出现土地承包纠纷显化和激化的问题。接下来的土地确权工作需要密切关注土地承包经营纠纷，应充分利用确权解决一些矛盾和纠纷，确保确权工作有序、平稳、不引发新纠纷，才能真正达到保持土地承包关系稳定和长久不变的最初目的。

4. 强化仲裁渠道化解土地纠纷

仲裁作为一种居中裁决的纠纷解决机制，具有公正、高效、便民化解纠纷的优势，将成为集体经济组织外部化解农村土地承包经营纠纷的主渠道。同时，随着农村土地承包经营纠纷利益格局日趋复杂、难度日趋加大，单凭仲裁难以有效稳妥化解的案例也趋增多，仲裁作用的发挥也需要其他部门的支持与配合。因此，建议构建一种以仲裁为核心、以其他纠纷解决机制为依托的多形式、多层次、多渠道相互衔接补充、相互协同互动的多元化农村土地承包经营纠纷解决机制。为此建议：一是清晰界定关键性法律概念，对实践中难以操作的法律条文，出台配套政策或指导文件，避免基层实际工作因缺乏明确政策指导而出现五花八门做法的情况，同时减少不合理的纠纷诉求。二是增强仲裁机构与其他相关部门和机构之间的衔接、配合和联动，避免部门之间文件或做法互相矛盾的情况，增强仲裁工作的权威性和有效性。三是加大仲裁工作物质保障力度，主要包括仲裁基础设施建设、仲裁员培训及相关专业人才培育、仲裁工作经费落实三个方面。四是增强仲裁工作的针对性，特别是通过对纠纷案件发生频率、类型、地域的分析，有针对性地对某些重点地区、重点类型纠纷进行重点跟踪。

5. 土地承包纠纷需要置于综合性农村改革下协同解决

土地承包纠纷不仅与农地产权改革密切相关，而且需要更加综合性的实施方案，农村收入结构和生活方式的改变，有利于弱化或转移历史遗留的痼疾对少数农户的影响。应通过深化农村集体产权制度改革，加快构建新型农业经营体系，健全农业支持保护制度，健全城乡发展一体化体制机制，加强和创新农村社会治理，综合地解决土地纠纷的根源问题。

第 5 章

2015 年我国土地承包关系和确权进展

落实集体土地所有权、稳定农户承包权、放活土地经营权，实行“三权分置”的农村土地制度，是我国经济和社会结构深刻变革背景下农地制度改革的基本方向。对农地制度的研究表明，地权的安全性和稳定性有利于激励农村产权主体对土地的长期投资，发挥农地作为不动产所具有的抵押和担保功能；对土地权利建立统一明确的保障规则也是农业经营方式变革背景下农地大范围和大规模流转的前提，它依赖于国家层面正式制度的构建。改革开放以来，法律和政策文件逐渐将土地承包关系稳定为长久不变，并限制农地行政性调整；20 世纪 80 年代中期开始，政府对农村土地集体所有权开展确权工作，并逐渐将登记范围落实到集体土地使用权，且赋予了土地使用权物权属性。2013 年《中共中央 国务院关于加快发展现代农业进一步增强农村发展活力的若干意见》提出计划用 5 年时间基本完成农村土地承包经营权确权登记颁证工作，2015 年全国已有 12 个省份开展整省试点工作，部分省份已基本完成。然而，学界、政府基层部门以及村组织和农户对确权登记方式和地权保障方式的认识并非完全一致，如何权衡和调和自上而下的正式治理体系和基于村规民俗的非正式治理体系，建立兼顾规范性和灵活性的地权制度，还是值得讨论的问题；确权工作在技术层面仍面临一些困难，影响了推进进度并由此引发一些纠纷事件。进一步了解当前农村土地承包关系和农户土地权利意识，以及确权工作的进展情况，对完善下一步的确权工作具有一定参考意义。因此，课题组分三次对东、中、西部 7 个省份不同类型农户进行了调研，了解农村土地承包关系现状、土地承包经营中的纠纷情况、农户对确权的认知和权利意识，以及确权工作进展和其中的纠纷问题。

5.1 调研说明

本年度调研采用多阶段分层抽样法，分三次进行，调研范围涵盖东、中、西部 7 个省份，调研对象为村干部和农户，调研方式为问卷调研和访谈。其中，黑龙江、浙江、河南和四川四省每个省抽取 4 个县，调研农户限定为玉米、水稻种植户，规模种植户和普通农户在村级按 3∶5 比例抽取，实际调研 128 个村共 1040 户；江苏省抽取 3 个县，农户类型无限制，实际调研 20 个村共 301 户；吉林和山东两省每个省抽取 3 个县，农户类型无限制，实际调研 41 个村共 570 户。江苏、吉林和山东三省的调研关注土地流转活跃地区的农户。调研共涉及 190 个村 1911 户，收回有效问卷 1896 户。三次调研关注的农户类型有所差异，具体问题设计各有侧重。除黑龙江省和浙江省，其他五省都已开展土地确权整省试点。

5.2 调研地区农村土地承包关系概况

5.2.1 土地承包现状

如图 5－1 和表 5－1 所示，7 个调研省份平均每个村农用地面积为 6092 亩，各村户均 9.7 亩。东北地区的黑龙江省和吉林省村均和户均农地面积较大，村均面积分别达到 23495.9 亩和 11698.4 亩；而山东省村均面积仅为 1537.7 亩，家庭承包方式土地占比将近 90%，是农用地主要分配方式。黑龙江省和浙江省家庭承包地比重相对较低，原因可能是这些地区“四荒地”较多，集体或者国营的农业经营方式占一定比重。从调研农户看，四川省户均地块数量最多，土地细碎化状况比较严重，平均地块面积仅 0.12 亩；江苏省细碎化程度较低，平均地块面积接近吉林省。

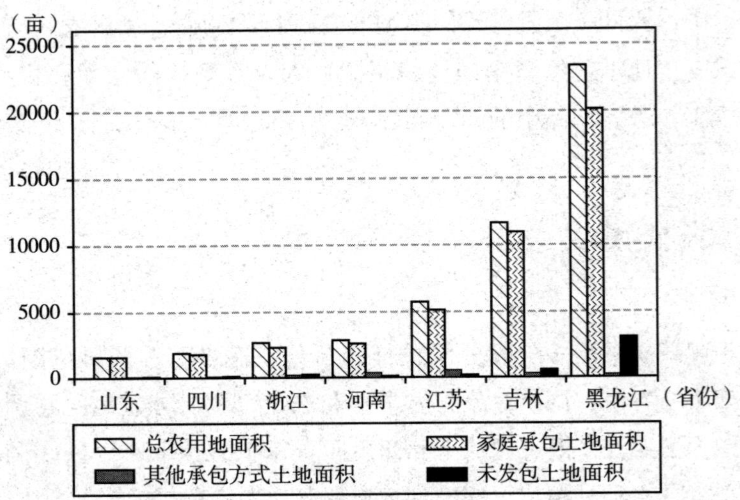

图 5-1 各省份村级土地承包面积

表 5-1 七省调研农户土地承包情况

省份	户均总面积（亩）	家庭承包地面积（亩）	家庭承包地地块数量（块）	其他承包方式土地面积（亩）	未发包土地面积（亩）
黑龙江	26.6	22.5	7.4	0.3	3.8
浙江	4.4	3.7	7.5	0.3	0.4
河南	5.1	4.4	3.8	0.6	0.0
四川	3.7	3.6	30.4	0.1	0.1
江苏	7.6	6.9	3.1	0.6	0.1
吉林	27.6	25.6	9.7	0.5	1.6
山东	5.2	5.1	3.2	0.2	0.0
平均	9.7	8.7	9.0	0.3	0.7

资料来源：根据七省村问卷和户问卷整理。

5.2.2 承包地变动情况

本年度调研从村级层面了解了近年来村土地调整情况，江苏、吉林和山东三省的农户调研还从农户层面了解了 2005 年以来承包地变动情况。

1. 二轮承包以来农村土地调整情况

村土地调整情况反映土地承包政策的执行情况，也间接反映该村人地矛盾和村集体动员和协调能力，有可能影响该村的纠纷发生情况。根据今年调研访谈，绝大多数村干部表示二轮承包以来该村再未调过地。从数据来看，吉林省、黑龙江省和四川省土地承包政策执行最严格，二轮承包以来调地次数分别为 0.22 次、0.5 次和 0.67 次。浙江省、山东省和河南省调地相对频繁，调地次数分别为 2.4 次、1.75 次和 1 次。在浙江省，有少数村庄仍然年年调地，主要为适应人口增减变化。调地能缓解人地矛盾，但也导致承包关系混乱。根据村级数据，农户纠纷率和村调地频率之间只存在不显著的负相关关系。

2. 农户层面的承包地变动情况

调研还从农户层面考察了承包地变动情况。此处承包地变动是指农户自家承包地权属关系的变化，反映承包关系的稳定性和土地经营的活跃程度。江苏、吉林和山东三省的农户调研将农户自家承包地的变动分成经营权转出、村调整土地、分家、被征收或征用、开荒地、互换或兑换、承包权转让和其他八种情况，考察了 2005 ~2014 年农户的承包地变动情况。三省调研有效农户数 856 户，发生过承包地变动的农户为 295 户，占比 34.5%；发生过承包地变动的次数为 340 次，平均每户发生约 0.4 次。如图 5 -2 所示，2005 年以来发生过承包地变动的户数和变动次数基本上逐年增加，2012 年以来的情况明显多于前些年，农户对 2010 年以前的承包地变动似乎印象并不深刻。

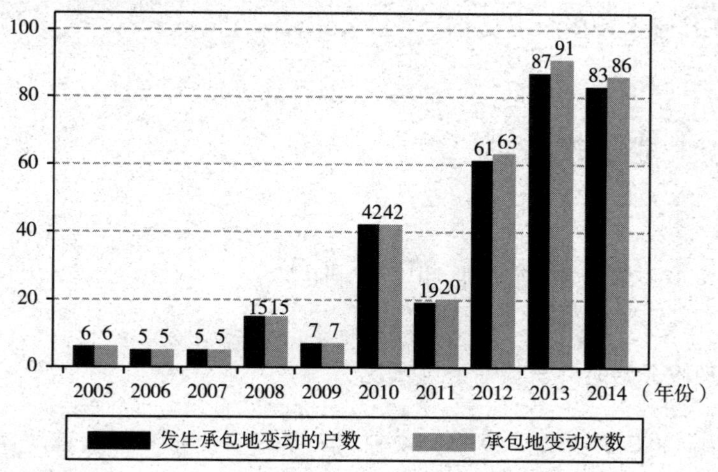

图 5 -2　2005 ~2014 年农户承包地变动情况

资料来源：根据江苏、吉林、山东三省户问卷整理。

经营权流转是承包地变动最常见的情况，2005～2014年转出过土地的户数占所有发生过承包地变动的户数的比重为79%，占总调研农户的比重为27.2%。如图5－3所示，转出过承包地的次数占所有承包地变动次数的比重为77.1%，其次是土地调整（10.3%）和土地征占（5.0%）等。

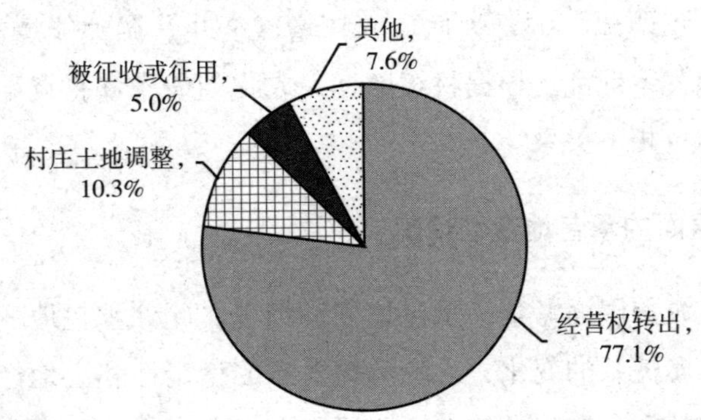

图5－3　承包地变动的各类情形

资料来源：根据江苏、吉林、山东三省户问卷整理。

由以上数据可知，土地流转是承包地发生权属变动的主要原因，近10年来农户转出土地的现象渐趋活跃，这反映了近年来非农化和农业经营方式转变的过程；土地调整和土地征收或征用也是相对重要的原因，其他情况较少见。这说明近年来农户承包权属关系比较稳定，在这些地区开展土地确权工作有比较稳定的基础，土地调整和征占带来的权属关系混乱可能给确权工作带来一些困难。

5.3 土地确权进展

5.3.1 确权开始时间和进展阶段

1. 确权开始时间与当前进展情况

本调研将确权进展阶段分为未确权、量地、公示和颁证四个阶段。到调研结束的2015年第三季度，所有调研的190个村中，有105个村已开始确权，85个村尚未开始确权，开展过确权的村占比为55.3%；在1846个农户有效问卷中，1048 户开始确权，开展过确权的农户占比为 55. 3%。完成或即将完成确权的村有 29 个，占比为 15. 3%。如表 5 – 2 所示，绝大多数村从 2014 年和 2015 年开始确权。浙江省有极个别村确权时间很早，有的村在二轮延包或税费改革期间就量地颁证，此后再未换证。2014 年开始确权的村中，25. 9% 的村达到颁证阶段，44. 4% 的村达到公示阶段，29. 6% 的村还在量地阶段。2015 年开始确权的村达到颁证阶段的数量为 0，56. 5% 的村达到公示阶段，43. 5% 的村还在量地阶段。总体来看，开始确权的村中，完成量地而尚未进入颁证程序的村所占比重最大，为 44. 2%。

表 5 – 2　　不同确权开始时间和确权进展阶段的村庄数量和比例

确权开始年份	当前各确权阶段的村数										
	量地	比例 1（%）	比例 2（%）	公示	比例 1（%）	比例 2（%）	颁证	比例 1（%）	比例 2（%）	合计	比例 1（%）
1998	0	0. 0	0. 0	0	0. 0	0. 0	1	5. 0	100. 0	1	1. 2
2002	0	0. 0	0. 0	0	0. 0	0. 0	1	5. 0	100. 0	1	1. 2
2003	1	3. 6	50. 0	0	0. 0	0. 0	1	5. 0	50. 0	2	2. 3
2006	0	0. 0	0. 0	0	0. 0	0. 0	1	5. 0	100. 0	1	1. 2
2008	0	0. 0	0. 0	1	2. 6	100. 0	0	0. 0	0. 0	1	1. 2
2009	1	3. 6	100. 0	0	0. 0	0. 0	0	0. 0	0. 0	1	1. 2
2012	0	0. 0	0. 0	0	0. 0	0. 0	1	5. 0	100. 0	1	1. 2
2013	0	0. 0	0. 0	0	0. 0	0. 0	1	5. 0	100. 0	1	1. 2
2014	16	57. 1	29. 6	24	63. 2	44. 4	14	70. 0	25. 9	54	62. 8
2015	10	35. 7	43. 5	13	34. 2	56. 5	0	0. 0	0. 0	23	26. 7
合计	28	100. 0	32. 6	38	100. 0	44. 2	20	100. 0	23. 3	86	100. 0

注：比例 1 为各阶段年份占比，比例 2 为各年份阶段占比；有 19 个村确权开始时间缺失。

资料来源：根据七省调研村问卷整理。

表 5 – 2 中数据表明，整省试点推进以后，大多数村推进速度很快，2014 年开始确权的村超过 1/4 已经进入颁证阶段；从公示到颁证阶段的过渡需要一个过程，一些村在这个阶段可能存在一定困难。

在 2015 年度调研的 7 个省中，山东省和四川省为首批试点省，河南省、江苏省和吉林省属于 2015 年新增的 9 个“整省推进”的试点省中的 3 个，黑龙江省和浙江省在 2015 年尚未“整省推进”。由表 5 – 3 可见，山东省调研县（市）确权进展最快，所有被调研村都开始确权，一半以上的村进入颁证阶段，绝大多数村完成量地；而同作为首批整省推进的试点省，四川省只有 1.8% 的村进入颁证阶段，其尚未确权的村比例为 41.1%，高于江苏省和吉林省。河南省进度比较缓慢，到 2015 年 8 月底，仍有 93.8% 的村尚未开始确权。江苏省确权进展较快，90.5% 的村已经开始确权，都已完成量地；作为同批试点省，吉林省节奏稍慢，达到颁证阶段的只有 5.6%。黑龙江省和浙江省有 3/4 的被调研村尚未开始确权，而浙江省有 18.8% 的村已经进入颁证阶段。

表 5－3　各省份确权进展情况

确权阶段		山东省	四川省	河南省	江苏省	吉林省	黑龙江省	浙江省	合计
村数（个）	未确权	0	23	15	2	3	18	24	85
	量地	2	15	0	0	6	4	1	28
	公示	9	17	1	10	8	2	1	48
	颁证	12	1	0	9	1	0	6	29
	合计	23	56	16	21	18	24	32	190
占比（%）	未确权	0	41.1	93.8	9.5	16.7	75	75	44.7
	量地	8.7	26.8	0	0	33.3	16.7	3.1	14.7
	公示	39.1	30.4	6.3	47.6	44.4	8.3	3.1	25.3
	颁证	52.2	1.8	0	42.9	5.6	0	18.8	15.3
	合计	100	100	100	100	100	100	100	100

资料来源：根据七省调研村问卷整理。

这些数据表明，就调研地区来看，省（区）之间确权进展差距较大，这或许与各省确权工作方式有关。在确权进展较快的地区，有村干部和基层干部反映，中央到地方对确权工作要求的层层下压给他们带来很大压力，导致片面追求速度而工作质量不高，并没有做到借确权之机完善承包关系。当然，有些地区，如山东、江苏部分乡镇，由于基层政府执行力或村集体行动能力比较强，土地承包关系不敏感，确权工作并未遇到很大困难。在确权进展较慢，特别是土地承包关系敏感的地区，一些工作者为了防止矛盾过于激化，往往对确权持观望态度，或者在达到一定阶段后暂停推进。

2. 确权村的特征分析

地理特征方面，村与最近县级市或地级市的距离与确权进展有明显的负相关关系。如表5－4所示，整体而言，未完成确权的村与最近城市的距离明显大于已完成确权的村，这反映了基层部门的工作特点。土地关系方面，村集体统一流转土地比例与确权进展有一定的正相关关系，两者可能都反映了村的执行调动能力。另外，我们没有发现村耕地流转比例和确权进展有任何相关性。收入方面，未完成确权村的人均纯收入显著低于已完成确权的村，这可能反映了确权工作的特点，或收入水平与确权难度之间存在一定关系。

表5－4　不同确权进展下村部分特征

类型	与最近县（市）距离			村统一流转土地比例			人均纯收入		
	样本（村）	均值（公里）	p值	样本（村）	均值（%）	p值	样本（村）	均值（元/人）	p值
未完成确权的村	161	29.6	0.0129**	146	12.8	0.15	161	8985.8	0.00***
已完成确权的村	29	18.3		19	21.9		29	13539.0	

注：**、***分别代表5%、1%的显著性水平。

5.3.2 对策建议

1. 确权中产生纠纷的农户数

调研统计了各村在确权中产生纠纷的农户数。在105个已确权村庄中，57个村在确权中有农户产生过争议，占比为54.3%。如表5－5和图5－4所示，总样本水平上74.3%的村产生争议的农户数量在5户或5户以下，可以认为大部分村确权中没有发生严重问题。纠纷户数在20户以上的村占比8.6%，可认为这些村发生过比较严重的确权纠纷问题。访谈中了解到，在一些村由于多年不调地，人口增减导致人地关系较紧张，由于确权中原则上不动地，很多农户不愿意通过确权将承包关系锁定，所以记录的纠纷户数较多。值得注意的是，江苏省确权中的纠纷明显多于其他省，访谈中了解到，这一方面是由于江苏省调研地区土地流转活跃，对土地权利问题较为敏感；另一方面是因为江苏省土地确权工作相对扎实，很多问题在确权中被比较充分地揭露出来。

表5－5 确权中不同纠纷水平下的村庄数和比例

项目		山东省	四川省	河南省	江苏省	吉林省	黑龙江省	浙江省	全国
确权中产生争议的农户数	≤5户	20	25	0	10	12	4	7	78
	6～10户	1	5	1	1	2	1	0	11
	11～20户	0	2	0	4	0	0	1	7
	21～50户	2	0	0	3	1	0	0	6
	>50户	0	1	0	1	0	1	0	3
	合计	23	33	1	19	15	6	8	105
农户数占比（%）	≤5户	87.0	75.7	0.0	52.5	80.0	66.6	87.5	74.2
	6～10户	4.3	15.2	100.0	5.3	13.3	16.7	0.0	10.5
	11～20户	0.0	6.1	0.0	21.1	0.0	0.0	12.5	6.7
	21～50户	8.7	0.0	0.0	15.8	6.7	0.0	0.0	5.7
	>50户	0.0	3.0	0.0	5.3	0.0	16.7	0.0	2.9
	合计	100.0	100.0	100.0	100.0	100.0	100.0	100.0	100.0

资料来源：根据七省村问卷整理。

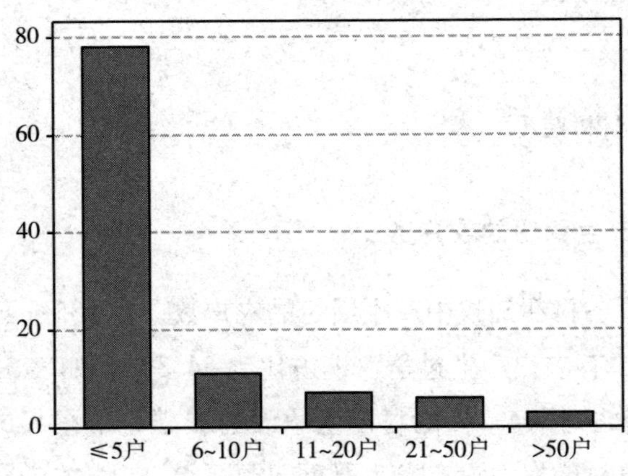

图5－4 不同确权纠纷户数下的村庄分布

如图5－5所示，从户调研情况看，在1048户开展过确权的农户中，产生过纠纷的农户为29户，占比2.77%。江苏、河南和黑龙江三省发生率较高，分别为7%、6.8%和2.3%。

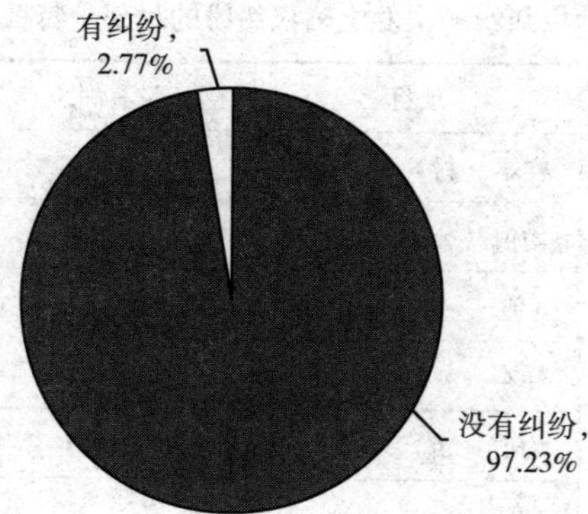

图5－5 受访农户确权纠纷发生情况

资料来源：根据江苏、吉林、山东三省户问卷整理。

2. 确权纠纷的农村和农户特征

（1）农村基本特征。我们对样本村发生纠纷的农户数和村土地禀赋（总耕地面积、户均地块数）、人口特征（总户数、总人口）、区位特征［与乡（镇）、县（市）的距离］和一些社会经济特征变量（户均纯收入、非农收入比例、非农就业劳动力比例、耕地流转比例和村集体统一流转比例等）进行了相关分析。发生纠纷的农户数与村总户数、总人口和总耕地面积有显著的正相关关系（去除村规模水平的影响后，前面使用确权中产生争议的农户数仍然能反映确权的纠纷水平和省份之间的差异），与村集体统一流转土地比例有一定的负相关关系，与土地确权时间有较显著的正相关关系。其他特征均没有发现与发生纠纷的农户数有显著相关关系。

表5－6对确权中发生过纠纷的村和未发生过纠纷的村进行了比较。结合两方面的分析，我们发现，发生过确权纠纷的村相比未发生纠纷的村，距离县城较远，村农户较多，耕地总面积更大，土地流转倾向于私下流转而非村统一流转，开展确权时间较晚。

结合确权进展的分析，我们发现，与市区距离近、村集体流转比例高的村庄，确权进展比较快，确权纠纷发生率也低。而人均纯收入高的村庄虽然确权进展较快，但确权纠纷发生率并不低。

表5-6 发生确权纠纷和未发生确权纠纷的村部分特征比较

村特征	项目	没有纠纷	有纠纷
与最近县（市）距离	样本（村）	48	57
	均值（公里）	22.9	27.8
	p值	0.1212	
村耕地总面积	样本（村）	48	57
	均值（亩）	3164.1	6872
	p值	0.0367 **	
村统一流转土地比例	样本（村）	42	42
	均值（%）	21.2	11.3
	p值	0.1388	
总户数	样本（村）	48	57
	均值（户）	506.9	673.5
	p值	0.0409 **	
总人口	样本（村）	48	57
	均值（人）	1786	2289.6
	p值	0.0641 *	
土地确权时间	样本（村）	43	43
	均值（年）	2012.9	2014
	p值	0.1066	

注：*、** 分别代表10%、5%的显著性水平。

（2）农户基本特征。确权中发生过纠纷的农户与未发生过纠纷的农户在年龄、受教育程度、家庭人口和劳动力状况、收入水平、土地承包状况（承包地面积、地块数量）和农业经营规模（转入土地规模和种植规模）方面都没有显著区别，而在户主主要职业（农业与非农业）、村干部身份、务农经验和土地转出情况方面有比较显著的区别（见表5-7）。确权中产生过纠纷的农户，更倾向于从事非农行业，务农经验更少，土地转出的行为更普遍。家庭中有村干部身份的农户更不容易产生纠纷。

表5-7　　发生确权纠纷和未发生纠纷的部分农户基本特征比较

农户基本特征	项目	没有纠纷	有纠纷
主要职业	样本（户）	817	24
	均值（0农业 1非农）	0.23	0.54
	p值	0.0004***	
村干部身份	样本（户）	1018	29
	均值（0否 1是）	0.27	0.14
	p值	0.1103	
种过几年地	样本（户）	202	5
	均值（年）	33.1	19.6
	p值	0.0279**	
2015年有没有把自有地转给他人种	样本（户）	479	26
	均值（0否 1是）	0.46	0.65
	p值	0.0530*	

注：*、**和***分别代表10%、5%和1%的显著性水平。

3. 确权中的纠纷特点

（1）纠纷地块的性质和纠纷原因。在29个产生纠纷的农户中，产生纠纷地块属于家庭承包地的农户为24户，属于其他承包方式土地的有2户，属于未发包土地的有3户。部分纠纷产生于承包关系不清。

纠纷的原因中，有8户起因于人口变动导致的家庭成员缺地，6户起因于承包地边界不清，2户起因于承包资料丢失，13户是由于土地私下流转、互换等其他原因。

在105个已确权样本村庄中，13个村庄在确权时进行了土地调整，占比为12.6%；90个村庄未调地，占比为87.4%。对村基本特征的分析发现，村土地流转比例与确权时调地有一定正相关关系。我们没有发现确权时调地与确权纠纷有显著相关关系。

（2）纠纷的表现形式和解决情况。如果纠纷中产生激烈的争吵，说明纠纷的程度比较严重。调研中这样的农户有7户，所占比例为24.1%。

从村级层面看，有31.6%的村确权中产生的纠纷还完全没有解决，21.1%的村正在解决纠纷，47.4%的村已经解决了所有纠纷问题。结合大多数村的确权开始时间和确权进展情况，纠纷解决的进展还是比较乐观的，但若考察确权对原有土地矛盾的化解效果，还需综合考虑确权工作的执行情况、纠纷处理方式等。

从农户层面看，有20户争议问题已经解决，所占比例为69%；4户问题没有解决；5户正在解决。

5.4 农户土地权利认知状况

5.4.1 农户对确权过程的了解情况

调研通过“是否了解确权实测面积相比原面积的变动情况”和“是否记得确权时有没有做过测量或标记”两个问题来反映已开展确权农户对自家农地确权的了解程度。调研中发现，22.5%的受访者完全不了解自家农地测量面积在确权后是否发生变动，10.4%的受访者不记得自家农地是否做过测量。分析发现，知道确权时对土地做过测量或标记的农户：

（1）明显更清楚确权面积的变动情况；

（2）本代或上代在本村生活时间更长，可能是因为这些农户社会关系更强，量地时配合更好，外出时更容易得到同村人帮助；

（3）家庭人口数稍多。

5.4.2 确权对农户选择意愿的影响

本调研试图了解确权是否对农户以后的经济行为意愿产生影响。理论上，如果农户认识到确权会使自家农地地权安全性得到进一步保障，且意味着承包地权能将更加完善，若有理想的非农就业机会，农户会更加放心地将土地流转出去，若希望继续务农特别是从事规模经营，则会更愿意做出长期投资。

统计发现，47.6%的农户转出土地意愿提高；52.4%的农户认为不会对自己行为有影响，或转出意愿降低（见表5-8）。分析发现，土地转出意愿提高的农户，家庭承包地面积较少，这可能是因为承包地少的农户务农经济收益更低，务农意愿本身就低，确权对他们土地转出意愿的影响也更大。

表5-8 不同土地转出意愿农户家庭承包地面积比较

确权后若有理想的非农就业机会是否更愿意转出土地	家庭总承包地面积		
	样本（户）	均值（亩）	p值
没有影响或更不愿意	265	34.5	0.0008***
更愿意	247	19.1	

注：*** 代表1%的显著性水平。

调研统计，58.6%的农户农业长期投资意愿提高，41.5%的农户表示没有影响或意愿降低。分析发现，长期投资意愿提高的农户，平均年龄（49.6岁）显著低于投资意愿不变或降低的农户（54.2岁），这说明确权对更年轻农户长期农业投资的激励作用更强。另外，如表5-9所示，若家庭实际决策者以务农为主要职业，或有明确的长期农业经营打算，其长期投资意愿都显著强于其他农户；对确权过程更在意的农户，确权后长期投资意愿也更强。

表5-9 不同农户特征下确权后农业长期投资意愿比较

农户特征		确权后若想继续种地，长期投资意愿		
		样本（户）	均值	p值
主要职业	农业	490	0.61	0.0010***
	非农	43	0.35	
有无长期经营农业的明确打算	不明确	120	0.3	0.0000***
	明确	413	0.67	
是否清楚确权后实测面积的变化	否	138	0.49	0.0073***
	是	391	0.62	
是否记得确权中是否量地或标记	否	54	0.48	0.0988*
	是	478	0.6	

注：*、*** 分别代表10%、1%的显著性水平。

5.4.3 农户对国家农地承包制度政策的理解

经济学上的产权本是行为人之间在博弈中自发形成的契约安排，国家以第三方的身份通过正式的产权制度对行为人之间的权利安排提供限制和保障，对农户生产和缔约行为产生影响。在农地制度改革背景下，了解农户如何看待国家政策和制度演变具有一定意义。理论上，国家正式产权制度和乡村地域的非正式产权制度对农户地权保障有互补和替代关系，农户生活环境背景、土地禀赋、对农业的依赖程度、对务农的长期打算和对国家政策的理解程度等，会影响其对国家地权制度政策的看法和关注程度。

调研了解了吉林和山东的农户如何看待土地承包期“30 年不变”和“长久不变”对他们的影响（见表 5 - 10 和表 5 - 11）。容易理解，关注土地承包期“30 年不变”和“长久不变”之间区别的农户，更关心国家农地制度政策在地权保障中的角色。分析得到了如下显著结果。

（1）这些农户本代或上代在本村生活时间更短。在农村，后迁入的农户社会关系网络一般弱于世代生活在该村的农户，村规民俗和宗族关系对他们地权的保障作用可能低于后者。数据表明，这些农户对国家土地政策更敏感。

（2）这些农户家庭劳均土地承包面积更大。这可能是因为土地禀赋更大的农户更容易将土地看作需要正式制度保障的财产。

（3）这些农户二轮承包后农地更有可能经历过村土地调整。这可能说明经历过调地的农户地权安全感较低，从而更关注国家土地承包政策。

（4）这些农户更倾向于以农业为主要职业，且进行规模种植的可能性更大，时间更长；他们在确权后若继续种地，更愿意做长期投资。

（5）这些农户家庭纯收入较高，但非农收入比例较低。

（6）这些农户受教育程度更高。这可能说明他们对国家政策的理解和关注程度更高。

分析还发现，农户有没有长期种地的明确打算与其对国家承包期政策的理解没有显著关系。调研发现，打算长期种地的农户土地转入的规模也较大，或许说明经营权的放活使这些农户在长期种地决策上并不是十分关心土地承包期限问题。

表5-10　　不同农户特征下土地承包制度认知比较

农户特征		是否关注土地承包期“30年不变”和“长久不变”的区别		
		样本（户）	均值	p值
主要职业	农业	475	0.6	0.0426 **
	非农	39	0.43	
家里往上数两代是否生活在本村	否	32	0.75	0.0531 *
	是	474	0.58	
确权后若想种地是否愿意做长期投资	否	216	0.54	0.0424 **
	是	292	0.63	
是否有明确的长期种地打算	否	117	0.56	0.3968
	是	397	0.6	

注：*、** 分别代表10%、5%的显著性水平。

表5-11　　对土地承包期政策认知不同的农户部分特征比较

农户特征	是否关注土地承包期“30年不变”和“长久不变”的区别		
	项目	认为没有区别或不关注的农户	认为有区别的农户
上过几年学	样本（户）	209	299
	均值（年）	7.4	8.1
	p值	0.0107 **	
转入土地搞规模经营的时间	样本（户）	169	248
	均值（年）	1.1	3.2
	p值	0.0000 ***	
家庭纯收入	样本（户）	211	301
	均值（元）	47385.1	104943.8
	p值	0.0612 *	
非农收入比例	样本（户）	194	285
	均值（%）	45.9	30.4
	p值	0.0020 ***	
家庭劳均承包地面积	样本（户）	202	292
	均值（亩）	7.4	17.6
	p值	0.0000 ***	
二轮承包后经村调整过的承包地面积	样本（户）	193	291
	均值（亩）	1.9	5.6
	p值	0.0059 ***	

注：*、** 和 *** 分别代表10%、5%和1%的显著性水平。

5.5 总结

5.5.1 农地承包关系

（1）7个调研省份平均每个村农用地面积为6092亩，户均9.7亩。不同地区村之间农用地面积差别较大。户均地块数量为9块，地区差别较大。

（2）二轮承包以来土地承包关系总体比较稳定，土地调整现象较少，但省之间存在差异。吉林省、黑龙江省和四川省调地很少，分别为0.22次、0.5次和0.67次；浙江省和山东省调地相对频繁，分别为2.4次和1.75次。

（3）从江苏、吉林和山东三省来看，发生过承包地变动的农户所占比例为34.5%，平均每户发生约0.4次。土地转出是农户承包地变动最主要原因，户数和次数占比分别为79%和77.1%。土地调整和征占偶有发生。

5.5.2 农地确权进展

（1）调研地区已开展确权工作的村庄比例为55.3%，农户比例为55.3%。完成或即将完成确权的村有29个，占比15.3%。绝大多数村从2014年和2015年开始确权。总体来看，开始确权的村中，完成量地而尚未进入颁证程序的村所占比例最大，为44.2%。这些数据表明，整省试点推进以后，大多数村推进速度很快，但从公示到颁证阶段的过渡需要一个过程。

（2）各省份间确权进展差距较大。就所调研地区来看，作为首批试点省的山东省进展可能最快，其次是江苏省，两省进入颁证阶段的村庄比例都在40%以上。吉林省、四川省在公示阶段的村庄最多。

（3）确权进展较快的村庄，与市区距离较近，村统一流转土地比例较大，人均收入较高。

（4）54.3%的村庄确权中有农户产生过纠纷，74.3%的村庄产生争议的农户数量在 5 户或 5 户以下，可以认为大部分村庄确权中没有发生严重问题。纠纷户数在 20 户以上的村占 8.6%，可认为这些村发生过比较严重的确权纠纷问题。2.77% 的受访户表示在确权中产生过纠纷。

（5）发生过确权纠纷的村相比未发生纠纷的村，距离县城较远，村农户较多，耕地总面积更大，土地流转倾向于私下流转而非村统一流转，开展确权时间较晚。与市区距离近、村集体流转比例高的村，确权进展比较快，确权纠纷发生率也低。而人均纯收入高的村虽然确权进展较快，但确权纠纷发生率并不低。

（6）确权中产生过纠纷的农户，更倾向于从事非农行业，务农经验更少，土地转出的行为更普遍。家庭中有村干部身份的农户更不容易产生纠纷。

（7）结合大多数村的确权开始时间和确权进展情况，纠纷解决的进展还是比较乐观的，但若考察确权对原有土地矛盾的化解效果，还需综合考虑确权工作的执行情况、纠纷处理方式等。

5.5.3　农户土地权利意识

（1）22.5% 的受访者不了解自家农地测量面积在确权后是否发生变动，10.4% 的受访者不记得自家农地是否做过测量。

（2）47.6% 的农户转出土地意愿提高，52.4% 的农户认为不会对自己行为有影响，或转出意愿降低。土地转出意愿提高的农户，家庭承包地面积较少，这可能是因为承包地少的农户务农经济收益更低，务农意愿本身就低，确权对他们土地转出意愿的影响也更大。

（3）58.6% 的农户农业长期投资意愿提高，41.5% 的农户表示没有影响或意愿降低。分析发现，长期投资意愿提高的农户，平均年龄显著低于投资意愿不变或降低的农户；若家庭实际决策者以务农为主要职业，或有明确的长期农业经营打算，其长期投资意愿显著强于其他农户。对确权过程更在意的农户，确权后长期投资意愿也更强。

（4）关注国家土地承包政策演变的农户，本代或上代在本村生活时间更短；家庭劳均土地承包面积更大；二轮承包后农地更有可能经历过村土地调整；更倾向于以农业为主要职业，且进行规模种植的可能性更大，时间更长；他们在确权后若继续种地，更愿意做长期投资；家庭纯收入较高，但非农收入比例较低；受教育程度更高。

第6章

2015年我国农业经营者土地转入状况

家庭联产承包责任制推行以来，国家对农民土地交易权和经营自主权经历了从严格限制到逐渐放松的过程。1998年《中华人民共和国土地管理法》将农用地交易权上升到法律的高度给予保护。2002年《中华人民共和国农村土地承包法》为农民土地经营权流转赋予了充分的主体地位。近年来中央文件不断提出健全和引导发展农村产权交易市场，完善土地流转合同、登记、备案制度，发展多种农业经营方式。现代农业经营方式的创新需要在放松对地权不必要限制的前提下，通过确权登记，完善法律和相关机构职能，以保障农民基本土地权利和土地交易关系，而农民和其他农业经营主体之间私下的土地契约关系需要在乡村社会经济秩序转变的背景下不断磨合。随着土地流转的不断增加，对农业经营者流转契约关系和潜在的纠纷问题进行考察具有一定的必要性。本年度调研对流转交易问题也进行了关注，本章对这部分调研内容进行简要分析。

6.1 调研说明

2013～2015年，课题组分三次对东、中、西部7个省份不同类型农户进行了调研，三次调研皆关注了农业经营者尤其是规模经营者的土地转入问题。黑龙江、浙江、河南和四川四省调研了农户粮食种植户，其中规模种植户共406户。吉林和山东两省规模经营户共166户。2014年7个省份有土地转入的农户记录为1104户。调研考察了受访农户近期土地转入和经营情况。调研中将一次流转定义为转入时间相近、合同或口头协议完全一致、出让方性质相同、地块土质和种植条件相同的流转。

6.2 农地流转的契约关系分析

6.2.1 流转合同的形式

黑龙江、浙江、河南和四川四省调研记录了所有受访户土地转入历史。四省有741户农户转入过土地，共转入过土地1578次，其中，1128次流转没有正式书面合同，比例为71.5%；450次使用了书面合同，比例为28.5%，其中，406个规模种植户使用书面合同的次数为346次，占总使用次数的77%，平均每户使用过0.85次，634个普通种植户使用书面合同104次，占比为23%，平均每户使用过0.16次。

江苏调研记录了80户发生的共82次土地转入合同信息，其中，书面合同使用次数58次，比例为71%；口头合同24次，比例为29%。江苏省调研地区为泗洪、姜堰和金坛，这些地区建立了相对完善的土地流转交易市场，很多村的流转交易行为都到流转交易中心登记备案，书面合同使用比例也较高。

吉林、山东两省调研记录了248户283次转入合同信息，书面合同使用了163次，比例为57.6%；口头合同120次，比例为42.4%。山东有些地区，如青州市，农户即使私下流转也习惯签订书面合同。

6.2.2 流转合同或口头协议设置

1. 土地使用时间

吉林、山东两省调研记录了农户291次流转合同或口头协议设置的有效信息。交易方明确规定土地使用年限的有75次，占比为26%；没有明确规定土地使用年限的有 216 次，占比 74%。在规定使用年限的农户中，平均年限是 7.2 年，最短年限为 1 年，最长为 30 年。如图 6－1 所示，最常见的年限约定是 1 年，其次是 10 年、5 年、30 年、20 年。使用时间总体偏短。

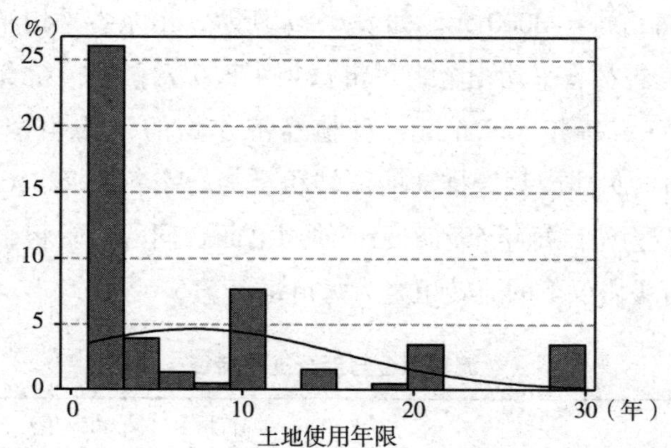

图 6－1　吉林省、山东省土地转入户使用年限分布

资料来源：根据吉林、山东问卷整理。

土地使用时间是否事前在合同中规定，以及如何规定具体年限，除了取决于交易方的经营规划、对未来的预期、习俗等因素外，还取决于双方关系和行为方式等，数据表明，关系亲近的交易方之间土地使用时间略短，若交易有村集体或政府推动，使用时间一般更长。对于事前规定的使用时间较长、交易方关系较远，或有村集体或政府参与的流转，事后通过再谈判重新商议使用时间的难度也越大。

2. 经营者土地使用时间意愿

调研考察了农户最短土地租赁时间意愿。在有记录的 215 次流转中，农户平均能接受的最短使用时间是 4.4 年。45% 的农户接受最短 1 年的土地使用时间，35.4% 的农户接受 2～5 年，19.6% 的农户要求时间最短在 5 年以上。

分析发现，转入前为此次经营专门做出长期投资的农户对土地使用时间的要求更长（均值分别为 3.3 年和 4.8 年）；种植经济作物的农户对土地使用时间的要求长于种植粮食作物的农户（均值分别为 5.7 年和 3.9 年）。对于山东省农户，在较大土地转入规模的流转下，农户对土地使用时间的要求更长（均值分别为13.6年和5.4年）。

3. 土地租金设置

吉林、山东两省土地交易中，刚转入时流转租金平均是每亩每年606元，最高为每亩每年3000元。如表6-1所示，山东省平均租金为每亩每年915.7元，吉林省平均租金为每亩每年475.6元；种植粮食作物的农地平均租金为每亩每年459.0元，种植经济作物的平均租金为每亩每年956.8元；由村集体或政府推动的流转租金为每亩每年728.6元，完全私下流转的租金为每亩每年597.8元；使用书面合同的流转租金为每亩每年691.9元，口头协议下的流转租金为每亩每年516.6元。

表6-1　　流转租金与部分交易特征

项目		流转租金（元/亩·年）		
		样本（次）	均值	p值
省份	吉林	139	475.6	0.0000***
	山东	78	915.7	
种植作物类型	粮食作物	155	459.0	0.0000***
	经济作物	67	956.8	
是否由村集体或政府推动	否	156	597.8	0.1079
	是	60	728.6	
是否使用书面合同	否	87	516.6	0.0181**
	是	131	691.9	

注：**、***分别代表5%、1%的显著性水平。

租金调整方式反映交易合同或口头协议的刚性。在有租金调整记录的264次流转中，51.5%的流转明确规定租金确定方式不变，29.6%的流转大体规定了调整方式，18.9%的流转没有提及租金调整问题。我们发现，交易方关系越亲近，租金调整方式越粗略；有村集体或政府参与的流转一般规定得更精细。对于吉林省农户，对未来收益预期越不确定，租金调整方式越灵活。

如图6-2所示，在有记录的104次规定了租金调整时间的流转中，平均调整时间为3.3年，最长为19年，最短为1年。规定1年一调的比例为

48%，5 年一调的比例为 32.7%，3 年一调的比例为 9.6%。对照土地使用时间的规定，吉林省很多农户签约方式是一年一租，短租短约；山东省更倾向于多年一租，长租短约。

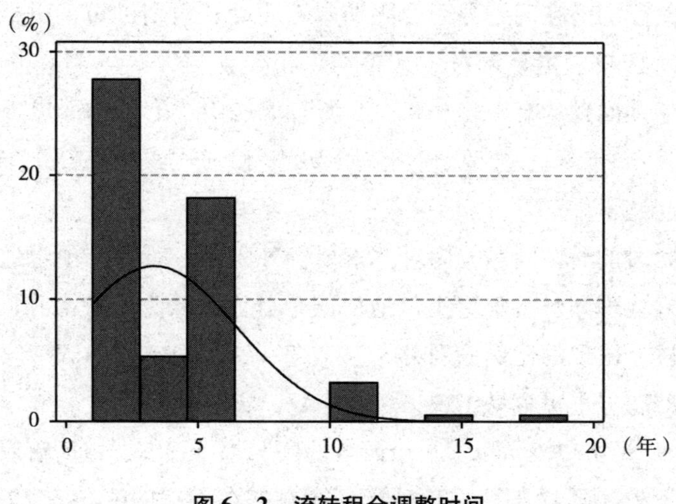

图 6－2　流转租金调整时间

6.3 流转中潜在的纠纷问题

根据相关参考文献和 2014 年调研以及 2015 年的调研，土地流转明显发生纠纷的比率并不高，但这并不意味着流转过程不存在潜在问题。随着土地流转规模的增加，一些隐含的问题可能会集中显现。本年度调研通过对经营者在转入土地过程中可能存在的问题进行穷举，尽量反映可能影响交易顺畅运行的方面。

6.3.1　不同流转阶段潜在的问题

江苏和吉林、山东的调研将经营农户一次土地转入的过程分为搜寻与谈判、签约和执行三个阶段。搜寻与谈判阶段的潜在问题分为非自愿流转、与对方沟通困难、村集体或政府不当干预、土地承包权属不清和其他五个方面。在江苏调研所记录的 80 个农户的 82 次土地转入中，认为流转前在这五个方面某一项或某几项存在潜在问题的有 16 户 16 次流转。所有流转中，这五个方面出现的次数比例分别为 13. 4%、11%、1. 2%、2. 4%和 0%。可以认为，非自愿流转和沟通困难是相对容易出现的问题。

签约阶段的潜在问题分为合同期限不明确、租期过短、租金过高、对租金没有发言权、租金调整方式不当、租金支付方式不当和其他七个方面。存在潜在问题的有 10 户 10 次，所有流转中这七个方面出现的比例为 3. 7%、3. 7%、0%、1. 2%、2. 4%、2. 4%和 0%。总体来看，合同设置方面似乎问题不大。

执行阶段的潜在问题分为对方索要额外租金、对方干预土地经营、双方关系不好处理和对方延迟交付地块四个方面，认为存在潜在问题的有 8 户 8 次流转，出现的比例分别为 3. 7%、3. 7%、6. 1%和 1. 2%。双方事后关系处理问题似乎更容易出现。

有 51 户受访户表示以上三个阶段的问题都不存在，占所有农户的比例为 63. 7%。在某阶段某些方面被提到存在潜在问题的流转有 29 次，占所有流转的 35. 4%。吉林和山东关于流转问题的有效流转记录次数为 209 次，三个阶段中被提到有潜在问题的次数为 58 次。综合三省数据，29. 9%的流转被受访户认为有潜在问题。

江苏、吉林和山东三省调研中，328 个有土地转入的经营者认为三个阶段中最容易发生问题的是第一阶段，比例为 19. 7%；认为第二和第三阶段最容易发生问题的比例为 3. 5%和 5. 2%；71. 6%的流转被认为完全不存在问题（见图 6－3）。

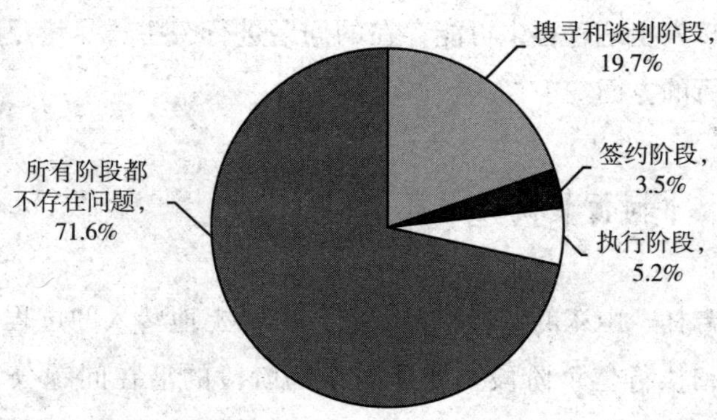

图 6－3　土地转入者对最容易产生问题的流转阶段的看法

6.3.2　问题的提出和解决方式

1. 潜在问题的表达方式

经营者认为在某个阶段存在潜在问题并不意味着纠纷就会发生。如表6-2所示，江苏、吉林和山东三省291次有效记录中，87次被受访者认为存在某些问题，其中27次没有向任何人提及，占存在问题比例的31.04%；有25次和出让方私下讨论过，比例是28.73%；有31次反映到村或村民小组，比例为35.63%；有3次反映到乡镇，比例为3.45%；1次反映到县政府，比例为1.15%。需要注意的是，存在影响顺畅交易的问题且与外界商议或沟通过也不意味着纠纷就一定发生，但可作为判断问题严重程度的依据。

表6-2　　　　对流转问题不同表达方式的比例

项目	次数	占存在潜在问题流转的比例（%）	占所有流转次数的比例（%）
存在潜在问题且没有提出过	27	31.04	—
存在潜在问题且提出过	60	68.96	—
只私下讨论过	25	28.73	—
反映到村或村民小组	31	35.63	—
反映到乡镇	3	3.45	—
反映到县政府	1	1.15	—
流转中存在潜在问题	87	—	31.27

资料来源：根据江苏、吉林、山东三省问卷整理。

2. 解决方式

江苏、吉林和山东三省90次有效记录中，问题没有寻求过解决的比例为22.2%，私下解决的比例为38.9%，寻求过村委会或村民小组的比例为41.1%，寻求过乡镇解决的比例为3.3%。其中，已经解决的比例为77.2%。相对而言，由于通常不会涉及产权冲突的问题，流转中遇到的困难更容易得到解决。

6.4 结论与发现

6.4.1 流转契约关系方面

(1) 流转合同的使用形式在地区和不同类型农户间存在差异。黑龙江、浙江、河南和四川四省粮食种植户的大规模调研表明，口头合同还是流转交易的主要合同形式。规模经营户使用书面合同的比例远远高于普通农户。在农村产权交易市场较为规范的地区，如江苏省，使用书面合同的比例明显更高。

(2) 多数流转交易事先并没有明确规定土地使用时间。在规定时间的交易中，平均年限为7.2年，最常见的是1年。交易者之间关系较近、无村或政府推动的流转事先规定使用时间的情况更少，而就使用时间事后再谈判的难度更低。

(3) 近一半的经营者接受最短为1年的土地使用时间。近1/5的经营者要求最短时间在5年以上。转入前对经营做过长期投资、种植经济作物以及部分流转规模较大的农户，对土地使用时间要求更长。

(4) 地区间流转租金差距很大，种植经济作物土地租金明显更高，有村集体或政府推动的流转租金更高，使用书面合同的流转租金更高。

(5) 交易者之间私人关系疏远、有村集体或政府推动的流转，对租金调整方式的规定越精细。对于部分农户来说，对未来收益预期越不确定，租金调整越灵活。

(6) 吉林省在土地使用时间和租金安排上倾向于短租短约，山东省倾向于长租短约。

6.4.2 流转潜在纠纷方面

(1) 虽然流转纠纷实际发生率通常不高，但在流转不同阶段，也会出现一些影响顺畅交易的问题。其中，流转前自愿性和沟通问题相对更容易出现。

（2）综合江苏、吉林和山东的调研，71.6%的流转被认为完全不存在问题。在可能存在问题的流转中，搜寻和谈判阶段被认为存在困难的可能性最大。

（3）大部分流转交易中的阻碍因素都在私下或通过向村和政府反映而表达过，多数比较容易得到解决。

附录1

安徽省土地承包经营权确权与纠纷调研报告*

——以舒城县、潜山县为样本

一、调研概况

（一）调研简介

1. 调查目标

通过专题调研，调查了解安徽省舒城县和潜山县土地确权进展情况、确权过程中突出的问题、土地纠纷的形式，以及解决问题的对策，为进一步开展土地确权，完善相关政策措施提供可行的建议和实践依据，为制定下一阶段土地政策提供参考。

2. 调查内容

第一，安徽省土地确权进展状况、存在的问题以及纠纷的形式。

第二，1998年以来国家及地方出台的相关土地政策、措施以及成效。

第三，收集“二调”以来典型土地纠纷问题，总结安徽省在土地确权、流转、纠纷等方面的创新点。

3. 调查对象和样本量

本次调研共完成了12份村表和196份户表（其中有效户表194份），其中，村表主要由行政村村委会主任、村党支部书记、村文书填写完成，户表由种粮大户、普通农户、村民小组成员等完成。并在此基础上完成本专题调研报告。

4. 调研时间

调研时间为2014年9月24～28日。

（二）调查方法及样本选取

本调查运用典型抽样的方法从安徽省选取了舒城县和潜山县作为样本

---

* 调研组成员：周向阳、张法顺、张崇尚、李春肖；执笔：周向阳。

县，又用随机抽样的方法从两个样本县中抽取6个乡镇不少于12个村作为样本村，再从每个样本村中随机抽取约15户农户作为样本调查户，如果某个样本村中抽取的农户数低于15户，再随机从该乡镇其他村抽取若干农户补充，保证每个乡镇样本农户数不少于30户。调研样本的具体情况如表1所示。

表1　　调研样本情况

<table>
<tr><th>样本地区</th><th colspan="2">调研地点</th><th>样本量（户）</th></tr>
<tr><td rowspan="6">六安市舒城县</td><td rowspan="2">柏林乡</td><td>双墩村</td><td>14</td></tr>
<tr><td>石井村</td><td>17</td></tr>
<tr><td rowspan="2">桃溪镇</td><td>金圩村</td><td>17</td></tr>
<tr><td>龙舒村</td><td>17</td></tr>
<tr><td rowspan="2">城关镇</td><td>幸福村</td><td>15</td></tr>
<tr><td>高塘村</td><td>16</td></tr>
<tr><td rowspan="8">安庆市潜山县</td><td rowspan="3">余井镇</td><td>程祠村</td><td>13</td></tr>
<tr><td>岭头村</td><td>12</td></tr>
<tr><td>其他村</td><td>3</td></tr>
<tr><td rowspan="3">源潭镇</td><td>源潭村</td><td>13</td></tr>
<tr><td>棋盘村</td><td>10</td></tr>
<tr><td>其他村</td><td>10</td></tr>
<tr><td rowspan="2">王河镇</td><td>天崇村</td><td>22</td></tr>
<tr><td>丰收村</td><td>15</td></tr>
</table>

二、确权背景和基础条件

（一）六安市舒城县土地概况

舒城县全县耕地面积64万亩，人均耕地面积0.7亩。目前全县土地流转面积32.5万亩，占二轮承包面积的51%。其中，土地流转面积在10～100亩的经营农户数量最多，2014年共有860个经营农户进行流转，占全部流转农户的46.44%，土地流转面积合计2.7万亩，占全县土地流转面积的8.44%；土地流转面积在100～500亩之间的经营农户数量较多，2014年共有835个经营农户进行土地流转，占全部流转农户的45.09%，土地流转面积合计15.7万亩，占全县土地流转面积的48.22%；土地流转面积在1000亩以上的经营农户数量较少，2014年共有45个经营农户进行土地流转，占全部流转农户的2.43%，土地流转面积合计6.5万亩，占全县土地流转面积的20.09%。舒城县流转租金每亩为300～650元。舒城县积极鼓励农户流转土地，专门制定了《关于农村土地承包经营权流转实施意见》，并积极落实六安市农村土地流转补奖政策。按照该政策针对流耕地500亩以上、流转年限在3年以上的经营主体进行补奖。补奖方式和标准为：受让土地承包经营权501~1000亩，每亩奖励30元；1001~2000亩，每亩奖励40元；2001~3000亩，每亩奖励50元；3001亩以上，每亩奖励60元。对于托管土地经营的，补奖标准每档均减半。根据统计，舒城县2009~2013年共发放土地流转奖补资金998.85万元，其中2013年发放223.72万元。由于舒城县在土地流转工作上取得成效显著，该县还被六安市评为“全市土地流转先进县”。舒城县2014年上半年全县共发生土地承包经营较大的纠纷15件。其中4件纠纷反映到安徽省政府，11件纠纷反映到县政府。土地纠纷类型包括流转纠纷、征占纠纷等。例如，乡干部利用职权虚报流转土地面积套取补奖资金，土地征占后征占款分配存在不当或征占款没有补偿等。

（二）安庆市潜山县土地概况

潜山县土地面积199.6万亩，其中，耕地面积36万亩，人均耕地0.7亩。潜山县土地流转方式以转包、出租为主，并初步探索了“企业带动型”“家庭农场带动型”“合作社带动型”“大户带动型”等多种土地流转模式。截至目前，潜山县全县土地流转面积达到21.6万亩，占耕地总面积的60%，涉及全县16个乡镇、1个开发区、175个村，进行土地流转的农户5.6万户，占全县总农户数的43%。其中，土地流转面积在100亩以上的经营户600多户，土地流转面积在1000亩以上的经营户48户。潜山县全县试点过程中共解决各种矛盾纠纷20件。其中，有4个村在土地确权过程中共发生当事人12件争议，涉及78个农户、228亩土地，其中，得到解决的争议6件（涉及12个农户），主要是采取调解方式解决争议。潜山县2010年正式成立了农村土地承包经营纠纷仲裁委员会，下设办公室在县农业委员会，农业委员会主任兼任办公室主任，办公人员5人，仲裁员20人。潜山县2014年调解纠纷3件，其中，涉及出嫁女土地承包经营权纠纷1件，土地流转纠纷1件，全部迁出引起的土地纠纷1件。

三、样本县土地确权基本情况

（一）舒城县

舒城县虽然不是全国整县推进试点县，但是已经启动农村土地确权登记颁证试点工作。舒城县选择山七镇一个乡镇开展农村土地确权登记颁证试点工作。

1. 试点乡镇基本情况

山七镇辖16个村、1个街道，353个村民组，8627户农户共3.46万人，该镇农村土地二轮承包面积1.87万亩，其中水田1.48万亩，旱地0.39万亩。

2. 工作开展情况

截至2014年9月，舒城县山七镇农村土地确权登记颁证试点工作正处于测绘阶段，已经完成16个行政村的测绘指界工作。

3. 存在的问题

第一，土地确权登记颁证过程中，现场指界困难。山区大部分地区草木丛生、山高路陡，指界人员很难到达现场测绘指界。

第二，实际面积大于二轮承包面积问题。

第三，存在将耕地变林地的问题。

第四，土地确权的测绘费用较高。

第五，二轮承包地地块零碎，地块图难以标注。

（二）潜山县

1. 试点基本情况

潜山县2011年被列为全国农村土地承包经营权确权登记试点县，潜山县首先选定两批3个乡镇和1个行政村作为试点，经过2年试点，高质量完成试点区域农村土地承包经营权登记工作，共涉及19个行政村、607个村民组、14728户、5.85万人，确权地块63360块，二轮承包面积37433亩，实测面积56481亩。2013年潜山县又被列为安徽省深化农村综合改革试点示范县，按照安徽省统一部署，2014年3月起，利用一年时间完成全县32万亩土地承包经营权确权登记颁证工作。

2. 进展情况

潜山县土地承包经营确权登记颁证工作已经全面铺开。2014年5月，已经基本完成所有乡镇的村组摸底调查工作；6月底完成了测绘公司作业队伍招标工作；7月初，外业测绘工作全县推开。截至2014年9月已经完成16个乡镇（包括前期试点的3个乡镇）171个村的入户权属调查和实测，占总行政村数的98%。

为了完成32万亩土地的确权工作，需要近900万元费用，其中测绘费500多万元，工本费105万元，村组等补助补贴费280万元。安徽省财政拨付300万元，县政府投入105万元，全县共发放农村土地承包经营权摸底调查表120282份。在进行外业测绘操作时，潜山县采取如下方式进行：首先，各乡镇、村组在测绘公司入驻之前，先发放农户申请书，认真填写签字后交给测绘公司。在申请签字环节，对举家外出农户运用传真收发委托书、确认书，电话联系时打开免提，3个以上在场工作人员签字等形式做实农户确认工作的方法，提高了农户群众的知晓度、参与度和签字认可度，并记录在案、永久保存。每个村民小组均成立了以村包片干部为队长，以村民组长和对二轮承包比较熟悉的老党员、老干部以及村民代表为成员的田间指界小分队，配合测绘公司田间指界。同时按照承包地调查技术规范进行测绘，标注地块编号和面积，形成地籍草图，确定四至并经农户确认。

3. 存在的问题

第一，外出务工农民数量较多，沟通协调成本较高。各乡镇、村组在测绘单位入驻之前，先发放农户申请书，认真填写签字后才可以交给测绘单位。由于很多农户举家外出，增加了必要的工作量，在申请书签字环节，需要通过传真收发委托书、确认书，电话联系打开免提，3个以上在场工作人员签字等形式做实农户确认工作。

第二，测绘成本较高。潜山县32万亩土地的确权工作需要900万元的总费用，其中测绘费用占比最大，为500多万元，平均每亩的测绘成本在15.64元以上，其他费用包括工本费105万元和村组补助补贴费280万元。

第三，培训工作量较大。为了更好地完成土地确权工作，需要开展一系列培训工作，培训按照分级培训方式进行，由县培训乡镇，乡镇培训到村，村培训到组，并需要邀请专业技术人员详细讲解工作流程，对测量测绘操作规程进行现场演示。潜山县目前完成了105次的各类培训班，培训干部和群众6.6万人次。

四、样本村、样本户土地确权情况分析

（一）样本村调查内容分析

1. 基本情况

本次调查所选择的样本村中，平均每个行政村有25个自然村（或村

民小组），其中，潜山县余井镇岭头村自然村个数最多，共有 41 个自然村；王潜山县河镇天崇村自然村个数最少，共有 14 个。本次调查所选择的样本村中共有 7 个村位于平原，4 个村位于丘陵地带，1 个村位于山地。

从行政村到县城距离来看，金圩村距离县城距离最近，为 5 公里，而丰收村距离县城最远，为 35 公里。样本村距离县城平均距离为 15 公里，其中舒城县地处平原地区，其样本村距离县城平均距离 6 公里；而潜山县由于地处丘陵和山区，所以其样本村距离县城的距离较远，平均距离为 23 公里。从样本村到乡镇的距离来看，平均为 5 公里，舒城县的样本村距离乡镇平均为 4 公里，潜山县的样本村距离乡镇平均为 6 公里。样本村距离县城距离、距离乡镇距离情况见表 2。

表 2　　样本村自然村个数、地势与区位情况

样本村	自然村个数	村地势	距县城路程（公里）	距乡镇路程（公里）
双墩村	19	平原	8	3.00
石井村	34	平原	7	6.50
金圩村	16	丘陵	5	4.00
龙舒村	26	平原	10	1.00
幸福村	19	平原	4	4.00
高塘村	21	平原	3	3.00
程祠村	30	丘陵	13	2.50
岭头村	41	丘陵	17	6.00
源潭村	32	丘陵	24	3.00
棋盘村	32	山地	25	7.00
天崇村	14	平原	25	4.50
丰收村	16	平原	35	11.00

从所调查的样本村经济发展情况来看，其中石井村、高塘村为贫困村，其他 10 个村均不是贫困村；幸福村、源潭村 2 个村经济发展水平在全乡镇靠前，石井村、金圩村、程祠村、天崇村 4 个村经济发展水平在全乡镇靠后，其余 6 个村经济发展水平在全乡镇居中。全年人均纯收入最低的是程祠村，只有 2700 元。样本村经济发展情况与人均纯收入情况如表 3 所示。

表 3　　样本村经济发展情况与人均纯收入

样本村	是否为贫困村	经济发展在全乡镇排名	全年人均纯收入（元）
双墩村	否	居中	7800. 00
石井村	是	靠后	6150. 00
金圩村	否	靠后	8900. 00
龙舒村	否	居中	8400. 00
幸福村	否	靠前	9692. 00
高塘村	是	居中	6800. 00
程祠村	否	靠后	2700. 00
岭头村	否	居中	2800. 00
源潭村	否	靠前	4100. 00
棋盘村	否	居中	7200. 00
天崇村	否	靠后	1000. 00
丰收村	否	居中	2089. 50

在样本村的调查中，从纯农户占总户数的比例来看，石井村、天崇村的比例较高，均为 100%；高塘村的比例最低，为 9. 87%。从连续外出务工 6 个月以上人口占全村总人口数的比例来看，丰收村外出打工人口比例最高，为 52. 36%；其次为龙舒村、金圩村，所占比例分别为 35. 12% 和 34. 55%；其余 9 个村的外出务工人口所占比例均低于 30%。样本村户数与人口情况如表 4 所示。

表 4　　样本村户数与人口情况

样本村	总户数	纯农户（户）	比例（%）	全村总人口（人）	其中连续外出务工 6 个月以上人口	比例（%）
双墩村	578	475	82. 18	2183	642	29. 41
石井村	596	596	100. 00	2015	425	21. 09
金圩村	542	510	94. 10	1887	652	34. 55
龙舒村	910	322	35. 38	3195	1122	35. 12
幸福村	826	636	77. 00	2922	670	22. 93
高塘村	1013	100	9. 87	3670	837	22. 81
程祠村	821	231	28. 14	3423	610	17. 82
岭头村	1067	1027	96. 25	4900	870	17. 76
源潭村	908	608	66. 96	3458	500	14. 46
棋盘村	1452	620	42. 70	5692	1205	21. 17
天崇村	750	750	100. 00	3100	800	25. 81
丰收村	967	167	17. 27	4125	2160	52. 36

调研的12个样本村二轮承包土地面积共56234亩，其中，耕地面积40600亩，林地面积12900亩，草地面积200亩，水塘面积2534亩，占比分别为72.20%、22.90%、0.09%、4.50%。12个样本村人均耕地面积1.08亩，其中，幸福村、岭头村、源潭村、棋盘村、天崇村5个村的人均耕地面积在1亩以下，幸福村人均耕地面积最低，仅为0.6亩（见表5）。

表5　　样本村土地承包情况

样本村	人均耕地面积（亩/人）	耕地灌溉条件	土地总体质量	土地二轮承包以来是否调整过
双墩村	1.50	一般	一般	没有
石井村	1.30	较差	一般	没有
金圩村	1.30	一般	较差	没有
龙舒村	1.30	一般	一般	没有
幸福村	0.60	较好	较好	没有
高塘村	1.15	一般	一般	没有
程祠村	1.40	一般	较差	没有
岭头村	0.70	较差	较差	没有
源潭村	0.90	一般	一般	没有
棋盘村	0.90	一般	一般	没有
天崇村	0.90	较差	较好	没有
丰收村	1.00	一般	一般	没有

如表5所示，2/3的样本村耕地灌溉条件一般，25%的样本村耕地灌溉条件较差。样本村中有4个村没有发耕地二轮承包经营证，其余8个村都已经颁发。有8个村在二轮承包以来土地均没有做调整，7个村的村民有土地重新分配的要求和意愿，5个村的村民没有土地小调整意愿，大多数村的最近一次土地调整是发生在二轮承包土地时间点上。

调研的12个样本村土地流转面积共3.57万亩，用于粮食作物的土地面积共3.25万亩，占91.05%；用于经济作物种植的流转土地面积3292亩，占9.23%。其中，流转给种粮大户等农户的土地面积1.55万亩，占43.44%；流转给农民专业合作社土地面积1.73万亩，占48.63%；流转给企业土地面积2120亩，占5.94%；流转给其他经营主体土地面积600

亩，占1.68%。12个村土地流转租金价格平均为437元/亩，林地流转租金平均为167元/亩，水塘流转租金平均为465元/亩。样本村中有5个村是通过村集体统一进行流转，其余7个村主要依靠农户自发流转土地。根据村干部填报的数据，每个村平均有78%的耕地进行了流转。目前，只有一个村设立了土地交易中心。样本村土地流转情况如表6所示。

表6　　样本村土地流转情况

样本村	流转总面积（亩）	流转用于种植粮食（亩）	流转用于经济作物（亩）	流转给农户（亩）	流转给合作社（亩）	流转给企业（亩）	流转租金（元/亩）
双墩村	1340	1340		870	470		400
石井村	1500	1500		1300	200		350
金圩村	2040	1830	210	350	1690		460
龙舒村	3400	3280	40	3120	280		480
幸福村	2602	200	602	72	2602	20	520
高塘村	4100	4100	0	1800	2300		400
程祠村	4100	4100			4100		505
岭头村	5100	4900	180	1200	3700		300
源潭村	2000	2000	2000		1400		440
棋盘村	3720	3720		1020	600	2100	460
天崇村	2800	2800		2800			450
丰收村	2960	2700	260	2960	0	0	480

二轮土地承包经营以来，12个样本村共发生了453件土地纠纷，其中承包纠纷328件，占72.41%；流转纠纷40件，占8.83%；征占纠纷8件，共1.77%。全部土地纠纷共涉及土地面积1228亩，纠纷土地的主要用途以种植粮食作物为主，其次是非农建设用地。全部纠纷共涉及530户农户，其中在确权登记之前发生了438件，占82.64%。全部土地纠纷中已经解决了428件，占全部纠纷的80.75%。在全部已经解决的土地纠纷中，通过自行调解解决的119件，通过村委会调解解决的201件，分别占27.80%和46.96%；通过乡镇调解解决的10件，占2.34%；没有通过仲裁机构调解、通过仲裁机构裁决以及通过法院解决的土地纠纷。12个样本村有30人接受了专门的调解员培训。大多数村干部希望采取调解的方式解

决土地纠纷问题。样本村土地确权情况如表7所示。

表7　　　　样本村土地确权情况　　　　单位：件

样本村	确权工作进行到哪一阶段	二轮承包以来共发生土地承包经营纠纷	承包纠纷	流转纠纷	征占纠纷	全部纠纷中已经解决的纠纷	认为哪种解决纠纷方式最有效
双墩村	完善合同	73	73	2	1	73	调解
石井村	完善合同	138	138	0	0	138	调解
金圩村		59	32	25	2	57	调解
龙舒村		20	19	1		20	调解
幸福村	完善合同	32	24	6	2	30	调解
高塘村		30	25	2	3	30	调解
程祠村	量地	13	3	0	0	3	调解
岭头村							
源潭村	完善合同						调解
棋盘村	量地	8	4	4		7	调解
天崇村	量地	80	10		0	70	调解
丰收村	量地						调解

2. *村干部对土地确权的认知*

对于颁发土地确权登记证书之后，村集体对土地的权利如何变化这一问题，村干部的意见并不统一，实际上村干部对权利变化的理解不够深入。5名村干部表示，在颁发土地确权登记证书之后，村集体在农户对农户转让承包的土地时有同意或否定的权利；3名村干部表示，村集体根据农民意愿可行使继续调地的权利；3名村干部表示，村集体在土地被征占时有同意或否定的权利。

（二）样本户调查分析

1. *户主信息*

在总共调查的192户中，其中，户主是女性的有8户，占4.17%，户主是男性的有184户，占95.83%；少数民族有3户，占1.56%；户主是党员的有66户，占34.38%；户主担任干部的有34户，占17.71%；在本村是大家族的有96户，占50%。从户主职业来看，分别有务农133户，占69.27%；外出打工有23户，占11.98%；在基层政府或村组织工作的有14户，占7.29%；教师或医生11户，占5.73%；小工商业主1户，占0.52%；其他9户，占4.69%。

2. 家庭基本情况

人口情况。在总共192户中，家庭成员总数平均每户有5人，分到地的平均每户有4人，占81.31%；上学的平均每户有1人，劳动力平均每户有3人，占总人数的56.70%，其中，在家务农的平均每户有1.7人，占劳动力人数的59.89%，平均每人要做农活5.5个月。

收入情况。在所调查的192户中，有153户种植粮谷，占79.69%；种植油菜的70户，占36.46%；种植棉花的26户，占13.54%；养殖家禽的25户，占13.02%；种植蔬菜的21户，占10.94%。其他农业项目都较少。近三年来年均农业经营净收入平均每户有35101.70元，有115户务农收入与年初预期基本符合，占59.90%；25户认为务农收入不太符合预期，占13.02%；有14户认为务农收入变化很大，很难预期，占7.29%。

3. 土地承包与流转情况

土地承包情况。样本户192户中，平均每户承包的土地面积有5.47亩，其中水田占86.84%，水塘占10.95%，林地占4.45%，水浇地占3.97%，果园占0.70%，其他占0.30%。有54.17%的农户家地块离家距离在0.5公里以下；有35.94%的农户家地块离家距离在0.5~1公里范围之内；有14户农户地块离家距离在1~2公里，占7.29%。土地承包到期后希望重新划分土地地块的有102户，占53.12%，不希望的有90户，占46.88%；有40.10%的农户认为不做土地小调整比较合适，有17.71%的农户认为4~6年进行小调整比较合适；有14.58%的农户认为1~3年做小调整比较合适；有14.58%的农户认为10年以上做小调整比较合适。有43.75%的农户认为土地承包合同期10~20年比较合适，有26.04%的农户认为50年以上或永久承包比较合适；有29.69%的农户认为承包合同期在20~50年比较合适。有58.33%的农户没有对自家土地进行适当改良，有23.96%的农户进行了适当改良；有13.02%的农户进行了较少改良，有4.69%的农户进行了较多改良。

土地流转情况。样本户192户中，有转入土地70户，占36.46%；有转出土地109户，占56.99%；转入与转出土地用途多用于耕地；转入土地平均租金为404.43元，转出土地平均租金为406.79元。

4. 土地确权、征占与纠纷状况

从土地所有权归属问题来看，认为归国家所有的有81户，占42.19%；认为土地归集体所有的有58户，占30.21%；认为土地归自己所有的有43户，占22.40%；不清楚的有10户，占5.21%。土地开始确权的有89户，占46.35%；未开始确权的有103户，占53.65%；在开展确权的89户中，有4户确权时调整过土地。

从土地征占情况来看，二轮承包以来土地有过征占的有13户，占6.77%，涉及19个地块、11.31亩土地；没有过征占的有179户，占93.23%。在有过征占的13户中，用于城镇化公共基础设施建设的有5户，占38.46%；用于农村集体修路的有2户，用于集体建房的有2户，用于修建村集体学校的有1户，用于高压电塔修建的有1户。其中，有11户获得补偿，占91.67%，其中10户是一次性现金补偿；无房屋、工作、社保等其他补偿；9户对征占补偿结果不满意，3户满意。

从土地纠纷状况来看，二轮承包以来土地发生过纠纷的有13户，占6.77%；未发生过纠纷的有179户，占93.23%。在土地发生过纠纷的13户中，因承包发生纠纷的有5户，占38.46%；因流转发生纠纷的有5户，占38.46%；因征占发生纠纷的有3户，占23.07%。有9户纠纷得到解决，占69.23%。纠纷主要解决方式为调解，有4户通过村民自行调解解决，有4户通过村委会调解解决，有1户通过法院起诉解决。

五、调研中发现的问题与结论

1. 土地确权后实际面积大于二轮承包合同面积

2000年以前，经营土地需要上缴土地税，农民为了降低税赋，尽量少报土地承包面积，导致二轮承包面积较小。另外，以往土地测量手段有限，土地面积均采用估算方式进行测量，因此土地面积不准确。但是，值得注意的是，农村土地承包是按照地块进行发包，虽然实际测量的面积比过去大，但原来承包的土地地块保持不变，对于每户农民来说，测量面积基本上都同步增加。

2. 土地确权成本较高

以潜山县为例，全县32万亩农村土地承包经营权确权登记颁证工作，共需各项费用900万元，其中，测绘费500多万元，工本费105万元，村组等补贴费280万元。就一亩地而言，测绘一亩土地需要30元的测绘成本，其中大约18元支付测绘公司报酬，其余费用支付参加测绘的村民组和村民的工资、印刷登记证书工本费以及各类培训会议费用。为了更好地完成土地确权登记颁证工作，安徽省政府每亩补贴10元，潜山县财政投入平均每亩约3元。另外，由于留守农村的主要是老年人、妇女和儿童，户主或户主举家外出务工，受工作原因和往返家乡费用等因素限制，户主难以及时返回农村亲自参加土地确权，往往采取委托邻居、村民代为参加确权测量步骤的做法，从而需要与农户进行大量沟通协调，因此土地确权登记颁证工作的协调沟通成本相对较高。

3. 土地纠纷主要来自承包原因

土地纠纷一般主要由承包、流转、确权登记、征占几个原因引起。问卷数据显示，二轮土地承包经营以来，所调研的12个村共发生了453件土地纠纷，共涉及土地面积1228亩，其中，由于承包产生的土地纠纷328件，占72.41%；由于土地流转产生的纠纷共40件，占8.83%；由于土地征占产生的纠纷共8件，占1.77%。产生纠纷的土地主要以种植粮食作物为主，其次是非农建设用地。对于土地承包纠纷，主要表现在：一是妇女出嫁后引起的人流动而土地无法流动问题，一部分农村采取妇女娘家保留土地承包经营权、婆家不分配土地的办法加以维持；二是很多农村新出生人口没有得到土地分配问题。由征占引起的纠纷主要表现在：一是征占土地征占价补偿标准无法达成共识；二是土地征占补偿金分配方案意见不统一，如有的村民愿意按照人头分配土地征占款，有的村民则主张按照家庭承包经营的土地面积分配土地征占款。由确权引起的纠纷相对数量较少，一方面是由于基层政府在土地确权登记运作方面比较公开透明、公正客观；另一方面是由大多数农民直接参与土地确权登记的测量工作，意见表达比较畅通。土地流转引起的纠纷，主要是由少数大户流转土地时出现以低价转包入土地、以高价转包出土地以获取价差，或者违纪的村干部套取流转奖励金引起，大多数情况下土地流转不会产生纠纷。

4. 大多数土地纠纷基本得到较好化解

调研的12个行政村中，土地纠纷共453件，其中得到解决的共428

件，占全部土地纠纷的80.75%，表明大部分土地纠纷都得到了解决。问卷显示，在全部已经解决的土地纠纷中，通过自行调解解决的有119件，通过村委会调解解决的有201件，分别占27.80%和46.96%；通过乡镇调解解决的有10件，占2.34%；基本没有通过仲裁机构调解、仲裁机构裁决以及法院解决的土地纠纷。从普通村民和村干部反映的意见来看，他们更加倾向于采用调解这一手段来解决土地纠纷。目前农村产生的土地纠纷都能得到较好的解决，一方面是由于产生土地纠纷的原因主要来自土地承包，二轮承包以来，所调研的农村基本上没有进行土地小调整，原有的矛盾或者已经调解解决，或者一直被搁置；另一方面，土地纠纷的调解主要通过村民代表、村内有名望的老干部、老党员、老教师等共同参加调解，由于他们对本村历史情况比较熟悉，主持调解事务比较客观公正，争议和矛盾基本上可以得到化解。

六、政策建议

1. 进一步扩大土地确权登记颁证政策的宣传力度

普通农民和村干部对土地确权登记颁证政策的理解还有一定的不足，政府部门还需要进一步提高农民对土地承包经营确权登记颁证的认识程度，使他们能够充分理解土地承包经营确权登记颁证产生的益处，特别是在法律层面对农民的益处。

2. 稳步推进土地确权登记试点工作

由于土地的测绘指界工作需要农民现场进行确认，而户主等青壮年农民都在村外务工，难以及时返回本村亲自参加测绘指界确认环节，所以在农村大部分农民外出务工的情况下，土地确权登记颁证工作的沟通协调的成本较高。因此，建议充分尊重农民的意愿，将农民承包土地地块的测绘指界工作做到实处，适当放慢关键环节的工作进度，促进确权工作更加准确无误，以维护广大农民的切身利益。

3. 适时出台、制定土地征占补偿金标准和分配方案的指导意见

土地征占容易产生纠纷，农民对土地补偿金标准、土地补偿金分配方案等存在较大的意见分歧是产生纠纷的主要因素。建议相关主管部门适时出台、制定土地征占补偿金标准和补偿金分配的指导意见，促使土地征占补偿更加规范。

4. 进一步规范土地流转合同，防止大户转包谋利

目前土地流转过程中，部分地区存在大户以较低价格从农民手中承包土地，但不实际从事经营活动，再以高价将土地转包出去，获取中间价差利润的现象。相关部门应该出台政策措施进一步规范转包入土地的经营大户和农民专业合作社的行为，鼓励普通农户通过村集体流转土地，严格按照合同规定进行土地流转。

5. 保护农村妇女的土地承包经营权

对于农村妇女土地承包经营权的保护，目前还没有统一标准和办法供参考，以农户家庭自己协商分配为主，建议加紧研究农村妇女土地权益的保护机制，完善家庭承包经营权，通过村民和村干部自行调解等手段，及时化解矛盾。

附录2

贵州省土地承包经营权确权与纠纷调研报告*

——以水城县、白云区为样本

一、调研概况

(一) 调研简介

1. 调查目标

通过专题调研，调查了解贵州省水城县和白云区土地确权进展情况、确权过程中突出的问题、土地纠纷的形式，以及解决问题的对策，为进一步开展土地确权，完善相关政策措施提供可行的建议和实践依据，为制定下一阶段土地政策提供参考。

2. 调查内容

第一，贵州省土地确权进展状况、存在的问题以及纠纷的形式。

第二，1998年以来国家及地方出台的相关土地政策、措施以及成效。

第三，收集"二调"以来典型土地纠纷问题，总结贵州省在土地确权、流转、纠纷等方面的创新点。

3. 产出的基本情况

本次调研共完成了12份村表和180份户表，并在此基础上完成本专题调研报告。

4. 调研时间

调研时间为2014年9月14~21日。

(二) 调查方法及样本选取

本调查运用典型抽样的方法从贵州省选取了水城县作为样本县，用随机抽样的方法选取白云区作为样本县，又用随机抽样的方法从两个样本县

---

* 调研组成员：王明昊、陈秧分、张雁明；执笔：张雁明。

中抽取4个乡镇12个村作为样本村，再从每个样本村中随机抽样15户农户作为样本调查户。调研样本的具体情况如表1所示。

表1　　调研样本情况

样本地区	调研地点		样本量（户）
六盘水市水城县	米萝乡	倮么村	16
		米萝村	15
		草果村	15
	蟠龙镇	蟠龙村	15
		院坝村	15
		金龙村	15
贵阳市白云区	麦架镇	青山村	15
		摆茅村	15
		高坡村	15
	牛场乡	大林村	15
		瓦窑村	15
		小山村	15

二、确权背景和基础条件

贵州省位于中国西南部，土地总面积17.62万平方公里，处于云贵高原向东部低山丘陵过渡的斜坡地带，位于高耸于四川盆地和广西盆地之间的一个强烈岩溶化的高原山区，其中，山地占61.7%，丘陵占30.8%，山间平坝占7.5%，是全国唯一没有平原支撑的省份。人多地少，耕地质量差，耕地后备资源严重不足。全省农用地面积1528.76万公顷，占全省土地总面积的86.78%。具体地类面积包括：

耕地面积450.50万公顷，占农用地面积的29.47%。其中，灌溉水田83.48万公顷、望天田43.37万公顷、旱地323.95万公顷、菜地81.71公顷、水浇地2.54公顷，分别占耕地面积的15.60%、8.10%、60.50%、15.30%、0.00%。

园地面积12.02万公顷，占农用地面积的0.78%。其中，果园4.02万公顷、桑园1.54万公顷、茶园4.79万公顷、其他园地1.67万公顷，分别占园地面积的33.45%、12.81%、39.85%、13.89%。

林地面积792.10万公顷，占农用地面积的51.82%。其中，有林地417.44万公顷、灌木林地242.07万公顷、疏林地52.16万公顷、未成林造林地72.11万公顷、迹地6.19万公顷、苗圃2.13万公顷，分别占林地面积的52.70%、30.56%、6.59%、9.10%、0.78%、0.27%。

牧草地面积160.64万公顷，占农用地面积的10.51%。其中，天然草地159.70万公顷、改良草地0.39万公顷、人工草地0.55万公顷，分别占牧草地面积的99.45%、0.23%、0.32%。

水面面积113.50万公顷，占农用地面积的7.42%。其中，河流水面89.65万公顷、湖泊水面0.24万公顷、水库水面22.50万公顷、坑塘水面1.11万公顷，分别占水面面积的78.99%、0.21%、19.82%、0.98%。

（一）六盘水市水城县土地概况

全县东西宽69公里，南北长97公里，总面积3604平方公里。境内山峦起伏，峰峦叠嶂，河谷深邃，海拔落差大，最高2861米，最低635米，气候温和，雨量充沛，山区立体气候明显。年降雨量1100～1300毫米，大部分地区日照1300～1500小时，无霜期250天。全县农用地447万亩，其中，耕地153万亩，林地196万亩，牧草地46万亩。粮食作物主要有玉米、马铃薯、水稻、小麦、苦荞、大麦、大豆和其他杂粮。经济作物主要有茶叶、水果、干果、中药材、油菜、烤烟、生姜、花生、白芸豆和大蒜。畜禽主要有猪、牛、马、羊、鸡、鸭、鹅等。农业产业和高效农业园区快速发展，已建成茶叶基地8万亩、猕猴桃基地4.9万亩、核桃基地17万亩、商品蔬菜基地4.86万亩、中药材2万亩。

（二）贵阳市白云区土地概况

白云区位于贵阳市西北郊，全区土地总面积为270.37平方公里，占贵阳市土地总面积的3.36%，耕地总面积为9855.37公顷，人均耕地面积0.065公顷，农业人口人均耕地面积0.157公顷。耕地总面积9855.37公顷，占全区土地总面积的36.45%，其中，灌溉水田3629.81公顷、望天田456.09公顷、旱地5031.12公顷、菜地738.35公顷，分别占耕地面积的36.83%、4.63%、51.05%、7.49%。园地总面积486.81公顷，占区土地总面积的1.80%，其中，果园377.49公顷、茶园101.47公顷、其他园地7.85公顷，分别占园地总面积的77.54%、20.85%、1.61%。全区林地面积8555.33公顷，占土地总面积的31.64%，其中，有林地4365.90公顷、灌木林3621.25公顷、疏林地145.10公顷、其他林地面积423.08公顷，分别占全区林地面积的51.03%、42.33%、1.70%、4.94%。牧草地面积8.07公顷，占全区土地总面积的0.03%，全区牧草地均为天然草地。

三、样本县土地确权基本情况

（一）水城县

水城县作为贵州省农村产权制度改革的八个试点县之一，自2013年初正式启动，以蟠龙镇、米箩乡作为此次改革试点乡镇，开展农村产权制度改革。

1. 试点乡镇基本情况

米箩乡。全乡总面积137.41平方公里，有耕地58800亩。全乡地势呈南高北低走势，最高海拔为2495米，最低海拔为880米，森林覆盖率达23.5%。全乡辖5个行政村、98个村民组、8568户、30547人，是一个以布依、苗、彝族为主的少数民族乡，少数民族占总人口的51%。

蟠龙镇。全镇总面积145.45平方公里，有耕地36675亩，人均耕地0.7亩。全乡辖18个行政村、127个村民小组、10140户、38083人，居住有汉、苗、布依、水、彝等8种民族，少数民族人口占24%，森林覆盖率为24%。

2. 工作开展情况

调研已基本完成米箩乡铜厂村18个村民组，近7650宗地的权属调查（农村土地承包经营权），并对荒山荒坡进行调查。在2014年8月底完成了荒山荒坡的权属调查工作，将农村承包地的周边权属界定清楚，完成了铜厂村的农村土地承包使用权收尾工作。8月19日在米箩乡草果村、米箩村召开了动员会，对草果村的三个村民组进行农村土地承包经营权调查，并在8月底同步推进米箩村的确权调查。

3. 确地存在问题及原因分析

（1）信息沟通困难，农民认识和配合不到位。大多数农民不知道确权的意义何在，不是主动配合确权工作，需要进行动员和宣传。加之，外出打工人员多，找人配合量地需要一定时间。

（2）缺少技术标准，勘定困难。由于现在各县（区）都在探索和摸索阶段，没有一个现有的模式，全省未有统一的技术标准。同时，贵州地形地势复杂，农户众多，农户地块细碎化程度较高，勘定困难较大。

（3）资金有缺口。此次产权制度改革所需测绘工作量大，农村产权工作所需人力、物力、财力多，工作资金不足凸显。水城县确权一亩地的费用至少在40元以上，白云区确权一亩地的费用在50元以上，存在后续资金不足。

（4）调解工作量较大。此次产权的确权工作，涉及农户切身利益，不可避免地会出现各种问题和纠纷，如村组、组与组之间的边界不清问题，需要国土部门和农业部门的协调工作。具体产权认定和各种历史遗留问题等当前主要矛盾纠纷，在当前尚未有一个衡量和界定标准的现实情况下，也需要探索加以协调处理。

（二）白云区

白云区于2012年在牛场乡开展农村土地承包经营权确权登记颁证试点工作；于2013年3月被列为全国农村土地承包经营权登记试点地区之一，于4月1日全面启动全区农村土地确权登记颁证工作。

1. 试点乡镇基本情况

麦架镇。白云区麦架镇位于贵阳市西北部，地处白云经济开发区中心地带，距贵阳市市级中心（金阳新区）8公里，距白云区政府所在地4公里。东邻沙文，南接艳山，西连朱昌，北抵修文。全镇总面积42平方公里，辖麦架、小桥、新村、高坡、马堰、下堰、青山、果园、摆茅9个行政村，1个社区居委会，55个村民小组，8个居民小组。全镇总户数为8205户，总人口为32295人，其中，农业人口15927人，非农业人口16368人，城镇化率51%。

牛场乡。牛场布依族乡地处贵阳市北郊、白云区东北部，北邻修文县扎佐镇，东抵乌当区水田镇，南接本区都拉乡，西面与沙文镇接壤。乡党委所在地牛场村距市行政中心金阳新区20公里，距区行政中心所在地南湖新区17公里。全乡辖13个行政村、67个村民组，有农户2733户、11525人。乡内主要居住着汉、布依、苗、彝等民族，有少数民族人口3688人，占总人口的32%，其中，布依族人口占少数民族人口的60%。土地总面积为66.5平方公里，耕地面积为11303亩，其中，水田6600亩，旱地4703

亩；林地面积为59923.95亩，森林覆盖率为61.48%。

2. 进展情况

2013年完成试点乡牛场乡的承包地块外调工作，其他四个乡（镇）完成清查工作、启动承包地块外调。

自2012年8月在牛场乡启动农村土地承包经营权确权工作以来，白云区确权工作进展顺利，现试点乡（牛场乡）已完成一二三榜公示，全乡承包地块外调工作已基本完成，由外聘专业测绘公司四川鱼鳞图公司进行调查，共调查地块17673块，实测面积15311.1亩。对存在四至不清、填写四至名称不全的问题，白云区确权办要求四川鱼鳞图公司就相关类似数据进行修正，待各村配合四川鱼鳞图公司完成错误纠正后，即可进入颁证程序。

其余的四个乡镇从2013年4月开始启动土地承包经营权确权工作，现已完成一榜、二榜公示，按照二轮土地延包户数进行摸底清查，共清查12247户农户。现正开展户主申明书、农户变更信息收集等相关表格填写工作。

3. 存在问题及处理意见

（1）关于土地承包经营权权属争议问题。对农村土地承包经营权权属存在争议的土地，待争议解决后再确权登记。对集体经济组织内部农户之间的承包经营权权属和四至界限不清的，要采取各种办法尽量明确，存在纠纷的，纠纷解决后再确权登记。对因土地承包经营权流转实行规模经营、土地整治等原因，导致原有四至界限被打乱的，在尊重农户意愿的前提下，可采取按原有经营权证记载面积的比例分摊或其他有效办法确权到农户。鼓励村级自发组织成立“议事会”等方式解决纠纷、化解矛盾。

（2）关于二轮土地延包遗留问题。农村二轮土地延包以后，依法调整了承包土地，尚未完善承包手续的，集体经济组织要与承包农户补充完善承包手续；承包地块、面积、合同、证书不明确或未到户的，要落实到户；四至界限未明确或者有变动的，要据实复核，予以明确。因工作不实人为造成错填、错登的，要认真核实，予以纠正。

（3）关于流转承包地的登记问题。转让、互换承包土地限于集体经济组织内部。农户之间进行了承包地互换、转让的，如果互换、转让以后的土地承包经营权没有纠纷，根据当事农户的申请，应按现占有土地的承包人进行确权登记；对存在纠纷的，先解决纠纷再进行登记。对于跨村民小组的承包地互换，双方村民小组经民主讨论同意互换的，可按互换后的承包关系登记；双方或一方村民小组不同意互换的，仍按互换前的承包关系登记。对以转包、出租、入股、抵押等方式进行承包经营权流转的土地，按原承包转出农户登记，不给受让方颁发农村土地承包经营权证，其流转关系继续履行农村土地承包经营权流转合同约定。

（4）关于进城落户农民的承包地登记问题。农民进城落户后符合《中华人民共和国农村土地承包法》规定被收回承包地的，不再列入土地承包经营权确权登记范围。《中华人民共和国农村土地承包法》实施以前已进城落户并按相关规定被收回承包地的，也不再列入土地承包经营权确权登记范围。对在小城镇落户、仍保留承包土地的，应按《中华人民共和国农村土地承包法》规定进行登记。

四、样本村、样本户土地确权情况分析

（一）样本村调查内容分析

1. 基本情况

样本村区位情况如表2所示。

表2 样本村区位情况

样本村	自然村数（个）	村地势	距县城路程（公里）	距乡镇路程（公里）
青山村	7	丘陵	10	6
摆茅村	5	山地	16	8
高坡村	1	丘陵	7	3
大林村	3	山地	35	10
瓦窑村	3	山地	38	11
水山村	4	丘陵	35	9
倮么村	19	丘陵	45	3
米萝村	20	山地	60	60
草果村	21	山地	52	10
蟠龙村	1	山地	37	0
院坝村	5	山地	45	3
金龙村	8	山地	40	8

从所调查的样本村经济发展情况来看，其中，摆茅村、蟠龙村、院坝村、金龙村为贫困村；经济发展水平在全镇靠前的有高坡村、倮么村，靠后的有摆茅村、大林村、金龙村；而全年人均纯收入最低的摆茅村只有4000元（见表3）。

表3　　样本村经济发展情况

样本村	是否为贫困村	经济发展在全镇排名	全年人均纯收入（元）
青山村	否	居中	
摆茅村	是	靠后	4000.00
高坡村	否	靠前	5000.00
大林村	否	靠后	6200.00
瓦窑村	否	居中	6000.00
水山村	否	居中	7800.00
倮么村	否	靠前	5800.00
米萝村	否	居中	6300.00
草果村	否	居中	4100.00
蟠龙村	是	居中	5300.00
院坝村	是	居中	5120.00
金龙村	是	靠后	4800.00

在样本村户数与人口情况的调查中，从纯农户角度来看，除青山村和倮么村纯农户占总户数比例较低，分别为48.2%和45.7%外，其余村均在75%以上，比例较高；从外出打工人口来看，倮么村占总人口52.0%，金龙村为54.7%，其余均较低（见表4）。

表4　　样本村户数与人口情况

样本村	总户数	纯农户（户）	比例（%）	全村总人口（人）	其中连续外出务工6个月以上人口（人）	比例（%）
青山村	425	205	48.2	1682	65	3.9
摆茅村	485	485	100.0	1640	240	14.6
高坡村	548	548	100.0	1548	0	0.0
大林村	140	120	85.7	460	60	13.0
瓦窑村	172	156	90.7	599	100	16.7
水山村	336	336	100.0	1330	150	11.3

续表

样本村	总户数	纯农户（户）	比例（%）	全村总人口（人）	其中连续外出务工6个月以上人口（人）	比例（%）
倮么村	1380	630	45.7	6458	3358	52.0
米萝村	1832	1450	79.1	6321	450	7.1
草果村	1370	1370	100.0	5700	1200	21.1
蟠龙村	824	624	75.7	2853	200	7.0
院坝村	551	501	90.9	2187	321	14.7
金龙村	678	678	100.0	2868	1568	54.7

2. 土地承包、流转与确权情况

样本村的人均土地承包面积均不超过2亩，人均土地较少，人均土地较多的农户基本都是开垦荒山所得；土地整体质量中等偏上，灌溉条件较好，土地二轮承包以来均没有重新调整过土地，这和贵州所推行“增人不增地、减人不减地”的土地政策有关（见表5）。

表5　　　　土地承包情况

样本村	人均耕地面积（亩）	耕地灌溉条件	土地总体质量	二轮承包以来是否调整过
青山村	0.8	一般	一般	没有
摆茅村	1.7	一般	一般	没有
高坡村	0.8	较好	一般	没有
大林村	1.2	一般	一般	没有
瓦窑村		一般	一般	没有
水山村	1.2	一般	一般	没有
倮么村	0.7	较好	较好	没有
米萝村		较差	较好	没有
草果村	0.6	较好	一般	没有
蟠龙村		较差	较差	没有
院坝村	1.9	较差	一般	没有
金龙村		较差	一般	没有

土地流转面积最多的是草果村，达到6000亩，均用于种植经济作物，其他样本村也主要流转用于种植经济作物，说明种植经济作物效益高；米

箐乡的倮么村、米萝村、草果村土地主要流转给企业，且租金相对较高（见表6）。

表6 土地流转情况

样本村	流转总面积（亩）	流转用于种植粮食（亩）	流转用于经济作物（亩）	流转给农户（亩）	流转给合作社（亩）	流转给企业（亩）	流转租金（元/亩）
青山村							
摆茅村	750	0	750	750	0	0	100～1000
高坡村	300	0	300	300	0	0	100
大林村	0						
瓦窑村							
水山村	150	0	150	0	150	0	800
倮么村	1200	0	1200	0	0	1200	1000
米萝村	1400	200	1200	200	200	800	400
草果村	6000	0	6000	0	300	5700	600
蟠龙村							
院坝村	150		150			150	500
金龙村							

所调查的样本村土地确权情况中，只有水山村土地确权已经颁证，其他都还处在量地和公示阶段，确权进展缓慢。土地二轮承包以来，在所发生的土地纠纷中，主要是承包纠纷，如摆茅村共发生纠纷150件，其中承包纠纷145件。所有解决纠纷的方式中最有效的是调解，无论是村委会调解还是乡镇调解，村民认为只要能解决问题就好，并不想把问题夸大化（见表7）。

表7 土地确权情况 单位：件

样本村	确权工作进行到哪一阶段	二轮承包以来共发生土地承包经营纠纷	承包纠纷	流转纠纷	征占纠纷	全部纠纷中已经解决	认为哪种解决纠纷方式最有效
青山村	公示						
摆茅村	公示	150	145	0	5	145	调解
高坡村	公示	2	2	0	0	0	调解

续表

样本村	确权工作进行到哪一阶段	二轮承包以来共发生土地承包经营纠纷	承包纠纷	流转纠纷	征占纠纷	全部纠纷中已经解决	认为哪种解决纠纷方式最有效
大林村	量地					2	调解
瓦窑村							
水山村	颁证	110	90			50	调解
倮么村		80	80	0	0	80	调解
米萝村	量地	28	20	7	1	21	调解
草果村	量地	11	10	0	1	1	法院
蟠龙村		20	20	0	0	20	调解
院坝村		5	5	0	0	5	调解
金龙村							

（二）样本户调查分析

1. 户主信息

在总共调查的181户中，户主是女性的有18户，占9.9%，户主是男性的有163户，占90.1%；少数民族有66户，占36.5%；党员有31个，占17.1%；干部有27个，占14.9%；在本村是大家族的有80户，占44.2%。户主职业分别有：务农有157户，占86.7%；外出打工有8户，占4.4%；村组织工作有8户，占4.4%；教师医生有2户，占1.1%；小工商业主有1户，占0.6%；其他5户，占2.8%

2. 家庭基本情况

人口情况。在总共181户中，家庭成员总数平均每户有4.5人，分到地的平均每户有2.6人，占58.2%；上学的平均每户有1人，劳动力平均每户有2.4人，占总人数的52.8%，其中，在家务农的平均每户有2.1人，占劳动力人数的87.6%，平均每人要做农活6.2个月。

收入情况。在所调查的181户中，种植粮谷的有170户，占93.9%；种植蔬菜的有81户，占44.8%；养牲畜的有44户，占24.3%；养家禽的有43户，占23.8%；其他农业项目都较少。近三年来年均农业经营纯收入平均每户有8700元，务农收入与年初预期基本符合。

3. 土地承包与流转情况

土地承包情况。样本户181户，平均每户承包的土地总面积有5.19

亩，其中水浇地占 47.4%，水田占 30.8%，林地占 20.1%，果园占 1.5%，其他占 0.2%。平均土地离家距离有 0.5~1 公里；土地承包到期后希望重新划分土地地块的有 84 户，占 46.4%，不希望的有 97 户，占 53.6%；平均认为土地 10 年以上进行一次小调整比较合适，土地承包合同期 30~50 年比较合适；近五年来土地均有做过专门改良，并且以后也会主动对自家地进行改良。

土地流转情况。样本户 181 户中，有转入土地的有 19 户，占 10.5%；有转出土地的有 20 户，占 11%；转入与转出土地用途多用于耕地与园地；转入土地平均租金为 358 元，转出土地平均租金为 665 元。

4. 土地确权、征占与纠纷状况

从土地所有权归属问题来看，认为土地归自己所有的有 84 户，占 46.4%；认为土地归国家所有的有 47 户，占 26%；认为土地归集体所有的有 29 户，占 16%；不清楚的有 21 户，占 11.6%。土地开始确权的有 77 户，占 42.5%；未开始确权的有 104 户，占 57.5%；在开展确权的 77 户中，有 15 户确权时调整过土地。

从土地征占情况来看，二轮承包以来土地有过征占的有 46 户，占 25.4%；没有过征占的有 135 户，占 74.6%。在有过征占的 46 户中，用于城镇化公共基础设施建设用地的有 32 户，占 69.6%；用于城镇经营性建设用地的有 5 户，占 10.9%；用于农村集体经营性用地的有 4 户，占 8.7%；其中，有补偿的有 38 户，占 82.6%，且均为一次性现金补偿，无房屋、工作、社保等其他补偿；无补偿的有 8 户，占 17.4%。

从土地纠纷状况来看，二轮承包以来土地发生过纠纷的有 14 户，占 7.7%；未发生过纠纷的有 167 户，占 92.3%。在土地发生过纠纷的 14 户中，因征占发生纠纷的有 8 户，占 57.1%；因承包发生纠纷的有 5 户，占 35.7%；因流转发生纠纷的只有 1 户，仅占 7.1%。纠纷主要解决方式为调解，有 13 户，占 92.9%。

五、主要发现与结论

1. 贵州省山区集中、道路不便，整体经济发展落后，土地利用度不高

贵州地处云贵高原向东部低山丘陵过渡的斜坡地带，位于高耸于四川盆地和广西盆地之间的一个强烈岩溶化的高原山区，其中，山地占

61.7%，丘陵占30.8%，山间平坝占7.5%，是全国唯一没有平原支撑的省份，土地利用度不高。贵州由于山区多，铁路公路建设困难，导致运输不便；加上人多地少、耕地质量差、耕地后备资源严重不足，从而贵州整体经济发展落后于其他地区。

2. 土地流转困难与当地土地政策、人均耕地较少、土地细碎关系显著

根据所调查的情况，当地土地流转占很小一部分。一方面，大多数农民不愿意流转出自己的土地，因为对于人均耕地较少且土地细碎的农民来说，自己的土地对于解决生活问题尤为重要；另一方面，贵州省从1987年就开始实行“增人不增地，减人不减地”的土地政策，农民土地长久没有调整，农民自身已经习惯，因此也不愿做出调整。

3. 贵州土地确权进展缓慢与农民教育、人员、资金投入正相关

根据所调查的样本县的情况，只有牛场乡的几个村土地确权进展较快，其他均还处于起步阶段。一方面，由于土地确权宣传不到位，农民根本不了解土地确权的意义何在，反而认为这是劳民伤财的行为；另一方面，由于政府对接管土地确权任务的部门资金投入力度不够、人员安排较少，当地参与确权工作的相关人员无法很好地开展工作，导致贵州土地确权整体进展缓慢。

4. 土地纠纷数量较少且纠纷较容易解决

根据样本村的数据情况，土地二轮承包以来共发生纠纷最多的一个村也只有150件，其余相对较少，这和当地土地相对固定、土地确权工作进展缓慢分不开。另外，纠纷主要通过调解解决，通过仲裁和法院解决的纠纷很少，所以说纠纷较易解决。

六、政策建议

1. 合理调整土地政策，减少土地细碎化，推进土地流转

在保证土地耕地面积不减少的情况下，政府合理调整土地，鼓励农民将零星分布、条块较多的土地集中，对于土地集中达到一定面积以上的农户给予奖励；另外，要积极推动土地流转。在产业带动和土地集中的过程中，推进农户间通过互换、转让等形式的土地流转，有效整合各家各户的土地，减少土地细碎化的程度，为后面的确权工作减少工作量。

2. 政府应加大对土地确权工作的宣传力度，扩大资金人员投入

为了确保土地确权工作的顺利进展，政府应加强对土地确权意义的宣传工作，如确权时召开村党员会进行学习，并印发土地确权工作手册，带动其他村民配合确权工作的积极性。此外，政府应加大对当地确权工作的资金投入，并配以相关人员监督指导，有效完成土地确权工作。

3. 建立相关调解机构，缓解乡镇调解压力

为了减少土地确权的阻力，对于在确权工作中所产生的纠纷，政府应建立相关调解机构，配以相关调解人员，对当地乡镇、村调解员进行培训，从而缓解乡镇自身调解压力，对于土地确权顺利进展意义重大。

4. 加强基础设施建设，改善农民生活水平，推进经济整体发展

加强基础设施建设，尤其是道路水利建设，对于改善农民生产生活水平极其重要；加强乡村教育，提高农民素质，对于促进土地确权宣传工作有很大帮助；合理利用土地，推进经济整体发展，合理调整产业布局，对于推进土地流转和土地确权有重要意义。

5. 加强对承包经营权确权工作的领导，及时出台统一指导性意见

一是针对本地区农村承包经营权确权工作中出现的各种历史遗留问题，建议在省一级出台相关权属问题统一的处理意见。二是该项工作需要大量干部群众的配合，要不定时组织村民会议，建议在县一级加强组织领导，形成分工合理的工作组进行指导检查，可以向山东等地学习，建立五个工作小组，即材料组、丈量组、绘制组、审查组、综合指导组。三是尽快解决村组干部、村民代表的务工补助。四是数据管理平台建立后，平台的使用、维护、人员和服务机构配套，建议考察其他地方的机构组成情况和系统操作软件。

附录3

江苏省土地承包经营权确权、流转与纠纷调研报告*

——以海门县、阜宁县为样本

一、调研概况

（一）调研简介

1. 调研目标

土地纠纷对农村经济发展和社会稳定均产生了严重的负面影响。为了解农村土地承包经营纠纷发生状况，从制度上及时化解纠纷，保证农村经济和社会的和谐稳定，本研究针对江苏省，围绕农村土地承包经营纠纷进行了相关调研。通过实地调研，调查了解了江苏省海门县和阜宁县土地承包、流转、确权的现状与土地纠纷的发生情况。在此基础上，总结江苏省土地承包经营权流转、确权与纠纷的特点与存在的问题，为下一阶段工作提出建议。

2. 调研内容

（1）了解江苏省土地承包经营权流转情况、确权进展及存在的问题。

（2）了解江苏省土地纠纷的规模、起因及解决情况，分析土地流转与土地确权对土地纠纷产生的影响。

（3）总结江苏省在土地确权、流转及纠纷方面的特点、存在的突出问题，提出相应政策建议。

3. 调研产出

本次调研共完成12张村表和245张户表，并在此基础上完成专题调研报告。

---

* 调研组成员：吕开宇、刘文勇、张崇尚；执笔：刘文勇。

4. 调研时间

调研时间为2014年9月11～15日。

（二）调查方法及样本选取

本调查运用典型抽样的方法从江苏省选取了南通市海门县和盐城市阜宁县作为样本县，用随机抽样的方法从两个样本县中分别抽取3个乡镇，共计12个村作为样本村，再从每个样本村中随机抽样20户左右的农户作为样本调查户，总计调研农户245户。调研样本的具体情况如表1所示。

表1 调研样本情况

样本地区	调研地点		样本量（户）
南通市海门县	滨江	大兴村	20
		三和村	20
	余东	戴青山村	21
		宛平村	22
	常乐	双河村	23
		常来村	21
盐城市阜宁县	芦蒲	蒲南村	24
		曹安村	18
	益林	大余村	13
		兴杨村	23
	板湖	西崔村	20
		孙合村	20
总计			245

二、江苏省土地确权基础条件、背景及相关政策

（一）江苏省的土地基本情况

江苏省地处我国东部沿海地区中部，长江、淮河下游，东濒黄海，北接山东，西连安徽，东南与上海、浙江接壤，是长江三角洲地区的重要组成部分。江苏地势平坦，平原辽阔，河湖众多，水网密布。平原面积约占全省总面积的68.9%，主要由苏北黄淮平原和长江三角洲平原组成。水面约占全省总面积的16.8%，低山、丘陵岗地约占全省总面积的14.3%，南

北错落分布。

全省土地面积10.26万平方公里，占全国1.06%，列全国第24位，人均土地面积在全国各省份中最少。全省农用地面积656.83万公顷，其中耕地459.65万公顷。江苏人多地少，土地负载率、产出率较高，人均土地面积、耕地面积均远低于全国平均水平。土地资源以平原为主，资源自然属性好，全省平原大都土层深厚、肥力中上，适合于耕作业发展。土地利用充分，后备资源不足，土地开发利用率较高，耕地面积占农业用地面积80%以上，耕地后备资源主要是沿海滩涂，有部分丘陵山体和内陆滩地尚未开发利用。

（二）江苏省土地确权背景

1978年党的十一届三中全会开启了农村改革进程，家庭联产承包责任制逐步在全国范围内得到推广。江苏省部分地区于1982年开始第一轮家庭承包，承包期为15年；1997年到期后，当时出于方便考虑，大部分村集体采取直接延包的方式开展了第二轮家庭承包工作。2002年通过的《中华人民共和国农村土地承包法》第二十六条和二十七条规定，在承包期内，发包方不得收回和调整承包地，即“增人不增地，减人不减地”。在此之后，全省几乎没再进行过承包地调整。所以，在江苏省，几乎是20世纪80年代的承包关系一直延续至今。由于土地承包关系长时期没有得到调整，而家庭人口由于迁入、迁出、死亡等各种情况的发生，家庭承包土地面积与人口之间存在不匹配的现象。江苏省自2009年起，先后选择海门、高邮等6个县（市）作为全国试点单位，同时组织开展一批省级登记试点。2014年全省每个市都安排了一个县整县推进，其他每个县安排一个乡镇试点。

（三）江苏省土地确权相关政策

1. 确权颁证登记工作原则

一是依法规范的原则，做到地块、面积、合同、证书“四到户”，面积、合同、登记簿、证书“四相符”。二是保持稳定的原则，严禁借机违法调整和收回农户承包地。三是民主协商的原则，以农民群众认可为前提，充分尊重农户意愿。四是“确地”为主的原则，凡土地已经承包到户的，都要确地确权到户。五是因地制宜的原则，在不违反法律规定和现行政策的前提下，根据各地农村土地承包实际，按照“缺什么补什么”的原则开展确权登记颁证工作。六是地方负责的原则，省市统筹，县级党委和政府组织实施，乡村具体承担。

2. 土地承包起止时间确定问题

新颁发的土地承包经营权证书中，土地承包起止日期要与土地承包合同中签订的时间一致，承包期到二轮承包期结束。落实中央关于“现有土地承包关系要保持稳定并长久不变”的政策。

3. 土地实测面积与原承包合同面积有出入的问题处理

对农户承包地原四至范围内的实测面积，应据实确权登记给原承包农户，不得强行收回；对极个别农户承包地面积明显多于其他农户的，要分清情况，妥善处理；对开荒新增耕地，要由农民群众讨论确定如何确权。在登记簿中如实填写承包地二轮延包合同面积和实测面积，颁证时同时登记实测和二轮承包两个面积。对个别地方承包地进行了调整的，要遵照历史和现实原则，在不违背法规政策的前提下，实行民主协商，村民决议。农户占用田间路、沟渠等耕种的土地不能确定为家庭承包面积。

4. 流转与征占土地的确权问题处理

关于流转后的土地，以已经签订的承包合同和发放的土地承包经营权证为依据，现有的土地流转关系可以保持不变，将新的证书颁给原承包户。涉及已经互换、转让方式流转的土地，要先办理变更后再进行确权登记颁证。土地流入主体已经进行土地整理，实现规模经营，原有的承包地块界限已经打乱的，承包户要求确认原地块的，要按实际面积和原先的位置确定权属界限。关于家庭承包地全部被国家征用的，此次确权登记颁证中要对原有证书进行注销；被国家部分征用的，应从承包地块和面积中减除，重新签订承包合同，并进行变更登记。关于因发展集体公益事业使用的家庭承包地，对已经得到集体给予土地面积补偿或经济补偿的，不予确权登记；对未得到集体给予土地面积补偿或经济补偿的，按照二轮承包面积确权登记。

5. 涉及流动人口的确权问题处理

对于家庭迁入城镇居住但户口仍在农村的，仍然是该集体经济组织内部的家庭承包户，应当如实进行承包地确认登记颁证。对于在城镇落户的家庭承包户，原有土地承包经营权保持不变，应当按照承包方的意愿进行确权登记办证。对于外出农民回乡务农，只要在土地二轮承包中获得了承包权，就必须将承包地还给原承包户继续耕作。对外出农户中少数没有参加二轮延包，现在返乡要求承包土地的，要区别不同情况，通过民主协商，妥善处理。

三、样本村、样本户土地确权、流转及纠纷情况分析

（一）样本村调查内容分析

1. 基本情况

如表2所示，江苏省调研的12个村均属于平原地势，交通状况较好。12个村中，有3个村距离县城交通距离小于30公里，其余9个村距县城交通距离均大于或等于30公里，其中最远距离为40公里；12个村距离各自所属乡镇的交通距离均在10公里以内。

表2　　样本村区位情况

村名	自然村数（个）	村地势	距县城交通距离（公里）	距乡镇交通距离（公里）
大兴村	3	平原	5	6
三和村	1	平原	8	10
戴青山村	1	平原	40	1
宛平村	1	平原	30	3
双河村	1	平原	20	8
常来村	1	平原	40	8
浦南村	3	平原	40	5
曹安村	2	平原	30	8
大余村	1	平原	30	2
兴杨村	4	平原	35	5
西崔村	1	平原	30	3
孙合村	2	平原	30	1

如表3所示，12个调研村中，有3个村是贫困村。从具体经济发展水平在所属乡镇排名来看，有4个村经济发展水平靠前；有7个村经济发展

水平居中；有1个村经济发展水平靠后。近5年用于直接生产的公共投入额方面，各个村差异较大，有5个村庄低于100万元，其中最低为没有投入；有5个村庄高于或等于100万元，最高达到800万元。各村庄全年人均纯收入都在万元以上，最高达到每人每年22440元，12个村庄人均纯收入均值为14640.89元。

表3　　样本村经济发展情况

村名	是否为贫困村	经济发展水平在全乡镇排名	近5年用于直接生产的公共投入额（万元）	本村全年人均纯收入（元/人/年）
大兴村	否	靠前	240	18500
三和村	否	靠前	80	22440
戴青山村	否	居中	3	18353
宛平村	否	居中	800	18323
双河村	否	居中	0	16395
常来村	是	居中	350	12000
浦南村	是	靠后	12	10240.73
曹安村	否	居中	400	10215
大余村	否	靠前	85	15243
兴杨村	是	靠前	—	12500
西崔村	否	居中	100	10681
孙合村	否	居中	—	10800

如表4所示，12个调研村的农户总户数最少为619，最多为1367户，平均户数为1086.5户，纯农户比例各村差异较大，最低为7.5%，最高为79.8%；各村总人口最少为2235人，最多为6700人，平均总人口为3305.2人；村内连续外出务工6个月以上人口数最低为420人，最高为2468人，各村平均值为1068.5人；从连续外出务工6个月以上人口占村总人口的比例来看，最低为14.1%，最高为80.4%，平均比例为34.1%。以上数据显示出，各个村庄在纯农户比例和连续外出务工6个月以上人口比例上存在较大差异，体现了各个村庄及具体农户在生产经营结构和收入来源结构上的显著差异性。

表4 **样本村户数与人口情况**

村名	总户数	纯农户（户）	比例（%）	总人口（人）	连续外出务工6个月以上人口（人）	比例（%）
大兴村	1250	210	16.8	2970	420	14.1
三和村	1367	660	48.3	3023	726	24.0
戴青山村	1081	480	44.4	2860	932	32.6
宛平村	1006	265	26.3	2833	680	24.0
双河村	1323	215	16.3	3248	975	30.0
常来村	1210	380	31.4	3256	893	27.4
浦南村	820	120	14.6	3068	2468	80.4
曹安村	619	394	63.7	2235	850	38.0
大余村	1128	725	64.3	4317	820	19.0
兴杨村	1800	540	30.0	6700	1500	22.4
西崔村	633	505	79.8	2236	958	42.8
孙合村	801	60	7.5	2916	1600	54.9

2. 土地承包、流转、确权与纠纷情况

（1）土地承包情况。如表5所示，江苏省12个调研村，土地类型以耕地为主，全村家庭承包耕地面积最少为2291.5亩，最多为5540.3亩，平均值为2948亩；人均家庭承包耕地面积最少为0.62亩，最多为1.73亩，平均值为1.04亩；村耕地灌溉条件和地块质量总体上为一般和较好水平。

表5 **样本村土地承包情况**

村名	耕地面积（亩）	林地面积（亩）	草地面积（亩）	水塘面积（亩）	人均耕地面积	耕地灌溉条件	地块总体质量
大兴村	2600	0	0	0	1.73	一般	较好
三和村	2300	0	0	50	0.86	一般	一般
戴青山村	2528	0	0	0	0.88	一般	一般
宛平村	2878	0	0	0	1	较好	较好
双河村	2822	0	0	0	0.86	一般	一般
常来村	2500.8	351	0	0	0.86	一般	一般
浦南村	2291.5	0	0	114.5	0.8	一般	一般
曹安村	3024	0	0	0	1.35	较好	一般
大余村	2615	0	0	200	0.62	较好	一般
兴杨村	5540.3	0	0	0	1	一般	一般
西崔村	3076.5	0	0	189.9	1.46	一般	一般
孙合村	3200	0	0	0	1.1	一般	一般

如表 6 所示，12 个调研村中，有 7 个村已经发放耕地承包证；11 个村的村民有重新分配土地的要求；土地二轮承包以来，有 7 个村调整过承包地，有 5 个村未调整过承包地；最近一次土地承包调整的时间上，有 7 个村在 2000 年之前，有 5 个村在 2000 年之后，最早在 1997 年，最晚在 2014 年。

表 6　　样本村土地承包调整情况

村名	是否已发耕地承包证	村民对重新分地要求	土地二轮承包以来是否调整过承包地	最近一次调整是在哪年
大兴村	是	有	有	1999
三和村	是	有	没有	1997
戴青山村	是	没有	没有	1997
宛平村	是	有	没有	1997
双河村	否	有	有	1999
常来村	否	有	没有	1998
浦南村	是	有	有	2008
曹安村	—	有	没有	1999
大余村	是	有	有	2011
兴杨村	—	有	有	2014
西崔村	是	有	有	2004
孙合村	否	有	有	2006

（2）土地流转情况。如表 7 所示，12 个调研村都存在土地流转现象，各村流转土地总面积最少为 125.01 亩，最多为 1800 亩，平均流转土地总面积为 646.46 亩。其中，各村土地流转用于种植粮食的面积平均为 266 亩，用于种植经济作物的面积平均为 380 亩，但各村土地在粮食作物和经济作物两种用途流向的比例结构上差异性较大。有 5 个村的土地全部流转给农户，其他村则各不相同，分别流向农户、合作社、企业和其他经营主体。

表 7　　样本村土地流转总面积与流转去向　　单位：亩

村名	流转土地总面积	流转用于种植粮食	流转用于经济作物	流转给农户	流转给合作社	流转给企业	流转给其他经营主体
大兴村	400	80	320	0	0	80	320
三和村	300	120	180	120	180	0	0
戴青山村	530	0	530	0	355	0	175

续表

村名	流转土地总面积	流转用于种植粮食	流转用于经济作物	流转给农户	流转给合作社	流转给企业	流转给其他经营主体
宛平村	890	100	790	510	380	0	0
双河村	540	360	180	0	0	310	230
常来村	551	351	200	200	0	0	351
浦南村	1419. 54	1102	317	1419. 54	0	0	0
曹安村	102	0	102	0	102	0	0
大余村	850	0	850	850	0	0	0
兴杨村	1800	880	920	1800	0	0	0
西崔村	125. 01	0	125. 01	0	0	0	125. 01
孙合村	250	200	50	250	0	0	0

如表 8 所示，12 个调研村土地流转租金为每亩 600 ~ 1300 元不等，平均租金为每亩 867 元，水塘租金则相对较低。村流转耕地面积占全村耕地总面积的比例最低为 0. 8%，最高为 33%，其中，有 3 个村低于 10%，5 个村为 11% ~29%，4 个村大于等于 30%。12 个村中，有 4 个村为村集体统一流转土地，6 个村所在乡镇或县（市）有土地交易中心。

表 8　　样本村土地流转租金、形式、比重等情况

村名	耕地流转租金（元/亩）	村集体是否统一流转土地	流转面积占耕地总面积比重（%）	所在乡镇县市有没有土地交易中心
大兴村	1300	否	15	有
三和村	1000	是	13	有
戴青山村	800	是	20	没有
宛平村	800	是	30	有
双河村	800	是	19	有
常来村	800	是	19. 3	没有
浦南村	800	是	39	有
曹安村	800	否	3. 3	没有
大余村	900	否	30	没有
兴杨村	800	是	33	没有
西崔村	1000	是	3	没有
孙合村	600	否	0. 8	有

（3）土地确权进展情况。如表9所示，12个调研村中，有10个村已经开展了土地确权工作，其中，3个村处于量地阶段，3个村处于公示阶段，4个村处于完善合同阶段，还未有村庄完成确权工作。确权过程中，大部分村庄都没有调整土地。有6个村存在当事人提出争议的情况，平均每村40起，平均每村涉及农户94户，平均每村涉及土地面积27.8亩。这6个村庄中，有3个村庄的争议已全部解决，解决确权争议全部采取调解的方式。还未解决的确权争议主要是由承包共有人不清和四至不清导致的。

表9　样本村土地确权情况

村名	目前确权工作所处阶段	确权过程中是否调地	确权过程中当事人提出争议共多少起	全部争议共涉及多少农户	全部争议共涉及土地多少亩	这些争议中，已解决的争议多少起	解决的争议涉及多少农户	解决确权争议最主要采取哪一种方式
大兴村	量地	否	10	23	6	10	23	调解
三和村	公示	否	25	40	18.5	25	40	调解
戴青山村	完善合同	否	24	24	8.5	24	24	调解
宛平村	公示	否	0	0	0	0	0	—
双河村	完善合同	否	45	195	45	28	105	调解
常来村	完善合同	否	121	265	46	68	70	调解
浦南村	量地	否	0	0	0	0	0	调解
曹安村	—	—	—	—	—	—	—	—
大余村	量地	是	—	—	—	—	—	调解
兴杨村	—	—	—	—	—	—	—	—
西崔村	完善合同	否	—	—	—	—	—	调解
孙合村	公示	否	15	15	32	12	12	调解

（4）土地承包经营纠纷发生情况。如表10所示，土地二轮承包以来，江苏省12个调研村中有7个村发生有土地承包经营纠纷。其中，有4个村的纠纷以承包纠纷为主，且纠纷多发生在开展确权之前，纠纷土地主要为农业种植用途；有2个村纠纷均发生在开展确权之后，纠纷类型涉及承包纠纷、流转纠纷和征占纠纷，且纠纷土地主要为非农建设用地；有1个村

土地纠纷数量巨大，达到了1300件，以承包纠纷为主，其中，950件发生在开展确权之前，纠纷土地主要为非农建设用地。7个存在土地承包经营纠纷的村庄的大部分纠纷都已经解决，主要以村委会调解解决为主，少量为自行调解解决。

表10　样本村土地承包经营纠纷情况

村名	二轮承包以来共发生土地承包经营纠纷数（件）	承包纠纷数（件）	流转纠纷数（件）	征占纠纷数（件）	涉及土地面积（亩）	纠纷土地最主要的用途是什么	涉及农户数量（户）	开展确权之前发生的纠纷数
大兴村	36	36	0	0	75	经济作物	82	26
三和村	4	4	0	0	3.2	粮食作物	4	4
戴青山村	30	23	7	0	15	粮食作物	30	30
宛平村	0	0	0	0	0	—	0	0
双河村	1300	1095	55	150	540	非农建设用地	325	950
常来村	256	254	2	0	143	粮食作物	275	142
浦南村	0	0	0	0	0	—	0	0
曹安村	0	0	0	0	0	—	0	0
大余村	28	15	8	5	380	非农建设用地	618	0
兴杨村	50	10	10	30	200	非农建设用地	600	50
西崔村	0	0	0	0	0	—	0	0
孙合村	—	—	—	—	—	—	—	—

（二）样本户调查内容分析

1. 户主信息

调研的245户农户中，户主为男性的有234户，占比为95.5%；户主为女性的有11户，占比为4.5%。户主平均年龄为61.5岁。243户为汉族，仅有2户少数民族。户主平均上学年限为8.3年。受访户主中，36.5%为党员，25.9%为村干部。受访农户的主要职业以务农为主，具体分布情况为：71.5%的农户主要职业是务农，9.9%为外出打工或经商，8.7%为在政府机关或村组织工作，1.7%为小工商业主或私营业主，1.7%为教师医生等，5.0%为退休养老，1.7%为其他职业。45.9%的农户属于本村较大的家族。

2. 家庭基本情况

调研的245户农户家庭人力资本情况。平均家庭成员总数为4.3人，其中，分到地的人数平均为3.6人，占比83.7%；平均每户中正在上中小学的人数和正在上大学的人数分别为0.6人和0.04人；28.9%的家庭中有长期需要照料的病人；农户家庭劳动力人数平均为1.9人，占家庭总人数的44.2%，平均每人做农活时间为6.2个月。

家庭农业经营情况。调研的245户农户中，有216户农户种植谷物，占比为88.2%；43户种植棉麻，占比为17.6%；21户种植薯类，占比为8.6%；137户种植油料或大豆，占比为55.9%；2户种植糖料作物，占比为0.8%；1户种植烟草，占比为0.4%；61户种植蔬菜，占比为24.9%；2户种植水果，占比为0.8%；23户养殖牲畜，占比为9.4%；39户养殖家禽，占比为15.9%；15户从事农业服务业，占比为6.1%。

家庭收入情况。务农收入方面，调研农户近三年年均农业经营总收入平均为0.81万元，近三年年均农业总支出平均为0.36万元。有66.4%的农户过去五年家庭务农收入与年初预期基本符合；16.4%的农户为不太符合预期；5.2%的农户为完全不符合预期；12.1%的农户为变动太大，无法预期。打工收入方面，245户调研农户中，有36户农户去年有家庭成员为其他农户打工，打工天数平均为83.3天，每人每天劳动收入平均为61.6元；有159户农户去年有家庭成员外出打工，平均每户外出务工人数为1.8人，平均每人外出务工9.4个月，平均每人每月工资为3236.6元。调研农户每年家庭其他非农经营收入平均为10107.2元。

3. 土地承包情况

调研的245户农户平均每户承包土地总面积为4亩，其中，旱地（水浇地）平均为2.4亩，占比为60%；水田平均为1.6亩，占比为40%；林地、水塘、草地、果园占比非常少。平均每户拥有土地块数为3.9块。65.8%的农户地块离家平均距离小于0.5公里，30.8%的农户地块离家平均距离为0.5～1公里，2.9%的农户地块离家平均距离为1～2公里，0.4%的农户地块离家平均距离大于2公里。67.1%的农户表示承包到期后希望重新划分地块。关于多久对土地进行一次小调整的问题，21.3%的农户希望是1～3年，32.1%的农户希望是4～6年，13.3%的农户希望是

7~10年，7.5%的农户希望是10年以上，25.8%的农户希望不做小调整。关于以后承包合同期多少年比较合适的问题，61.5%的农户倾向10~20年，15.1%的农户倾向20~30年，3.7%的农户倾向30~50年，19.7%的农户倾向50年以上或永久承包。调研农户中，24.5%的农户近五年没有主动对自家地进行过专门改良，16.9%的农户进行了很少的改良，52.3%的农户进行了适当改良，6.3%的农户进行了较多改良。今后的改良意愿情况，23%的农户以后不打算主动对自家地进行改良，13.1%的农户不确定以后是否对自家地进行改良，63.9%的农户以后打算对自家地进行改良。

4. 土地流转情况

调研数据显示，江苏省土地流转已初具规模。土地流转动机主要是亲友委托村集体统一流转，经济因素对土地流转动机影响不明显。土地主要向种植大户流转。土地流转合同规范不足，多为非正式合约，且期限不固定。

（1）土地转入情况。此次调研总计调查的245户农户，户均承包土地总面积为4亩。245户中，有49户转入土地，占比为20%，户均转入土地面积0.76亩，转入土地方式以个人流转为主。据调研数据统计，49户农户转入土地的原因中，有33户是由于亲朋好友主动委托，10户是由于经济效益较好，3户是由于劳动力较多，3户是出于其他原因（见图1）。土地转入类型，在47户有效回答中，21户为转包，6户为出租，6户为代耕，4户为转让，10户为其他转入形式（见图2）。

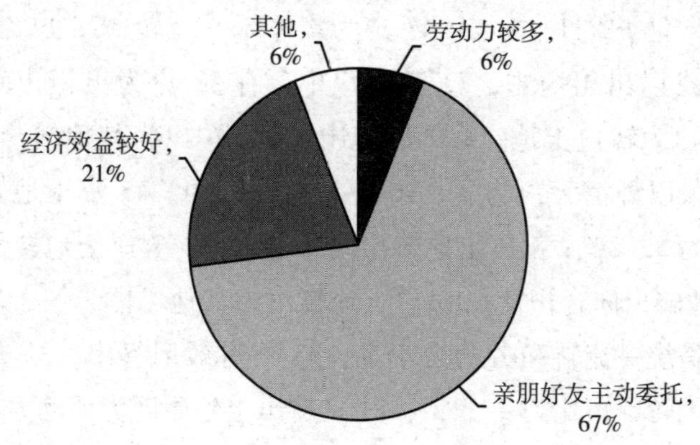

图1　转入土地原因

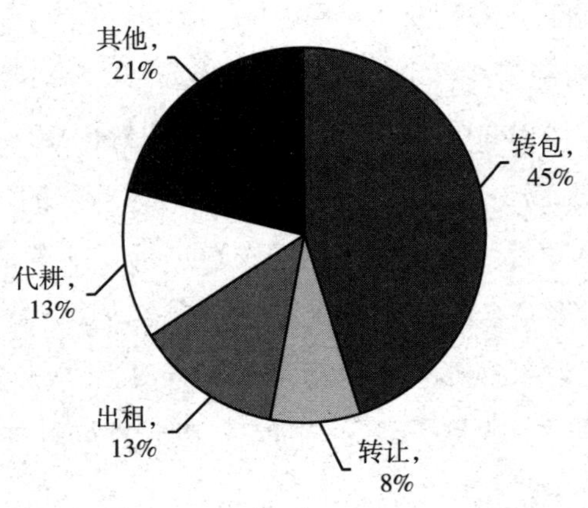

图2　转入土地类型

调研数据显示，土地转入合同以非正规的口头粗略形式为主，且大部分为不固定期限合同。合同形式方面，49 户农户中，有 40 户农户合同形式为口头粗略形式，占比为 82%；1 户农户为口头详细合同形式，占比为 2%；3 户农户为书面粗略合同形式，占比为 6%；5 户农户为书面正式合同形式，占比为 10%。合同期限方面，49 户农户中，42 户为不固定期限，7 户为固定期限，期限长短由 5 年至 30 年不等。土地租金方面，49 户农户中，有约半数农户（24 户）收取租金，平均租金为每亩每年 376 元，其余 25 户不收取租金。

（2）土地转出情况。此次调研总计调查的 245 户农户中，有 77 户农户转出土地，占比为 31.4%，户均转出土地 1.84 亩。土地转出以集体统一流转为主，77 户农户中，有 47 户为集体统一流转，28 户为个人流转。土地转出形式以出租为主，77 户农户中，有 58 户为出租土地，占比为 75.3%；10 户为转包土地；3 户为转让土地；6 户为其他转出土地形式。土地转出对象以种植大户为主，76 户有效回答中，45 户土地转出向种植大户，占比为 59.2%；8 户土地转出向普通农户；7 户土地转出向农业企业；4 户土地转出向合作社；13 户土地转出向其他主体。关于转出土地的原因，主要是统一流转和劳动力不足，73 户有效回答中，35 户转出土地原因为统一流转，占比为 47.9%；21 户转出土地原因为劳动力不足，占比 28.8%；6 户转出土地原因为地块规模较小；4 户转出土地原因为农业种植收入偏低；3 户转出土地原因为耕地质量较差；其余 4 户为其他原因。转出期限方面，76户有效回答中，有46户为固定期限，占比为60.5%，其中，35户签订期限为10年及以下，11户签订期限为10年以上，29户为不固定期限，还有1户期限为永久。平均土地转出租金收入为每亩每年810元。

5. 土地确权情况

江苏省土地确权工作已逐步开展。在调研的245户农户中，已有66.1%（162户）的农户土地开始了土地确权工作，其中，34.7%（85户）的农户的土地确权已经进入完善合同阶段，28.2%（69户）的农户的土地确权工作已进入公示阶段，3.7%（9户）的农户的土地确权工作已经开展量地。

对农村土地进行确权登记颁证，是对农户土地承包经营权的进一步明晰与保护。由于历史遗留等问题，在农地确权工作中，可能会出现争议地块。江苏省调研数据显示，土地确权工作中发生土地地块争议极少。245户农户中仅有4户（占比为1.6%）农户的土地被调整，7户（占比为2.9%）存在有争议的地块，总计涉及16块地，每户有争议的地块数量为1~5块。至调研时，7户存在争议地块的农户中，6户的争议已经通过调解的方式解决，1户由于存在回头要地问题仍未解决。

6. 承包地征占状况

此次调研的245户农户中，8.6%（21户）的农户的承包地被征占过，其中两户的承包地先后被征占三次。承包地被征占现象全部发生在1999年之后，户均征占面积1.43亩。被征占的土地中，61.9%（13户）的农户的土地被用于城镇化公共基础设施建设；14.3%（3户）农户的土地被用于城镇经营性建设用地；23.8%（5户）农户的土地被用于其他用途，其中3户用于河道建设。

被征占承包地的21户农户中，16户农户获得补偿，其余5户至今没有获得补偿。获得的补偿都是一次性现金足额补偿，补偿金额由于征占性质不同差异较大，由不足千元至几万元每亩不等。21户农户承包地被征占后均没有获得房屋、社保和工作方面的帮助。16户获得补偿的农户中，有12户对补偿结果不满意，并且有8户向村干部、乡干部及纠纷涉及农户/企业明确提出过不满意的诉求，但至今都没有得到解决。

总的来说，江苏省农户承包地被征占的发生率较低，涉及面积较小，征占土地多用于城镇建设。但在征占补偿、被征占土地农户生计发展及后续纠纷处理方面仍有诸多不足之处。

7. 土地承包经营争议或纠纷发生情况

此次调研的245户农户中，7.3%（18户）的农户发生过土地承包经营争议或纠纷，户均涉及土地面积为2.1亩。其中，9户为承包纠纷，主要由村民迁入迁出、出生死亡、妇女权益及土地承包经营权证引起；3户为流转纠纷，主要发生在农户之间和农户与村组集体之间；6户为征占纠纷，主要由补偿金分配比例、补偿金发放引起。18户发生争议纠纷的农户中，有一半的土地争议涉及土地确权问题。从争议发生阶段来看，18户农户中，4户的争议发生在签订合同阶段，10户的争议发生在合同签订之后或土地经营过程中。至调研时，18户发生争议纠纷的农户中，已有8户的争议纠纷通过自行调解和村委会调解的方式解决，但解决时间跨度较长，多为近10年的时间。其中，4户对解决结果满意，4户对解决结果不满意。

（三）主要发现与结论

1. 江苏省人均耕地面积少，经济发展较好，农户兼业化普遍

江苏省地势平坦，主要为平原，土地类型以耕地为主，但人均耕地面积较少，在全国处于较低水平。江苏省整体经济发展情况较好，基础设施较完善，交通便利，灌溉条件和地块质量处于中上水平，农民每年人均纯收入均在万元以上。农户农业经营内容丰富多样。农户兼业化现象较为普遍，外出打工收入已成为大部分农户经济收入的主要来源。

2. 江苏省土地流转已初具规模，但市场化不足，交易有待规范

江苏省土地流转发生率较高，调研村庄都有流转发生，且平均村庄土地流转总面积达到646.46亩。土地主要流向农户中的种粮大户，从事农业经营，有少量土地流向合作社、企业等经营主体。但土地流转市场整体上市场化不足，据调研数据显示，农户转入土地的原因主要是亲友委托或村集体统一安排流转，较少出于经营收益的考虑。同时，现阶段农地流转合约普遍不规范，合约形式多为口头协议，并且合约期限不固定。乡镇和县级土地流转交易平台已有所发展，但仍需要进一步完善引导和服务农地流转的职能。

3. 土地确权进展较快，少有争议发生

江苏省依据国家相关法规和政策颁布了本省土地确权登记颁证工作的政策，并对具体工作进行了统一和详尽的部署。目前，江苏省土地确权登记颁证工作进展较快，仅有少量争议发生，并且大部分争议已经通过调解的方式得到解决。总体上土地确权工作较为顺利。

4. 土地纠纷类型多样，多以调解方式解决

由于历史遗留等问题，江苏省调研村庄中约有一半以上的村庄都有发生土地承包经营纠纷。承包纠纷既涉及农业用地，也涉及非农建设用地；流转纠纷主要是双方的交易纠纷；征占纠纷主要源于征占补偿问题。大多数的承包纠纷发生在土地确权之前，土地确权工作引起的土地纠纷较少。目前，大部分土地纠纷都已经主要通过自行调解和村委会调解的方式得到解决。但农户对于解决结果的满意度仍需要进一步完善工作来提高。

四、政策建议

1. 进一步完善土地流转政策，加强土地流转服务，促进市场化发展

江苏省土地流转较为活跃并已呈现规模化趋势，但仍存在市场化与规范化程度不足的问题。首先，要进一步完善土地流转政策法规，规范土地流转交易行为，保障参与土地流转的农户的切实利益，确保农地农用，避免农地流转可能带来的去粮化现象。其次，加强土地流转服务，继续发展县级土地流转交易服务中心，并在乡镇级和村级政府配套建立土地流转服务工作流程。建立土地流转市场的信息服务，统一制定土地流转合同范本，同时积极发挥政府在土地流转交易中的第三方监管作用，从而减少土地流转的交易成本，促进流转的市场化和良性发展。最后，研究相应政策提高农户土地流转积极性，针对流入土地经济动力不足的情况，可考虑增加对种粮农户，尤其是种粮大户和家庭农场等主体的政策和补贴支持，促进农业规模化经营。

2. 土地确权需因地制宜，加强人力财力投入，建立土地信息数据平台

尽管江苏省土地确权工作整体向好，但确权工作中仍旧有确权争议以及由确权引发的土地纠纷发生。基于省内各地各村情况差异较大，土地确权工作需因地制宜，结合一村一户的实际情况，厘清、理顺土地权属关系，在协调好农户意愿的基础上，逐步推进土地确权工作，要让土地确权

政策化解矛盾而不是引发矛盾。同时，尽管当前农村土地确权工作经费纳入地方财政预算，中央财政予以补贴，但土地确权工作费钱费时费力，政府在实践中事务性工作繁多，因此容易出现简单地将确权工作与往年进行过的土地工作合并起来的情况，这样将很难起到摸清家底的作用，容易将确权工作变成简单的颁证而不是核查的过程。政府需要进一步加强对土地确权工作的人力、财力投入和支持，保障土地确权登记颁证工作的顺利完成。在农业信息化发展的大趋势下，结合当前的土地确权登记颁证工作，逐步建立农村土地信息数据平台，为今后土地的信息化管理提供支撑。

3. 加强土地纠纷源头控制，完善纠纷解决工作机制，维护农民利益

针对农村土地纠纷问题，首先，要从源头上减少土地纠纷的发生，需要进一步完善农户土地在承包、流转和征占过程中的规范性，明确农户承包地的权属关系，规范农户土地流转交易，依法开展土地征占。其次，调研显示，目前土地纠纷多为纠纷双方或村集体调解解决，其弊端在于缺乏规范性、村集体工作压力较大、调解所需时间较长。因此，今后需要完善土地纠纷解决工作机制，建立县、乡统一的纠纷解决规定与流程，增加纠纷解决方式，缩短纠纷解决时间。更重要的是，土地纠纷解决过程中，要全力维护农户的合法权益，合法、合理、合情地解决纠纷，提高农户对土地纠纷解决结果的满意度。

4. 结合三权分离，研究发展土地政策制度设计

土地的承包、确权、流转与纠纷解决在根本上还是要基于我国现行的基本土地制度与政策，进一步研究发展土地政策与制度的顶层设计，是土地承包、流转、确权实践发展和完善的基石。当前，应当继续研究农村土地所有权、承包权、经营权三权分离的基本政策及在实践中的落实应用，结合粮食安全和保障农民利益的双重目标，通过明晰土地产权来促进土地实践工作的顺利开展。具体来看，在承包权与经营权分离的方向下，要明确承包农户与经营农户对土地的权责关系，保障承包户的土地承包权，落实现有土地承包关系保持稳定并长久不变的基本政策，保障农户土地权益；同时放活土地经营权，促进农地规模化经营，提高农地利用效率。

附录 4

陕西省土地承包经营权确权与纠纷调研报告*

——以阎良县、富平县为样本

一、调研概况

（一）调研简介

为了解陕西省土地确权工作进展，以及确权过程中纠纷发生情况和存在问题，从而进一步总结土地确权与纠纷化解经验，课题组于 2014 年 8 月 29 日至 9 月 2 日赴陕西省进行调研，主要围绕以下三个方面开展：

（1）陕西省土地纠纷发生状况、经验以及存在的问题。

（2）陕西省土地确权进展以及确权期间纠纷发生情况。

（3）总结土地确权和相关纠纷化解经验，为下一步土地确权与化解土地纠纷提供政策建议。

（二）调研方法

调研方法以问卷调查为主，辅以座谈形式的访问。在问卷调查方面，主要采用分层抽样方法，根据是否确权，分别从确权县与非确权县中各抽取一个县，再于每个县中按照随机抽样方法抽取 3 个乡镇作为样本点，同样又用随机抽样方法于每个乡镇中抽取两个村，最后从每个村中随机抽取约 15 户家庭进行调查。这样，在陕西省最终获得 11 个样本村①和 194 份样本农户②（见表 1）。

---

* 调研组成员：王明昊、张崇尚、张雁明；执笔：张崇尚。

① 按照抽样方法应为 12 个村，但在实际调查中，有一个村的问卷未能收回，因此仅有 11 个村卷。但是，这个村的农户得到了调查。

② 同样按照抽样方法，这里农户应为 180 户。但在实际中，有些村因为人口较少或者其他原因难以抽到 15 户，我们采取在其他村抽取较多农户的方法加以弥补，所以最后样本农户为 194 户，多于 180 户。

表1　陕西省样本选取情况

样本地区	调研地点		样本量（户）
西安市阎良区	武屯镇	老寨村	14
		三合村	16
	新兴镇	屈家村	19
		万南村	19
	关山镇	康村	14
		界坊村	15
渭南市富平县	留古镇	高堂村	15
		南川村	15
	齐村镇	石科村	19
		安乐村	16
	刘集镇	北甫村	15
		黄塬村	17

二、确权背景与基础条件

陕西省位于我国西部地区，全部耕地面积6087.4万亩，占全省土地面积的19.7%。20世纪80年代起，陕西省开展了第一轮家庭承包，承包期为15年；从1994年开始，部分地区陆续开展了第二轮土地承包工作，基本上在1999年时各地完成了二轮承包。此时，农业税费尚未取消，外加农业效益偏低，许多农户放弃土地，代耕、抛荒、互换等情况普遍发生。2002年通过的《中华人民共和国农村土地承包法》第二十六条和二十七条规定，在承包期内，发包方不得收回和调整承包地，即“增人不增地，减人不减地”。在此之后，全省几乎没再进行过承包地调整。所以，在陕西省，几乎是20世纪90年代的承包关系一直延续至今。

（一）西安市阎良区土地概况

阎良区全部耕地面积24.2万余亩，人均耕地面积1.5亩，下辖2个镇、5个街道办事处，共80个行政村。其农业主导产业主要以“瓜、菜、畜、果”为主，着重打造“厚皮甜瓜之乡”和国家级无公害蔬菜基地。全区土地流转3.54万亩，占耕地面积的14.9%，其中80%以上签订了规范的土地流转合同。区内建有农村土地承包经营权土地流转服务中心，有效规范土地流转手续、监督土地用途，切实保障农民权益，这有力地推动了农业园区化和规模化的发展。同时，区内农民专业合作社也在有序发展，以合作社为主体，开展了大规模土地流转和农民培训，并注册了农产品商标，实现了有机农产品、绿色食品、无公害农产品认证。在土地确权方面，阎良区作为土地确权试点县，已经完成了43个村的公示工作，其中已有部分村完成颁证工作。

（二）渭南市富平县土地概况

富平县位于陕西省中部，属于关中平原和陕北高原的过渡地带，按照地貌形态可以划分为四个区间：北山丘陵沟壑区、山前洪积扇区、黄土台塬区和川道区；距离省会西安66公里，下辖17个乡镇、337个村，全县共有110万亩耕地，人均拥有耕地1.6亩。2013年富平县被农业部、财政部评为国家现代农业示范区和农业改革与建设试点示范区，突出发展柿果、奶畜、瓜菜和粮食四大产业。富平县建立了县级土地流转服务中心，用于指导土地流转工作规范有序进行，积极引导分散经营向适度规模经营转变，目前富平县粮食农业经营规模面积已达19万亩，种植业适度规模经营比例为40%，畜牧业适度规模经营达到70%以上。在土地流转中，新型农业经营主体扮演了重要角色，目前富平县有50亩以上的种植大户800多户，200亩以上的合作社、家庭农场130多户。

三、样本县土地确权基本情况

（一）阎良区

作为陕西省土地确权整县推进试点区，阎良区7个乡镇和街道办事处均已开展确权工作，计划于2014年底完成全县土地确权颁证工作。

1. 进展情况

目前已完成3个乡镇44个村的公示工作，占总村数的55%，涉及20000多农户，部分村已完成颁证工作。从样本调查来看，康村和三合两个村均已完成颁证。

土地确权工作以村民小组为单位，登记工作组由村民小组选举产生，由5人左右组成，对集体土地面积和位置进行摸底核实。登记时，需按照地块逐块核实承包农户信息，通过外聘专业测绘团队，对核实的承包地通过测量确定地界坐标、四至和面积，明确具体位置并绘制成位置图，整理填报信息。经公示无异议后由村民签字，并将相关信息填入土地承包经营权登记簿，由相关部门妥善保管，最终填写经营权证，经县级政府和土地承包管理机构审核盖章后，颁发给家庭承包经营农户。所有信息档案均存放在市、县、乡三级联网的信息化管理系统中。

2. *存在问题*

（1）被征占地块无法确权，较难解决。土地征占往往只是发生在土地附加值较高的城镇边缘区域，所以相对而言，其发生数量较少。但较少的数量并不意味着不重要，因为土地征占涉及多个主体之间的利益分配，造成的矛盾往往难以解决。在阎良区，主要发现两类由征地带来的确权问题：一是政府以“以租代征”的方式租赁农民土地进行道路、绿化等设施建设，相当于改变了农地用途且难以恢复原状，一般不予以确权，但是该地承包权仍然属于农户，从而引发争议；二是政府征占土地，村集体将机动地承包给失地农户作为补偿，但在确权时，由于该地块仍然属于机动地，村集体以此为由不予确权，从而引发争议。

（2）土地面积变化且承包关系复杂。受二轮承包时量地工具和技术限制，地块测量难免存在误差，土地确权时所测量面积与二轮承包合同面积出现不一致情况，难以确权。由于土地稳定不变，农户之间流转、倒地、代种情况不断出现，从而导致部分地块权属存在争议，甚至有些农户已找不到承包地块具体位置。这些问题给土地确权带来了极大的阻碍。

（3）村民对土地确权不够关注和了解。调查发现，许多农民对确权并不了解，甚至在确权后尚不知道其已经完成确权程序。由于对确权的不了解，仅将土地确权当作简单的量地，并未给予足够关注和重视。这表明，在未来土地方面的某些权益与确权结果相挂钩时，一旦这些农户发现在土地确权时一些权益未得到确认，有可能因此而产生纠纷。我们在调查中发现相关案例已经发生，由于对确权政策的不了解，农户未足够重视量地结果，在签订合同之后意识到确权的重要性，又要求重新确权，从而引发纠纷。

（二）富平县

按照计划，渭南市需选取 1/3 的县（区）在 2014 年整县推进土地确权试点工作，然而富平县并不在所选县（区）之内。尽管如此，富平县需要在 2015 年前展开土地确权工作，并在 2015 年底全部完成。

1. 基本情况

目前，富平县尚未开展土地确权工作，计划于 2014 年底开展，2015 年底完成颁证。根据当地农经工作人员反映，当地同样存在承包人丢失、地界模糊以及征地问题。所以，在未来确权时，其困难可能主要存在以下三个方面：分家导致承包人丢失、共有人不清问题；地界划分问题；征地遗留问题。

2. 存在问题

（1）承包和流转纠纷较多。目前发生的纠纷主要集中在承包和流转两个方面。在承包方面，一是承包人不明和混乱。在承包期内，许多承包家庭出现分家情况，而原先承包人已经去世，出现承包人丢失的情况，无法界定土地权属；另外，由于税费和效益问题，二轮承包时放弃土地经营，现在又要求获取承包权，村内又无其他耕地可供分配，从而引起相应纠纷。二是户与户之间的土地不均。由于承包关系长期稳定不变，而农村人口面临着迁入、迁出、死亡等各种情况的变化，尤其是户与户之间的变化差异导致家庭耕种土地出现不均等现象，一些人口较多家庭经营着较少土地而一些人口较少家庭却经营着较多土地，目前部分村民对重新调整承包地有较为强烈的愿望。

在流转方面，土地流转纠纷的矛盾点主要集中于租金的问题，租金需要根据地块质量等因素由双方共同协商确定，在谈判过程中可能会出现纠纷，特别是在合同执行过程中，由双方违约行为所引起的纠纷较为普遍。

（2）缺乏有效纠纷解决渠道。尽管上述纠纷大多可以通过村民自身协商、村委会或乡镇调解解决，但是也有部分较为复杂的纠纷难以通过调解解决，而在当期又缺乏有效的解决机制，使得一些问题处于长期压抑状态，可能会在确权过程中爆发出来。在调解无法解决纠纷的时候，只有法院诉讼途径，但诉讼成本往往较高，许多纠纷主体并不愿意选择。仲裁具有高效、便民的优势，是有效解决纠纷的一种方式。2009 年通过的《中华人民共和国农村土地承包经营纠纷调解仲裁法》规定，应当根据解决农村土地承包经营纠纷的实际需要设立农村土地承包仲裁委员会。但是据调查，当地并没有土地仲裁机构或者存在有机构无人员的情况。

四、样本村、样本户土地确权情况分析

（一）样本村调查内容分析

1. 基本情况

如表2所示，在调查的11个样本村中，平均距离县城13公里，距离乡镇4公里；总体上地势较为平坦，除一个村为丘陵外，其他均为平原；每个行政村平均拥有5个自然村。

表2 样本村基本信息

样本村	自然村数（个）	本村地势	距县城交通距离（公里）	距乡镇交通距离（公里）
屈家村	4	平原	2	1
万南村	5	平原	4	1
界坊村	1	平原	20	2
康村	1	平原	15	5
老寨村	4	平原	15	3
三合村	3	平原	15	5
石科村	7	丘陵	16	4
安乐村	7	平原	7	3
北甫村	7	平原	20	10
黄塬村	9	平原	20	8
高堂村	2	平原	12	3

如表3所示，在经济发展水平方面，11个样本村平均人均纯收入为10088元，人均纯收入最低为4200元，最高为15990元，其中，有4个村为贫困村，只有4个村的经济发展水平在各自乡镇中排名靠前，其余村排名均居中，没有排名靠后的村。

表3 样本村经济发展水平

村名	人均纯收入（元）	经济发展水平乡镇排名	是否贫困村
屈家村	15990	靠前	否
万南村	12000	居中	否
界坊村	9600	居中	否
康村	13955	靠前	是
老寨村	14135	居中	否

续表

村名	人均纯收入（元）	经济发展水平乡镇排名	是否贫困村
三合村	10200	靠前	否
石科村	7000	居中	是
安乐村	10088	居中	是
北甫村	5800	居中	否
黄塬村	4200	居中	是
高堂村	8000	靠前	否

如表4所示，11个样本村平均总户数为488户，平均每村总人口为1868人。11个样本村中，平均每村有322户纯农户，占平均总户数的65.91%，这表明在样本地区大部分家庭以农业为主要收入来源。在总人口中，连续外出务工6个月以上农户为281人，仅占总人口的1.5%，这表明样本地区农业劳动力流转率较低或者大部分劳动力选择在本地就业。11个样本村平均家庭承包土地面积为3274.45亩，平均人均耕地面积为1.77亩，表明当地人地关系较为紧张。

表4　　样本村人口、就业与土地情况

村名	总户数	纯农户（户）	全村总人口（人）	连续外出6个月以上（人）	总面积（亩）	人均耕地面积（亩/人）
屈家村	476	476	1976	0	2800.00	1.42
万南村	397	30	1566	80	1910.00	1.22
界坊村	130	80	480	50	1000.00	2.08
康村	520	350	2230	500	4000.00	1.79
老寨村	394	369	1548	220	2322.00	1.50
三合村	456	259	1680	860	2987.00	1.78
石科村	505	505	2050	600	4200.00	2.05
安乐村	1072	62	3216	0	5800.00	1.80
北甫村	568	568	2286	613	4400.00	1.92
黄塬村	536	536	2360	150	4200.00	1.78
高堂村	310	305	1160	20	2400.00	2.07
平均	488	322	1868	281	3274.45	1.77

2. 土地流转、确权与纠纷情况

如表5所示，11个样本村平均每村流转土地291.5亩，占总土地面积的9%左右，这一流转比例并不高，而且仅有3个村由村集体统一流转土地。平均流转租金为每亩每年626.36元，其中最高为每亩每年1000元，最低为每亩每年200元。土地质量总体较好，仅有1个村土地质量较差。在土地调整方面，仅有1个村在二轮承包之后调整过土地，正因此大部分村民均有重新分地的意愿，调查显示，11个村中，有6个村的村民有较强的重新分地意愿。

表5　　　　样本村土地流转情况

村民	有没有重新分地要求	二轮承包以来是否调整过	流转总面积（亩）	耕地流转租金（元/亩）	是否统一流转土地
屈家村	没有	有	110.00	240	否
万南村	没有	没有	291.50	200	否
界坊村	有	没有	80.00	650	否
康村	没有	没有	400.00	800	是
老寨村	有	没有	50.00	1000	否
三合村	没有	没有	70.00	800	否
石科村	有	没有	260.00	700	是
安乐村	没有	没有	920.00	800	是
北甫村	有	没有	385.00	800	否
黄塬村	有	没有	80.00	200	否
高堂村	有	没有	560.00	700	否

在土地确权方面，如前所述，富平县尚未开展确权工作，富平县的样本村均未开始确权。作为整县推进的阎良区，所有村均已开始土地确权，样本村至少都已完成公示环节，有两个村已经完成了颁证工作；有两个村在确权中出现了争议，共11起争议，但是争议均已通过调解方式解决（见表6）。

在土地纠纷方面（见表6），有7个村在二轮承包以来发生了土地纠纷，共207件。从纠纷组成结构来看，承包纠纷最多，为177件，占总纠纷数的85.5%；流转纠纷29件，占比为14%；征占纠纷仅1件。在所有纠纷中，已解决198件，解决率95%以上。所有已解决的纠纷均是通过调解方式解决的，自行调解和村委会调解各解决了96件，通过乡镇调解解决了6件。

表6　　样本村土地确权与纠纷情况

村名	确权所处阶段	确权期间争议发生数（件）	二轮承包以来纠纷数（件）	纠纷解决数（件）
屈家村	3	0	0	0
万南村	2	0	0	0
界坊村	3	6	8	8
康村	4	0	0	0
老寨村	2	0	1	0
三合村	4	5	0	0
石科村	—	—	80	80
安乐村	—	—	20	16
北甫村	—	—	60	35
黄塬村	—	—	35	35
高堂村	—	—	3	3

注：确权所属阶段1 = 量地，2 = 公示，3 = 完善合同，4 = 颁证。

（二）样本户调查内容分析

1. 户主信息

在调查的194个样本农户中，户主为女性的有18户，占比9.4%。户主平均年龄53.6岁，平均受教育年限为7.6年，没有达到九年义务教育水平。党员人数为44人，占比22.4%；干部人数为34人，占比17.8%。在户主职业中，务农人数为172人，占比90%；外出打工或经商的有10户，占比5.2%；有8人在政府机关或基层组织工作；另外有小工商业主或私营业主、教师医生、退休养老各1人；选择其他的有1人。

2. 家庭基本情况

样本农户中，平均每户有4.7人，其中，分到地的人数平均有3.9人，占比82.97%。平均每户上学的不足1人，劳动力有2.6人，占家庭总人数的55.31%，其中，平均在家务农人数为2.04人，每年需要做农活7.24个月。农业经营项目方面，当地农户以粮食作物为主，其他还有蔬菜水果等经济作物。

在收入方面，平均每个家庭的农业年收入为2.24万元，支出1.27万元，纯收入为1万元左右。外出务工人员平均每年外出务工10个月，平均每月收入为1567元。有其他非农收入来源的农户所占比例较小，其平均收入为每年2075元。

3. 土地承包与流转情况

在土地承包方面，平均每户承包地有6.58亩，其中，耕地占比99.5%，其余为园地，占比0.5%，无水田、草地、林地和水塘等。平均每户有3.05块地，地块离家平均1.5公里。在土地调整意愿方面，有92户家庭愿意重新调整承包地，占比47.42%。从问卷结果来看，农户普遍愿意7~10年进行一次小调整，承包期20~30年较为合适。有49户近五年从没进行过土地改良，占比25.26%；37户表示以后肯定不会改良土地，占比19.07%。

在土地流转方面，194个样本农户中，51户有土地流转，占比26.28%，平均每户转入5.38亩；转入土地全部为耕地，转入租金平均为每亩每年467.7元。转入过程总体比较满意，个别出现问题者均通过协商得到了解决。样本农户中有28户转出土地，占比14.4%，平均转出3.45亩，平均租金为每亩每年710元。转出的原因大多为劳动力不足和农业收入偏低。

4. 土地确权、征占与纠纷状况

在土地确权方面，认为承包地归国家所有的有70户，占比36.08%；认为承包地归集体所有的有33户，占比17.01%；认为承包地归自己所有的有84户，占比43.3%；另有7户不清楚，占比3.6%。开始确权的农户有97户，占比50%，确权农户至少已进入公示阶段。确权时未调地的有92户，在确权农户中占比近95%。在样本农户中，确权时均没有发生过争议。

在土地征占方面，样本农户中有16户发生过土地征占，占比8.25%；平均每户被征占0.8亩、1.2块土地，这些征占均发生在2005年之后。征占地绝大部分用于城镇化公共设施建设。在征占农户中，有6户没有得到征占补偿。获得补偿的农户平均每户获得补偿金7888元，没有获得实物补偿、工作、社保等其他补偿。征占农户中仅有4户对补偿结果满意，占比25%；不满意的农户中有5户向相关方提出过，但均未得到解决。

在土地纠纷方面，样本农户中有21户发生过土地纠纷，其中，承包纠纷有9户，占比42.85%；流转纠纷有7户，占比33.3%；征占纠纷有

5户，占比23.8%。21户纠纷共涉及土地面积41亩，涉及农户或企业248家。所有纠纷均发生在二轮承包以后，有3户发生过武力冲突。共有8户纠纷获得解决，纠纷解决率为38.1%。解决方式均为调解，其中3户通过村委会调解，乡镇调解1户，自行调解4户。对于已经获得解决的纠纷，仍有4户不满意，均集中在乡镇调解和村委会调解中。有1户纠纷涉及土地确权期间，其他均未涉及。

（三）主要发现与结论

1. 纠纷主要来自承包和流转，其解决率较高但质量偏低

从纠纷发生类型来看，主要集中在承包纠纷和流转纠纷两个方面。与征占纠纷相比，承包纠纷解决率较高。对于承包和流转纠纷的化解，乡镇和村委会调解扮演着重要的角色。但是在其背后，往往有着解决质量不高的隐患。根据调查数据，得到解决后仍不满意的纠纷，主要是通过乡镇和村委会调解方式解决。这意味着一些已经解决的纠纷在以后还有再爆发的可能性。

为化解这些得到解决之后仍不满意的纠纷，完善解决渠道十分必要。对于农户，如果调解仍不能有效解决纠纷就只能诉诸法院。而由于较高的诉讼成本，许多农户并不愿意选择。简便快捷的仲裁不失为可供农户选择的解决方式，但在实际中，大多数地区仲裁机构一直处于缺失状态，不利于土地纠纷的有效解决。

2. 确权期间纠纷发生不多，但存在纠纷隐患

由于土地承包关系长期固定，地块权属一直处于混乱状态，在土地确权时，需要重新测量农户土地精确位置，重新梳理较乱的承包关系，可能产生一定的矛盾。但在实际中，确权期间纠纷发生并不多。原因可能有两方面：一是农户对确权不了解也不够关注，许多已经获得颁证的农户仍然不知已经确权过，在确权过程中也未给予足够关注；二是一些地方基层工作人员为求快速完成任务，对一些问题不予涉及，仍然保留原状。这尽管便利了确权工作，但可能为以后埋下爆发纠纷的隐患。

3. 从长远来看，确权有助于解决纠纷

尽管确权过程中会发生一些纠纷，但从长远来看，细致的确权工作的确有利于土地纠纷的解决和农村社会的稳定。确权时，可以解决长期积压

的问题，重新确立以往错综复杂的承包关系，清楚界定每块土地的空间位置，有助于减少纠纷的发生，且能为纠纷的解决提供翔实可靠的依据。因此，从土地纠纷角度来看，在长期中，确权的确有助于农村土地关系的稳定，减少纠纷的发生。

五、政策建议

1. 完善仲裁机构建设，充分发挥仲裁对纠纷的调解作用

解决渠道的缺失已经成为一些纠纷难以解决的主要原因，许多纠纷解决之后仍不满意的农户没有合理有效的渠道解决问题。因此，应加强仲裁机构的建设，充分发挥仲裁在解决土地纠纷方面的有效性，同时辅以调解、诉讼、行政等渠道，保证各项渠道衔接顺畅，并做到客观公正。

2. 做好统一指导工作，及时解决出现的新情况新问题

加强土地纠纷解决和确权的统一指导工作，一是要从试点地区总结一般性的问题，由省政府统一出台解决办法和相关建议，下发到各地区指导，避免政策不一致而产生冲突；二是对于个别地区发生的新情况和新问题，要联合多个部门及时出台相关处理意见，避免将小问题不断搁置，从而酿成较大纠纷；三是加强基层干部业务培训，提高纠纷处理能力，不仅要让纠纷在基层就得到解决，而且要尽量让纠纷方对处理结果感到满意，充分发挥基层的优势，将纠纷解决在萌芽状态。

3. 加强土地确权宣传，及时解决相关纠纷

加大土地确权的宣传力度，积极向农户解释土地确权的意义、方法、原则和相关政策，引起农户对确权工作的重视，保证农户对确权工作的充分理解和对确权结果的一致同意，以免埋下纠纷隐患。同时，对于确权期间发生的纠纷要及时协商妥善解决，避免因急于完成确权而造成纠纷解决不细致的问题；此外，对执行确权工作的基层工作人员进行相应培训和指导，使其充分认识到土地确权的重要性，保证确权工作的顺利进行，发挥好确权对纠纷解决的促进作用，避免埋下相关隐患。

附录 5

吉林省农村土地承包经营权确权与纠纷调研报告*

——以公主岭市、辽源市为样本

一、调研简介

1. 调研目标

通过专项调研，了解吉林省农村土地承包经营权确权进展、确权过程中呈现的问题，并了解该省土地纠纷的现状和时空分布特征，探究确权与纠纷之间的可能关联，为进一步开展土地确权、完善相关政策措施提供可行的建议和实践依据，为制定下一阶段土地政策提供参考。

2. 调查内容

（1）吉林省农业生产和农村土地承包经营和土地流转的现状和特征。

（2）吉林省土地确权进展状况和存在的问题。

（3）二轮承包以来吉林省土地纠纷时空演变及形式特征。

（4）地方不同层级部门在土地承包经营、确权以及土地纠纷问题中的处理方式。

3. 调研形式、方法和成果

本次调研采取问卷调研和深入访谈相结合的形式。运用典型抽样的方法从吉林省选取了公主岭市作为样本县，用随机抽样的方法选取辽源市东辽县、西安区、龙山区作为样本县①；又用随机抽样的方法从样本县中总共抽取 6 个乡镇，每个乡镇抽取 2 个村作为样本村，再从每个样本村中以随机抽样方法抽取 15 个农户作为样本调查户。调研样本的具体情况如表 1 所示。

---

* 调研组成员：夏英、张法顺、聂英；执笔：夏英、张法顺。

① 以典型抽样方法抽取一个国家试点的确权县，以随机抽样方法抽取非确权县。根据辽源市地域面积小、区县少的特点，在不影响统计原则的情况下，本次调研在辽源市抽取了三个非确权县（区），每县（区）抽取一个乡镇。

表1　　调研样本情况

调研地区	调研地点		户表有效样本量
公主岭市	范家屯镇	孟家村	12
		香山村	13
	响水镇	岳家店村	15
		姜家店村	15
	刘房子镇	洪喜河村	17
		施家村	15
辽源市	东辽县云顶镇	水缸村	15
		河信村	16
	西安区灯塔镇	富强村	15
		丰收村	15
	龙山区工农乡	王家村	15
		大良村	14

本次调研共发放183份户表，12份村表。剔除错误和遗漏问卷，最终获得有效户表为177份、村表12份。深入访谈具体形式为准结构化访谈，以村表为提纲，对每个调研村一到两名村干部进行30分钟以上开放式、互动式访谈并录音，根据录音资料整理为12份访谈文档。在调研基础上整理形成本调研报告。

4. 调研时间

本次调研时间为2014年9月16~20日。

二、吉林省农村土地利用和承包经营现状

（一）吉林省土地资源利用概况

吉林省地处中国东北的中部，是国家粮食主产区，也是全国牧业和农产品加工业大省。2011年全省总人口为2739万人，其中，乡村人口1279万人，占比46.7%。

吉林省地势由东南向西北逐渐沉降，东部为长白山区，森林资源丰富；中部为松辽平原，地势平坦，土壤肥沃，连片集中，是全国商品粮集中产区；西部为草原、湿地生态产区，是牧业、杂粮杂豆、糖料、油料生产基地。

根据2009年统计资料，吉林省土地面积为18.74万平方公里，农用地

总面积为1639.73万公顷，占全省土地总面积的85.79%。其中，耕地553.68万公顷，占全省土地总面积的28.97%，人均耕地0.21公顷，是全国平均水平的2.18倍；灌溉水田69.55万公顷，占耕地面积的12.56%；旱地476.83万公顷，占耕地面积的86.12%。位于松辽平原的长春、四平等地是旱地主要分布区，土地利用水平最高，而吉林、通化等地山区、半山区水田相对较多，主要分布于江河两岸灌区。

林地总面积为924.41万公顷，占全省土地总面积的48.37%。其中，有林地面积为789.40万公顷，占吉林省林地总面积的85.40%；灌木林和疏林地面积为76.79万公顷，占吉林省林地总面积的8.31%。林地在空间分布上主要集中在东部地区。

草地总面积为104.56万公顷，占吉林省土地总面积的5.47%。在草地中，天然草地占比95.95%，主要分布在西部低洼区，处在科尔沁草地东缘。吉林省西部草原以草甸草原为主，牧草以羊草为主。

吉林省2009年建设用地总面积为104.98万公顷，占吉林省土地总面积的5.49%。其中，农村居民点用地55.25万公顷，占吉林省建设用地总面积的52.63%；交通运输和水利设施用地22.00万公顷，占吉林省建设用地总面积的20.95%。

吉林省还有未利用地总面积为166.53万公顷，约占吉林省土地总面积的8.71%。

（二）吉林省农村土地承包经营和流转现状

1997~1998年二轮延包之时，吉林省许多地区并未根据实际情况调整土地，二轮承包以来，多数地区也再未私自调地。从调研了解到的信息看，相比全国多数省份，吉林省农村地区土地承包关系相对稳定，这也积累了一定的人地矛盾。

近年来，吉林省土地流转规模增幅较大。根据吉林省农村经管总站统计①，2013年全省农村土地流转总面积为1206万亩，占全省家庭承包地总面积的19%，比2012年同期增加321万亩，增幅为36%。吉林省农村土地流转规模经营有如下主要特点：第一，从流转面积看，流转15~150亩

① 《全省农村土地流转规模经营情况报告》，吉林省农村经济管理总站，2013年11月13日。

的比例较大。流转 15～150 亩的流转面积总计 933 万亩，占吉林省流转总面积的 77%。第二，流转形式上，转包为土地流转的主要形式。转包面积总计 927 万亩，占流转总面积的 77%。第三，流转对象上，以农户之间的流转为主。参与土地流转的农户达 55 万户。其中，流转给农户、亲戚和朋友的有 43 万户，占流转总户数的 78%。第四，流转用途上看，以种粮食作物为主。用于种粮食作物土地面积 1105 万亩，占流转总面积的 91.6%。第五，流转地域上，中西部地区流转面积较大。土地流转面积较大的地区主要集中在长春、四平、松原和延边，流转面积分别为 361.9 万亩、235.4 万亩、203.4 万亩和 111.08 万亩，4 个地区流转面积之和占全省流转总面积的 75%。

农民参与流转的积极性的提高、合作组织发展的拉动、农业机械的广泛应用，以及农村劳动力的转移，是近年来土地流转面积增加的主要因素。

总体来看，吉林省作为全国粮食主产区和林牧业大省，土地要素在农村地区占据十分重要的位置。从调研反馈的情况来看，农户对土地权利分配方式的敏感程度更高，因此，土地确权工作也更敏感、更复杂。

三、调研地区确权进展情况

（一）公主岭市

1. 基本情况

公主岭市地处吉林省中西部，东辽河中游右岸。公主岭市共有 24 个乡镇和 8 个街道，人口多，村屯密度大，水田区插花地和飞地较多，地形地貌复杂。

本次调研乡镇选择了公主岭地区东南方向的范家屯镇、响水镇和刘房子街道。范家屯镇东部与长春市接壤，西部距公主岭市 30 公里，全区土地面积 171.9 平方公里。其中，城区面积 17 平方公里；辖 5 个社区居委会、18 个行政村，全区总人口 12 万人，其中镇区居住人口 9.6 万人。响水镇位于公主岭市东南部，东与长春市郊相邻，辖区土地面积 139 平方公里，耕地面积 10.309 公顷，现辖 20 个行政村、1 个街道、172 个自然屯，总户数为 9276 户，总人口为 38000 人，总劳动力为 14436 名。刘房子街道位于公主岭市区东北部，土地面积为 118 平方公里，人口 3.35 万人，辖 3 个社区、14 个行政村、110 个自然屯。

这 3 个乡镇皆位于公主岭市区和长春市区之间，长平高速公路和 G102

国道沿线，京哈铁路也从该地穿过，多数地区属东辽平原腹地，地形较为平坦，耕地以旱地为主，绝大多数农户土地用于玉米种植。区位特征决定了该地区城镇化水平相对较高，城乡人口迁移较多，农村土地价值较高，这决定了该地区土地承包经营、流转及征用问题比较敏感，但相对平坦开阔的地貌和较大的人均耕地面积则有利于避免人地矛盾的激化。

2. 确权工作开展情况

公主岭市是吉林省委、省政府确定的农村土地承包确权登记整体推进试点市之一。据介绍，2012 年全市已进行过外业测量工作，探索了测量办法和操作流程，初步查清了宗地的权属、面积、用途、空间位置，以及土地利用情况。

同其他地区类似，公主岭市成立了市乡村三级工作领导小组开展确权的监督执行工作。每个屯成立由在群众中享有较高威信，办事公道的农民参加的确权议事小组，共梳理出群众反映的 8 大类 76 个问题，对各村的土地匝子、土地台账、30 年承包合同、土地承包登记簿、经营权证等资料收集归档，对残损、缺失的资料采取各种措施加以补救。据地方农经站官员介绍，2014 年 7 月中旬野外测量全部完成，其测量方式主要有两种：一是采用图解法 + 部分实测法，共 14 个乡镇，确权的面积约 340 万亩；二是全野外实测，共 10 个乡镇，确权的面积约 140 万亩。目前，全市 404 个村全部开展入户调查工作，调查户数 19. 3 万户。计划 2015 年下半年为农民完成证书颁发。

总体来看，公主岭市农村土地确权进展较为稳妥谨慎，出于对纠纷问题的顾虑，绝大多数行政村未公示量地结果。截至 2014 年 9 月，3 个调研乡镇 6 个样本村全部进入入户调查阶段且入户调查工作基本完成。土地承包台账和土地承包情况登记表得到清理，土地承包合同和土地承包登记证的内容得到整理规范，土地承包经营权初始登记工作已经开展。

（二）辽源市

1. 基本情况

辽源市位于吉林省中南部，地处长白山余脉与松辽平原的过渡带，丘陵、半山地是其主要地貌特征。辽源市农作物总耕地面积 292. 8 万亩，山坡地、低洼地、平地面积各占总耕地面积的 1/3。粮食作物面积稳定在 261. 4 万亩，占农作物总耕地面积的 89. 3%，其中，玉米面积 200. 6 万亩，水稻面积37.6万亩，大豆面积15.3万亩，薯类、杂粮面积7.9万亩。瓜菜等经济作物面积31.4万亩。

本次调研乡镇选取了辽源市东辽县云顶镇、西安区灯塔镇和龙山区工农乡。云顶镇位于东辽县西北部，距县城20公里，距辽源市35公里。云顶镇总土地面积为96平方公里，其中，山地32平方公里，丘陵28平方公里，平地36平方公里。云顶镇有13个行政村、75个居民组，全镇总户数为5985户，总人口为19867人。灯塔镇位于辽源市北部，城乡接合部，地处长白山余脉与松辽平原过渡地带，属于低山丘陵地带。灯塔镇土地面积为164.52平方公里，其中耕地68953亩，辖23个行政村、137个自然组，总人口38561人，其中，农业人口30521人，农业户口数9170户。工农乡成立于1971年，地处辽源市郊区南侧，属城乡接合部。全乡土地面积为78.2平方公里，其中耕地面积2339公顷。工农乡辖12个行政村、68个社，人口为31000人。

这3个乡镇皆位于半山区，地块不平整，耕地质量不均。西安区灯塔镇和龙山区工农乡位于城乡接合部，人口密度高，土地增值潜力大，因此该地区土地权界难度较大，土地问题敏感，在土地承包资料缺失或不清、家庭人口变动，以及政策导向不明或政策发生变动的情况下，容易引发纠纷。辽源市负责确权任务的农经站工作人员透露，其确权工作的实际推进原则是谨慎稳妥，绝不比其他地区抢先行动。

2. 确权工作开展情况

东辽县云顶镇是辽源市整镇推进的确权试点乡镇，龙山区2个村、西安区2个村也开展试点（其中，工农乡王家村和灯塔镇丰收村为本次调研样本村），共涉及29个村、10488户农户、33162名农业人口，二轮承包土地面积为141436亩。2014年5月10日入户调查工作基本完成，涉及10488户、33162人；2014年5月14日开始全市各试点单位相继转入清查实测阶段，截至7月中旬，全市已有26个村（140个村民小组）开展实测工作，实测地块62089块，实测面积达166593.4亩，占总面积的79.5%；2014年9月中旬，所调研6个样本村有4个完成实测任务，另两个村（工农乡大良村和灯塔镇富强村）尚未开展实测。

（三）确权中存在的问题及解决方式

根据对访谈调研和农户问卷调研反映情况的总结，在实际确权工作中遇到的问题以及通常的解决方式有如下几类。

（1）土地面积偏差或土地面积、边界模糊不清的问题。实际工作中，若二轮承包时确认的承包土地面积和实际面积相差不大，则按二轮承包时面积确认。若土地增减造成面积相差较大且增减原因不明，则一般找老党员、老干部了解原委协商解决。对于面积不准问题，在无账的情况下，实地核实，确保与实际相符。其他诸如先前分地时树底地、路边地打折分地，过去为避税而少报土地，开荒地、吃边地、占集体废沟废渠等问题，二轮分地时预留面积、农户抢种问题，以及将耕地调换用途造成土地面积减少等问题等，一般原则上依据二轮承包面积，多出的或吃边的不予确权，但暂由现经营农户继续耕种。

（2）家庭人口迁移和户籍变动问题。若二轮承包后户主与子女分户，夫妻单独立户承包，原家户消亡或迁出，无论子女是否原承包地共有人，多数原则上确认给子女耕种。若全户消亡，则经领导小组讨论，小组收回作机动地处理，并按照现行土地的经营状况，完善手续承包给他人。若土地承包期间全家迁走并转为非农业户口，成年子女在外上大学并得到固定工作，则经领导小组讨论后收回作机动地处理。

（3）二轮承包以来村里为修建公共设施占用农户承包地的问题。在实际登记时一般将予以剔除，减少的面积在机动地中解决，若无机动地，则在下次土地调整时解决。

（4）过去分地时为补偿参与分地人员工资收入、补偿村组织工作人员日常管理工作的劳动收入，或某些村组成员由于职务之便多获得集体剩余土地且至今还在他们手中种植的，将不予确权登记，原则上收归集体所有。

其他还有诸如实测后面积相同地块多出面积较大问题、村屯分地记录丢失、校田地问题等，多数村组并未研究出妥善的解决办法，由于时间进度的压力，实际工作中多采取回避推后原则。

四、对样本地区确权和纠纷情况的分析

（一）样本村调查内容分析

1. 基本情况

本次调研共选取12个样本村。如表2所示，公主岭市6个村皆为平原地势；辽源市多地处半山区，6个样本村皆为丘陵地势。公主岭市施家村

以及辽源市丰收村、富强村、王家村、大良村位于城乡接合部，与县城距离较近，其他 7 个村离县城 15 公里以上。

表 2 样本村区位情况

样本村	自然村数（个）	村地势	距县城路程（公里）	距乡镇路程（公里）
孟家村	8	平原	28	8
香山村	7	平原	60	5
岳家店村	3	平原	60	7
姜家店村	8	平原	32	1
洪喜河村	7	平原	15	7
施家村	9	平原	3	3
水缸村	7	丘陵	20	2
河信村	7	丘陵	15	1
丰收村	8	丘陵	4	4
富强村	9	丘陵	2	5
王家村	5	丘陵	6	5
大良村	6	丘陵	4	5

如表 3 所示，从经济发展状况来看，只有大良村村干部认为本村为贫困村，水缸村和大良村认为经济发展水平在全镇靠后。这两者与本村全年人均纯收入反映的情况基本正相关。香山村、姜家店村、洪喜河村、施家村和富强村五个村被认为经济发展水平在全镇靠前，其人均纯收入在 6000～11000 元；孟家村、岳家店村、河信村、丰收村和王家村被认为经济发展水平在全乡镇居中，其人均纯收入在 4000～10000 元；而被认为经济发展水平在全镇靠后的两个村人均纯收入均为 5500 元。两个调研地区中，农业劳动雇工日工资多在 100～160 元，非农行业雇工工资视工种技术含量不同多在 130～300 元。

表 3 样本村经济发展情况

样本村	是否为贫困村	经济发展水平在全乡或全镇排名	本村全年人均纯收入（元）	农业劳动雇工日工资（元）	非农行业劳动雇工日工资（元）
孟家村	否	居中	4000	130	200
香山村	否	靠前	9000	120	225
岳家店村	否	居中	4000	115	130
姜家店村	否	靠前	6500	130	220
洪喜河村	否	靠前	6000	160	280

续表

样本村	是否为贫困村	经济发展水平在全乡或全镇排名	本村全年人均纯收入（元）	农业劳动雇工日工资（元）	非农行业劳动雇工日工资（元）
施家村	否	靠前	9500	145	235
水缸村	否	靠后	5500	95	250
河信村	否	居中	8500	120	300
丰收村	否	居中	9500	140	240
富强村	否	靠前	11000	140	300
王家村	否	居中	9700	135	150
大良村	是	靠后	5500	150	200

如表4所示，从人口和家户情况来看，纯农户（所有家庭劳动力都务农，或只有部分劳动力在农闲时节进行短期非农务工）比重在各村差异较大。高者如河信村、富强村和王家村比重达到65%以上，低者如大良村、洪喜河村、施家村、岳家店村和姜家店村比重在20%以下。连续外出务工6个月以上人口的比重上，孟家村、河信村和丰收村比重较高，在1/3水平左右；岳家店村、姜家店村、水缸村和富强村比重较低，在10%以下①。

表4　　样本村户数与人口情况

样本村	总户数	纯农户（户）	比例（%）	全村总人口	其中，连续外出务工6个月以上人口	比例（%）
孟家村	698	300	43.0	2038	600	29.4
香山村	570	342	60.0	2200	320	14.5
岳家店村	400	60	15.0	1760	10	0.6
姜家店村	570	100	17.5	2100	100	4.8
洪喜河村	474	40	8.4	1743	200	11.5
施家村	550	50	9.1	2000	300	15.0
水缸村	430	250	58.1	1500	55	3.7
河信村	450	300	66.7	1580	600	38.0
丰收村	322	150	46.6	1232	345	28.0
富强村	1188	765	64.4	3442	265	7.7
王家村	412	320	77.7	1516	375	24.7
大良村	465	5	1.1	1654	258	15.6

① 调研中了解到，像富强村这类城郊村问卷中外出务工比重较低的原因，一是村干部不将到县城务工看作外出务工；二是户籍管理上这些地区存在“农业户”和“工业户”的划分，问卷中村干部将仍居住在农村的“工业户”排除在“农户”范围之外。

2. 土地承包经营、确权与纠纷情况

如表5所示，公主岭市6个样本村和辽源市东辽县2个样本村人均耕地面积大于位于城乡接合部的龙山区和西安区4个样本村。12个样本村中，人均耕地面积最大的水缸村达到5.5亩，最小的富强村为1.5亩，而富强村土地矛盾问题也是调研中印象最为突出的（土地征占、承包经营和流转中的矛盾都较多），地方主管部门也未对该村开展确权。调研地区多种植玉米，由于气候条件较好，都没有修建过灌溉设施。土地质量都属中上等，位于平原地区的公主岭市6个样本村总体更好。所有样本村二轮承包以来都未调整过土地（像辽源市多数地区在二轮延包之时也未动地，以致部分中年家庭成员都未得到土地，积累了较深的人地矛盾）。

表5　　土地承包情况

样本村	人均家庭承包耕地面积（亩）	耕地灌溉条件	土地总体质量	二轮承包以来是否调整过
孟家村	3.0	较差	一般	没有
香山村	3.5	较差	一般	没有
岳家店村	3.9	较差	较好	没有
姜家店村	3.3	较差	较好	没有
洪喜河村	4.5	较差	一般	没有
施家村	4.5	较差	较好	没有
水缸村	5.5	较差	一般	没有
河信村	3.5	较差	一般	没有
丰收村	2.5	较差	一般	没有
富强村	1.5	较差	较差	没有
王家村	2.3	一般	较好	没有
大良村	1.9	一般	一般	没有

如表6所示，各样本村土地流转情况差别较大，比重最大的是孟家村，全村7500亩家庭承包地中有60.0%用于流转。该村主任牵头成立了玉米种植合作社，在自愿的原则下全村统一流转。据入户调查和对村干部访谈了解，该村相当部分村民对入社和流转土地存在很大顾虑，故仍有将近一

半农户未同意流转土地入社。其他村土地流转比重较小，王家村、水缸村和施家村都在1/4～1/3，其他村更少，多是私下流转。各村流转土地绝大多数用于种粮，租金在480～1000元。

表6　　**土地流转情况**

样本村	家庭承包土地面积（亩）	流转土地总面积（亩）	流转土地面积比重（%）	流转用于种粮的面积比重（%）	流转给农户面积比重（%）	流转给合作社面积比重(%)	流转给企业面积比重（%）	耕地流转租金（元/亩）
孟家村	7500	4500	60.0	100.0	0.0	100.0	0.0	1000
香山村	8175	800	9.8	100.0	100.0	0.0	0.0	560
岳家店村	3094	100	3.2	100.0	0.0	0.0	0.0	480
姜家店村	8595	450	5.2	100.0	0.0	0.0	0.0	700
洪喜河村	11700	1800	15.4	100.0	0.0	12.5	0.0	400
施家村	8955	2400	26.8	84.4	19.4	10.6	1.3	620
水缸村	9282	2650	28.5	100.0	3.0	94.3	0.8	250
河信村	5760	350	6.1	100.0	0.0	100.0	0.0	520
丰收村	2649	200	7.6	100.0	77.5	22.5	0.0	350
富强村	2762							
王家村	3755	1180	31.4	83.1	83.1	0.0	16.9	400
大良村	4750	600	12.6	83.3	16.7	16.7	33.3	700

确权及引发的纠纷情况，作为整县推进的确权试点县，公主岭市所有样本村都已开展确权，已完成外业测量并基本完成入户调查，并清查整理了土地承包台账、土地承包情况登记表、土地承包合同等资料。辽源市已开展确权的样本村处在外业测量阶段。所有样本村都未公示量地结果，但据有的村干部透露，部分村民已经提前得知该结果。

如表7所示，所有确权样本村均未调整土地，这表明对于确权过程中引发的争议，村组织均不采用直接调地的方式解决，多坚持二轮承包时的分配结果，或者搁置以暂时回避争议。问卷中记录的争议件数差别也较大，农地征占较多的孟家村和城郊的丰收村确权中提出的争议较多，解决争议的主要方式是村内调解。

表7 土地确权与纠纷情况

样本村	确权阶段	实测面积	确权中是否调地	确权中提出争议件数	争议中已解决的件数	争议最主要解决方式	争议未解决的最主要原因
孟家村	量地	未公布	否	35	10	1	四至不清
香山村	量地	未公布	否	8	0	1	计生、口粮田政策等扰乱
岳家店	量地	未公布	否	0			
姜家店	量地	未公布	否	5	0	1	原始承包资料丢失
洪喜河	量地	未公布	否	0			
施家村	量地	未公布	否	0		1	
水缸村	量地	未公布	否	4	0	1	
河信村	量地	未公布	否	0		1	
丰收村	量地	未公布	否	35	30	1	承包共有人不清、四至不清
富强村	未确权						
王家村	量地	未公布	否	7	0	1	原始承包资料丢失、四至不清
大良村	未确权						

本次调研在村级层面详细收集了村干部对二轮承包以来土地纠纷情况的估算。总体来看，如图1所示，土地承包经营纠纷占大多数，其次是征占纠纷和流转纠纷①。图2表明确权的开展确实增加了一部分纠纷，增量为68件。在已化解的纠纷中，村委会及村民小组的调解是纠纷解决的最主要方式，其次是乡镇调解和自行调解，由仲裁和法院解决的纠纷数量很少(见图3)。访谈中了解到，村民和村组干部多不愿将争议上升到乡镇及以上层面，他们认为乡镇及以上层面的仲裁会将矛盾无谓地夸大，造成不必要的麻烦。从农经站工作人员透露的信息看，土地纠纷问题反映出调研地区仲裁和司法制度运行成本相对高昂，与民间习俗难以有效融合。

① 根据对户表的统计，流转纠纷发生比例也最小，然而具有增多迹象，不可忽视。据辽源市农经站统计，土地流转纠纷时有发生。随着国家一系列惠农政策的落实，以及各种补贴力度不断的加大，一些出让方违约收回土地，而受让方不同意，造成土地流转纠纷案件增多。2013年上半年辽源市共接待农民土地政策咨询1000多起，各县（区）受理土地流转纠纷调解51件。

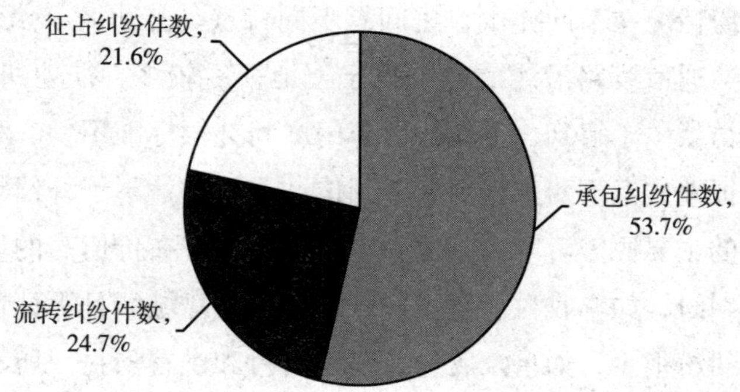

图1 样本村各类纠纷件数

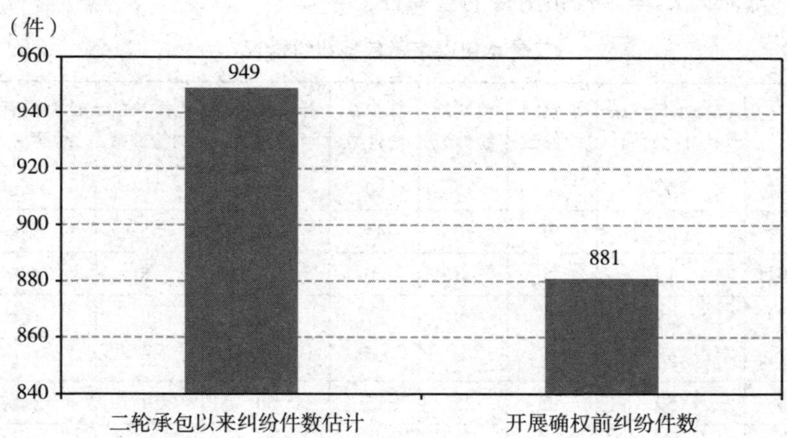

图2 确权引起的纠纷变动情况

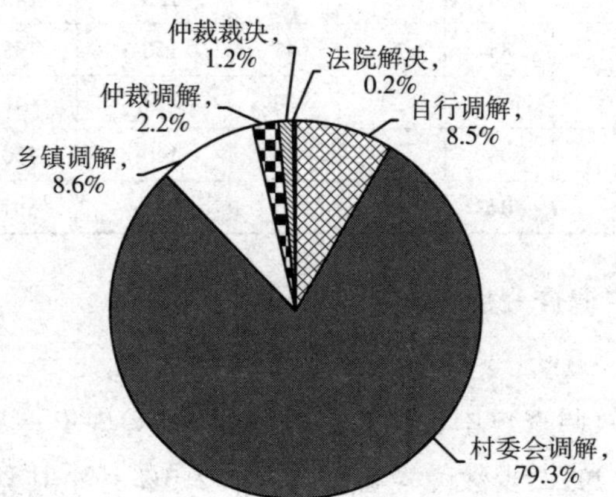

图3 已化解纠纷的解决方式

土地纠纷情况在不同样本村之间有不同特点（见表8）。第一，铁路、电力、油管、通信线路沿线的村屯由于土地征占较多，征地纠纷也较多，如孟家村。访谈中了解到，土地征占部门之间补偿标准不一、私下和农民协商补偿、征地方案不明工程规划不到位、违反诚信不予补偿等问题是引起征占纠纷的主要原因。第二，地少人多、土地潜在价值高的城郊地区容易引发承包纠纷，如丰收村、富强村。第三，远离城区且无征地问题的平原地带土地纠纷很少，如岳家店村、姜家店村和洪喜河村。所有村干部都认为村组调解是解决纠纷最有效的途径，这反映了完善农村自治制度，并使之与非正式治理方式相衔接的重要性。

表8　　二轮承包以来承包地纠纷情况

样本村	二轮承包以来纠纷件数估计	承包纠纷件数	流转纠纷件数	征占纠纷件数	开展确权前纠纷件数	已解决的纠纷件数	认为最有效纠纷解决方式
孟家村	100	25	15	60	95	70	调解
香山村	64	10	10	44	52	55	调解
岳家店村	10	5	5	0	10	8	调解
姜家店村	25	9	9	7	20	20	调解
洪喜河村	20	9	9	2	20	19	调解
施家村	50	10	25	15	60	51	调解
水缸村	50	25	20	5	46	40	调解
河信村	90	66	24	0	90	80	调解
丰收村	160	100	35	25	125	145	调解
富强村	150	85	20	45	150	135	调解
王家村	80	60	20	0	73	48	调解
大良村	140	100	40	0	140	130	调解
合计	939	504	232	203	881	801	

（二）样本户调查分析

1. *户主信息*

在177个有效调查户中，户主平均年龄为56周岁；户主为男性的有165户，占比93.2%；少数民族4户，占比2.3%；中共党员32户，占比18.1%；干部35户，占比19.8%；在本村是大家族的有66户，占比37.3%，这个比例低于本次全国调研的其他地区。户主主要职业为务农的有154户，占比87%；外出打工11户；政府机关村组工作4户。

2. 家庭基本情况

人口情况。样本户家庭成员为户均3.9人，分到地的人数为户均3.1人；正在上学的人数为户均0.44人，劳动力为户均2.25人，其中在家务农人数为户均2.03人；平均每人每年做农活时间累计为2.6个月。

收入情况。样本户有170户种植粮谷，主要是玉米，少量种植水稻，占比96%；养殖牲畜的有4户，养殖家禽的有3户；种植蔬菜的有3户；其他项目很少。近三年户均每年农业经营纯收入为1.37万元。农业经营结构的单一于玉米导致农户务农收入预期比较准确。

3. 土地承包与流转情况

土地承包情况。样本户户均家庭承包经营土地面积为11.4亩，其中，旱地为11.1亩，水田为0.32亩，其他土地类型几乎没有。户均承包土地块数为3.9块，49.2%的农户地块离家小于0.5公里，34.5%的农户为0.5~1公里，9.6%的农户为1~2公里，6.8%的农户为2公里以上。

关于农户对土地承包权利的看法，50.8%的农户希望承包到期后重新划分地块，而49.2%的农户不希望重新分地，这可能表明农户对农地分配现状总体并不太满意。农户对土地小调整的意愿方面，41.8%的农户不希望对土地做小调整，13%的农户希望1~3年一调，19.8%的农户希望4~6年一调，15.3%的农户希望7~10年一调，10.2%的农户希望10年以上一调。关于合适的土地承包期限，44.6%的农户希望延长为50年以上或永久承包，14.1%的农户希望为30~50年，这可能反映了该地区农户对土地产权意识比较强。

土地流转情况。样本户中，19.2%的农户转入土地。转入土地的农户中有50%的农户是因为主动委托，38.2%的农户是因为认为经济效益较好。转入合同方式上，58.8%的农户采用了口头合同，41.2%的农户采用了书面合同。44.1%的流转合同是期限不固定的，而固定期限合同平均年限为7.25年，短则1~3年，长则10~30年。平均每亩土地租金为450.3元。绝大多数转入类型为转包或出租。

4. 土地确权、征占与纠纷状况

农户问卷涉及了农户对土地权利归属的认识问题，当被问及“您认为您家承包的土地归谁所有?”，认为土地归自己所有的有 129 户，占比 72.9%；认为土地归国家所有的有 28 户，占比 15.8%；认为土地归集体所有的有 16 户，占比 9%；不清楚的有 4 户，占比 2.3%。这可能又一次反映了该地区农户土地产权意识比较强。

土地开始确权的有 148 户，占比 83.6%；由于未公示确权结果，绝大多数农户不知道实测面积是多少。已开展确权农户均表示确权时没有调整土地。

土地纠纷方面，二轮承包以来土地发生过纠纷的有 21 户，占比 11.9%。在这 21 户中，因承包发生纠纷的有 7 户，占比 33.3%；因流转发生纠纷的有 6 户，占比 28.6%。因征占发生纠纷的有 8 户，占 38.1%；已经解决的纠纷有 4 件，纠纷主要解决方式为调解。

五、主要结论与政策建议

1. 农民对土地的依赖性、村屯人口密度、与城市区位关系对农村土地权界难度和土地权益敏感性可能具有显著影响

作为中国商品粮主产区，吉林省农业生产对土地具有高度依赖性，土地面积与农民福利息息相关，与河北、安徽等其他调研省份情况相比，农民对土地权利归属问题持有更加认真的态度，更倾向于认为土地具有家庭私有财产的属性，对以村组为单位的土地小调整更加排斥，且普遍期望土地承包关系更加长久。作为土地密集型的玉米生产，过低的人均土地面积不利于适度规模经营的发挥，较高的村屯人口密度会显著激化人地矛盾和确权难度。与城市和交通线距离近的村落由于土地潜在价值较高，征地现象较多，各类土地纠纷也更加严重，辽源市西安区富强村是此类情形的集中体现。

2. 农户之间因土地边界问题产生的纠纷、农户之间土地流转纠纷不应是政策关注的主要问题

由于耕种的需要，相邻农户之间时有彼此越界的行为，在调研两地许多村组，每年都有因越界产生争议而反映到村干部那里的情况发生。由于协议不完善，农户私下之间土地转包、互换、出租等流转方式下经常因合同期限和租金问题产生争议，近年来有增多趋势。但这两类问题都不会引起成规模的冲突发生，纠纷也比较容易通过村组调解得到解决，因此不应

是政策关注的主要问题。

3. 土地档案管理制度的不完善、相关农业政策的变动以及征地制度的不健全是纠纷难以解决的重要原因，应予以重视

土地档案的缺失使村组和地方有关部门在调解纠纷问题上缺少基本的依据，中央相关政策的变动也使地方工作失去参考，甚至引发各种不公行为。在吉林省，农业税费和农业支持保护等政策的历次变动在村组层面土地纠纷调解工作中往往都能得到反映，两田制、计生政策的捆绑都使土地纠纷问题复杂化。铁路、公路、通信、林业、电力等部门征地行为的不规范造成的土地纠纷问题最为棘手，甚至有时会严重破坏村民和村干部之间的信任关系。

4. 农村村民自治制度亟待完善，其完善的路径方向应是与农村业已形成的风俗习惯、宗族权威等非正式治理方式相衔接

完善的农村村民自治制度有望解决农村基础设施公共投入不足、村干部工作激励不足的问题，也有利于通过高效的民主决策，灵活调整土地承包关系以缓解人地矛盾。多个省份的调研都发现，当前的村民自治制度还过于孱弱，难以有效发挥作用，新式的民主决策机制还有待于磨合，与农村长久以来形成的村务问题处理方式难以吻合，这不利于农村确权过程中土地矛盾的解决。

5. 农村土地确权应是一个长期磨合的过程，不可能一蹴而就

由于上级政府的施压和地方官员的政绩需要，调研中发现一些地区确权进展过于急促。通过翻阅一些基层部门确权问题指导总结，可以发现对于一些本应因地制宜处理的纠纷情形，在思路尚未成熟的情况下给出了笼统失当的处理原则。对于一些较为复杂棘手的问题，一味回避导致确权的实质效益打了折扣。因此，对于不少地区而言，行政体制和政策执行方式改革应至少与确权工作同步进行。

附录 6

山东省土地承包经营权确权与纠纷调研报告

——以金乡县为样本

一、调研概况

（一）调研简介

1. 调查目标

通过专题调研，调查了解山东省济宁市金乡县土地确权进展情况、确权过程中突出的问题、土地纠纷的形式和解决问题的对策，为进一步开展土地确权、完善相关政策措施提供可行的建议和实践依据，为制定下一阶段土地政策提供参考。

2. 调查内容

（1）山东省土地确权进展状况、存在的问题和纠纷的形式。

（2）1998 年以来国家及地方出台的相关土地政策、措施和成效。

（3）收集“二调”以来典型土地纠纷问题，总结山东省在土地确权、流转、纠纷等方面的创新点。

3. 产出的基本情况

本次调研共完成了 6 份村表和 97 份户表，并在此基础上完成本专题调研报告。

4. 调研时间

调研时间为 2014 年 11 月 4 ~6 日。

（二）调查方法及样本选取

本调查运用典型抽样的方法从山东省选取了金乡县作为样本县，用随机抽样的方法从样本县中抽取 3 个乡镇 6 个村作为样本村，再从每个样本村中随机抽样 15 户农户作为样本调查户。调研样本的具体情况如表 1 所示。

表1 调研样本情况

调研地区	调研地点		样本量（户）
济宁市金乡县	司马镇	唐庄村	16
		张周胡村	18
	霄云镇	李尧村	14
		霄云村	19
	王丕镇	于庄村	15
		苏庙村	15

二、确权背景和基础条件

山东省地处东部沿海、黄河下游，东部为半岛，突出于黄海、渤海之间，西部为内陆，与冀、豫、皖、苏4省接壤。全省土地总面积为15.67万平方公里，占全国土地总面积的1.6%。全省地形复杂，山地占比15.5%，丘陵占比19.4%，平原占比55.0%，湖泊占比0.8%，其余占比9.3%。东部半岛以丘陵为主；鲁中南有较多的中山和低山；黄河贯穿鲁西南和鲁北，形成大面积泛滥冲积平原；黄河入海口不断淤积延伸，构成黄河三角洲。全省土壤总面积为11979519公顷，约占全省土地总面积的76.3%。其中，潮土、棕壤土占比71.8%，褐土占比18.2%，涝洼黑土占比4.6%，盐碱地占比3.4%。

（一）山东省各类土地利用状况

农用地面积为10821749公顷，占全省土地总面积的68.90%。其中，耕地面积为7689287公顷，占土地总面积的48.96%；园地面积为1033388公顷，占土地总面积的6.58%；林地面积为1315275公顷，占土地总面积的8.37%；牧草地面积为41731公顷，占土地总面积的0.27%；水面面积为742068公顷，占土地总面积的4.72%。

建设用地面积为2843965公顷，占全省土地总面积的18.11%。其中，城乡居民点及工矿用地面积为1826710公顷，占土地总面积的11.63%；交通用地面积为458859公顷，占土地总面积的1.92%；水利设施用地面积为558396公顷，占土地总面积的3.56%；未利用地面积为2039527公顷，占土地总面积的12.99%。

（二）济宁市金乡县土地概况

金乡县位于山东省西南部，处于山东、安徽、江苏、河南四省交界处，地理位置优越，全县辖9镇4乡、659个村。地貌特征为黄泛平原和低山丘陵两大地形，地势由西南向东北方向倾斜，海拔高度在34～40米，南北高差4.1米，东西高差3.9米。金乡县属温暖带季风型大陆性气候，光照充足，四季分明，雨量充沛。年平均气温为13.8度，年平均降水量为694.5毫米。金乡县土地总面积为88766.8公顷，包括农用地面积71949.5公顷，占比81.06%；建设用地面积15209.4公顷，占比17.13%；其他土地面积1607.9公顷，占比1.81%。在农用地中，耕地面积63034.6公顷，占比87.61%，水浇地面积63032.0公顷，水田面积2.6公顷；园地面积75.6公顷，占比0.11%；林地面积2295.4，占比3.19%；其他农用地面积6544.0公顷，占比9.10%。

三、金乡县土地确权基本情况

（一）试点乡镇基本情况

霄云镇地处金乡县东南部，位于两省（苏、鲁）四县（鱼台、丰县、单县、金乡）交界处，现辖51个行政村、5.2万人，总面积73平方公里，耕地7.6万亩。

司马镇坐落于鲁西南富庶的黄淮平原、金乡县南部，人口3.4万人，面积51.4平方公里，耕地面积5.6万亩，土地肥沃，气候温和，四季分明，光照充足，雨量适中，环境优美。

王丕镇位于鲁西南平原腹地，境内土地全部为平原，地势平缓，地面高程一般在海拔35～37米。地处金乡县城南5公里，总人口2.30万人，总面积34.4平方公里，耕地面积3.7743公顷，人均耕地1.64亩，全部为水浇地，以种植大蒜、小麦、棉花、玉米、蔬菜为主。

（二）工作开展情况

霄云镇辖51个村，2013年选择2个村开展了农村土地承包经营权确权登记试点，在顺利完成2个试点村的基础上，2014年全面开展了农村土地承包经营权确权登记颁证工作，截至2014年11月已完成50个村的确权登记颁证工作。

司马镇辖43个村，2013年选择2个村开展了农村土地承包经营权确权登记试点，在顺利完成2个试点村的基础上，2014年全面开展了农村土地承包经营权确权登记颁证工作，截至2014年11月已完成42个村的确权登记颁证工作。

王丕镇辖29个村，2013年选择2个村开展了农村土地承包经营权确权登记试点，在顺利完成2个试点村的基础上，2014年又开展了19个村的确权登记颁证工作，截至2014年11月已完成21个村的确权登记颁证工作。

在各村土地承包经营权确权登记颁证工作中，尚存在以下几方面问题。

（1）积极性、主动性不高。许多基层干部认为，1999年二轮延包时，已签订合同和颁发经营权证，2007年农村土地突出问题专项治理时，又换发、补发了经营权证，现在再搞确权登记颁证没有必要，害怕引发新的矛盾问题，工作不够主动，配合不够积极。另外，许多村没有经营收入，但这项工作需要村里配合入户调查、面积测绘和公示确认等，也需要人员投入和经费支出。还有的村干部求稳怕乱，要求土地确权登记完全按照原来承包台账合同、图解法进行，完全与原来农户承包现状相一致，只是换签合同、重新发放证书，这样虽然避免了矛盾，但却使确权登记工作流于形式。

（2）资金投入大。聘用专业测绘公司对土地面积进行测绘、制图并实行软件信息化管理，都需要较大的经费投入，仅面积测绘一项，如果是实测，每亩费用高达20多元，即便是实测加图解法，平均每亩费用也要在12元左右，再加上入户调查、软件开发、证书印制等，每亩费用将达到19元左右。农业部新的行业标准颁布实施后，国土“二调”影像图资料已不能满足比例尺要求，如若再航拍取得影像图，每亩还要再增加2元左右的费用。

（3）易引起纠纷。二轮延包十几年来，按照法规实行“增人不增地，减人不减地”的地方，新增无地人口强烈要求享受土地承包经营权，希望进行土地调整，而让出土地的农民看到确权登记颁证，又想要回原来的土地，这两种情况都面临农户不配合、不签字的问题，且容易引发一定的纠纷。

（4）据实确权与现实形成矛盾。在土质差异大的地方，二轮延包时，相同承包人口的家庭，土质差的承包土地面积相对较多，实测后造成各户人均面积不一致。许多农户不同意按实有面积确权，只接受按平均实测面积确权。

（5）以租代征承包地问题。这些承包地大多已改变了农业土地用途，变成了厂房等建筑设施。如果确权颁证，占用主体没有积极性，而不确权颁证，农民群众有意见，处理不好，容易引发政府和群众的矛盾。另外，已纳入开发区规划或城镇规划的村，都面临土地被征占或村庄拆迁等问题，还有采煤塌陷地等，也都难以开展确权登记颁证工作。

四、样本村、样本户土地确权情况分析

（一）样本村调查内容分析

1. 基本情况

本次调查所选择的样本村距离县城和乡政府均不远。这些样本村位于地势条件较好、土壤肥沃的黄泛平原，一个行政村只包含 1～3 个自然村。样本村区位情况如表 2 所示。

表 2　样本村区位情况

样本村	自然村数（个）	村地势	距县城路程（公里）	距乡镇路程（公里）
于庄村	1	平原	5	0.5
唐庄村	3	平原	17	1.25
李尧村	1	平原	22	2
霄云村	4	平原	23	0.5
苏庙村	1	平原	8	3
张周胡村	3	平原	20	1.5

如表 3 所示，从所调查的样本村经济发展情况来看，没有一个村为贫困村；经济发展水平在全镇靠前的有于庄村、霄云村和苏庙村，其余居中；而全年人均纯收入较低的于庄村和唐庄村分别只有 1000 元和 2000 元，考虑到实际情况，应该存在误差，可能是数据问题。

表 3　样本村经济发展情况

样本村	是否为贫困村	经济发展在全镇排名	全年人均纯收入（元）
于庄村	否	靠前	1000
唐庄村	否	居中	2000
李尧村	否	居中	10629
霄云村	否	靠前	9800
苏庙村	否	靠前	11000
张周胡村	否	居中	5500

如表4所示，在样本村的调查中，从纯农户角度来看，比例较低，除于庄村和唐庄村纯农户占总户数的比例较高，分别为95.3%和80.0%外，其余均在50%以下；从外出打工人口来看，唐庄村连续外出务工6个月以上人口占总人口的18.7%，霄云村这一比例为13.8%，其余均较低。

表4　　样本村户数与人口情况

样本村	总户数	纯农户（户）	比例（%）	全村总人口	其中连续外出务工6个月以上人口	比例（%）
于庄村	106	101	95.3	311	0	0.0
唐庄村	250	200	80.0	1071	200	18.7
李尧村	206	40	19.4	686	32	4.7
霄云村	680	136	20.0	2460	340	13.8
苏庙村	105	15	14.3	418	10	2.4
张周胡村	164	80	48.8	565	60	10.6

2. 土地承包、流转与确权情况

如表5所示，样本村的人均土地承包面积均不超过2亩，人均土地较少。土地整体质量中等偏上，灌溉条件较好，土地二轮承包以来均没有重新调整过土地，这和国家所推行"增人不增地、减人不减地"的土地政策有关。

表5　　土地承包情况

样本村	人均耕地面积（亩）	耕地灌溉条件	土地总体质量	土地二轮承包以来是否调整过
于庄村	1.52	较好	一般	没有
唐庄村	1.3	一般	一般	没有
李尧村	1.8	较好	较好	没有
霄云村	1	一般	一般	没有
苏庙村	1.8	较好	一般	没有
张周胡村	1.5	较好	一般	没有

如表6所示，样本村土地流转面积均较少，有土地流转的村主要是农户与农户之间的流转，因此流转租金相对较低。由于流转主要发生在农户

与农户之间，故用于种植经济作物的较少，只有唐庄村和张周胡村有。

表 6　土地流转情况

样本村	流转总面积（亩）	流转用于种植粮食（亩）	流转用于经济作物（亩）	流转给农户（亩）	流转给合作社（亩）	流转给企业（亩）	流转租金（元/亩）
于庄村	0	—	—	—	—	—	—
唐庄村	20	—	20	20	—	—	500
李尧村	30	30	0	30	0	0	600
霄云村	0	—	—	—	—	—	—
苏庙村	—	—	—	—	—	—	—
张周胡村	15	6.5	8.5	15	0	0	600

如表 7 所示，所调查的样本村中，只有唐庄村和李尧村土地确权进展到完善合同阶段，其他都已经颁证，确权工作开展较为顺利。由于确权过程中都没有调整过土地，因而确权过程中产生的纠纷较少。土地二轮承包以来，在所发生的土地纠纷中，主要是承包纠纷。所有解决纠纷的方式中最有效的是调解，无论是村委会调解还是乡镇调解。

表 7　土地确权情况

样本村	确权工作进行到哪一阶段	确权过程中是否调地	确权过程中当事人提出争议共多少起	二轮承包以来，共发生土地承包经营纠纷（件）	承包纠纷（件）	全部纠纷中已经解决（件）	认为哪种解决纠纷方式最有效
于庄村	颁证	没有	3	8	8	8	调解
唐庄村	完善合同	没有	5	5	5	5	调解
李尧村	完善合同	没有	0	2	2	2	调解
霄云村	颁证	没有	3	2	2	2	调解
苏庙村	颁证	没有	1	—	—	—	—
张周胡村	颁证	没有	2	6	6	—	调解

（二）样本户调查分析

1. 户主信息

在总共调查的 97 户中，其中，户主是女性的有 6 户，占比 6.2%，户主是男性的有 91 户，占比 93.8%；少数民族有 3 户，占比 3.1%；党员有 37 个，占比 38.1%；干部有 16 个，占比 16.2%；在本村是大家族的有 66

户，占比68%。户主职业分别有：务农82户，占比84.5%；外出打工有10户，占比10.3%；村组织工作有1户，占比1%；其他4户，占比4.1%。

2. 家庭基本情况

人口情况。在总共97户中，家庭成员总数平均每户有4.3人，分到地的平均每户有3.4人，占比78.8%；上学的平均每户有1人，家里有需长期照料的病人的有21户，占总户数的21.6%；劳动力平均每户有2.8人，占总人数的64.5%，其中，在家务农的平均每户有2.1人，占劳动力人数的77.0%，平均每人要做农活7.9个月。

收入情况。在所调查的97户中，有35户种植粮谷，占比36.1%；种植棉花的有67户，占比69.1%；种植蔬菜的有71户，占比73.2%；从事园艺的有11户，占比11.3%；其他农业项目都较少。近三年来年均农业经营纯收入平均每户有0.84万元，务农收入与年初预期基本符合。2013年外出打工人员总共有69人，占总劳动力人数的25.7%；平均每人外出务工4.4个月，每个月平均工资为2728.75元。

3. 土地承包与流转情况

土地承包情况。在样本户97户中，平均每户承包的土地总面积有6.45亩，其中水浇地占90.8%，水田占3.9%，林地占0.2%，其他占5.1%。土地块数平均有2.6块，土地离家距离平均有0.5公里；土地承包到期后希望重新划分土地地块的有47户，占比48.5%，不希望的有50户，占比51.5%；平均认为土地10年以上进行一次小调整比较合适，土地承包合同期30~50年比较合适；近五年来土地均有做过适当改良，以后对自家地是否进行改良并不清楚。

土地流转情况。在样本户97户中，有转入土地的有11户，占比11.3%；有转出土地的有5户，占比5.2%；转入与转出土地用途多用于耕地；转入土地平均租金为每亩每年457元，转出土地平均租金为每亩每年775元。

4. 土地确权、征占与纠纷状况

从土地所有权归属问题来看，认为土地归国家所有的有37户，占比38.1%；认为土地归自己所有的有28户，占比28.9%；认为土地归集体所有的有21户，占比21.6%；不清楚的有11户，占比11.3%。土地确权过程中，仅有2户调整过土地，其余均没有调整过土地。

从土地征占情况来看，二轮承包以来土地有过征占的有8户，占比8.2%；没有过征占的有89户，占比91.8%。在征占的8户中，征占土地用于城镇化公共基础设施建设的有6户，占比75%；用于城镇经营性建设用地的有2户，占比25%。其中，有补偿的有4户，占比50%，有3户为一次性现金补偿，剩余1户以以租代征的方式补偿，均无房屋、工作、社保等其他补偿；无补偿的有4户，占比50%。

从土地纠纷状况来看，二轮承包以来土地发生过纠纷的有5户，占比5.2%；未发生过纠纷的有92户，占比94.8%。在土地发生过纠纷的5户中，因承包发生纠纷的有3户，占比60%；因流转发生纠纷的有1户，占比20%；因征占发生纠纷的有1户，占比20%。纠纷主要解决方式为调解的有4户，占比80%。

（三）主要发现与结论

1. 经济状况发展较好的地方开展确权工作相对容易

从所调查样本村的经济发展状况来看，经济发展水平在全镇排名靠前，发展基础较好，因而在开展土地确权工作的时候相对较为容易，尤其是在资金的投入、人员配备方面。

2. 山东省人均耕地少、土地流转率低、土地调整较少

从所调查的样本村来看，平均人均耕地只有1.5亩，也就是说，对于一个四口之家，即使每个人都有耕地，才达到6亩，这对于以土地为生的农民来说弥足珍贵，这就造成了土地流转率非常低。十几年来，土地几乎没有做过调整，虽然这和农民的实在和踏实分不开，但和国家政策更是息息相关。

3. 确权工作进展顺利，产生的纠纷较少且容易解决

根据所调查的样本村的情况，确权工作都已经到了完善合同阶段，其中有4个村已经颁发经营权证。在确权过程中，产生的纠纷较少，这和当地开展确权之前的相关宣传工作分不开；对于产生的纠纷，基本通过村里调解就可以得到妥善解决。

五、政策建议

1. 合理调整土地政策，减少土地细碎化，推进土地流转

在保证土地耕地面积不减少的情况下，政府合理调整土地，鼓励农民

将零星分布、条块较多的土地集中，对于土地集中达到一定面积以上的农户给予奖励；另外，要积极推动土地流转。在产业带动和土地集中的过程中，推进农户间通过互换、转让等形式的土地流转，有效整合各家各户的土地，减少土地细碎化的程度，为后面的确权工作减少工作量。

2. 政府应加大对土地确权工作的宣传力度，扩大资金人员投入

为了确保土地确权工作的顺利进展，政府应加强对土地确权意义的宣传工作，如确权时召开村党员会进行学习，并印发土地确权工作册，带动其他村民配合确权工作的积极性；此外，政府应加大对当地确权工作的资金投入，并配以相关人员监督指导，有效完成土地确权工作。

3. 建立相关调解机构，缓解乡镇村级调解压力

农村的集体土地确权工作存在一定的难度，很大一部分是由于存在土地纠纷问题，要想妥善解决这一问题，就要建立由国土、农业、房建、公安、检察院、法院等联合组成的农村集体土地权属纠纷仲裁机构，对农民群众中存在的土地权属争议，包括土地所有、使用、经营、承包等各类纠纷进行仲裁，要明确法律规定，严格按照法律规定执行仲裁，保证仲裁工作过程的公平、公正、公开，真正解决农村土地纠纷，切实保护农民的合法权益，及时化解矛盾、消除隐患。

4. 严格监督检查机制，减少矛盾争议

在完善农村集体土地确权工作的过程中，要建立、实行严格的工作监督检查机制，成立专门负责确权工作监督检查的领导小组，负责前期、后期各个环节工作的跟踪监督以及审查工作，发现问题，及时处理，尽最大努力确保每一次工作程序的完善，确保相关的登记工作的完整、准确；与此同时，要在确权登记后期及时跟踪检查，不断整改，对已经完成确权登记的每宗土地进行跟踪，逐步完善后期工作，确保每宗土地存在的问题能在第一时间得到整改修正，确保确权工作的质量。

5. 拓宽反馈渠道，听取群众意见

反馈是农村集体土地确权工作的重要环节，要拓宽反馈渠道，积极听取群众的意见，根据群众意见开展后期总结、整改工作，以便于在未来的工作中采取更有利于农民群众、更方便更快捷的确权措施。

附录 7

河北省农村土地承包经营权确权与纠纷调研报告

——以平乡县、张家口市为样本

为摸清我国农村土地承包经营纠纷现状，特别是土地确权登记对纠纷的影响，调研组于 2014 年 9 月赴河北省邢台市平乡县和张家口市进行调研，先后走访了平乡县 3 乡（镇）6 村、张家口市 2 县 3 乡（镇）9 村，共完成 15 份村表问卷和 174 份农户户表问卷。现将有关情况汇报如下。

一、两县农村土地承包经营权确权与土地承包经营纠纷现状

（一）平乡县农村土地确权及土地纠纷情况

平乡县是河北省农村产权制度改革试点县，也是 2014 年农业部土地承包确权整县推进试点县，在农村土地确权、纠纷化解等产权制度改革方面积累了一定的经验和做法，也凸显出我国类似地区在确权和纠纷方面存在的一些问题和困难。

1. 土地确权进展概况

截至 2014 年 9 月，平乡县已有 73 个村取得明显进展，登记亩数 113716 亩，其中已颁证或达到颁证条件的有 39 个村。此次调研的 6 个村中，有 2 个村（平乡镇西庄村、北柴村）已经颁证、3 个村在完善合同阶段（河古庙镇袁庄村、陈家庄村，丰州镇西田村）、1 个村在公示阶段（丰州镇魏闫庄村）。

2. 土地确权的主要做法

在确权过程中，平乡县按照标准化、规范化的要求，积极创新，取得较显著成效。其主要做法有：一是形成 4 段 9 步工作法，为登记工作形成规范的工作流程；二是为降低确权费用，派人学习并掌握使用“二调”数据和采用高精度实测设备现场测量两种技术；三是形成《平乡县土地承包经营权调查摸底工作 6 项注意》等 8 项规程；四是通过乡村培训建立自己

的登记技术队伍，将确权成本降至每亩25元左右。此外，还通过建立土地流转交易平台开展农村土地承包经营权抵押贷款、农户承包地经营权流转、农村集体经营性资产交易等工作，将确权登记工作与完善农村产权制度、实现资产财产化有机结合起来。

3. 土地纠纷及其与土地确权关系情况

一是土地承包经营纠纷呈现上升趋势。2012年全年平乡县相关部门共受理土地承包经营纠纷23件，2014年前三个季度，就已受理纠纷30多件，而第四季度往往为纠纷高发阶段，可以预见2014年纠纷数将较大幅度高于2012年。二是流转和侵权纠纷较多。平乡县土地承包经营纠纷包括承包合同纠纷、流转合同纠纷、侵权纠纷、确权纠纷、征地纠纷等。最主要的纠纷有两类：一类是由于土地流转不规范引起的纠纷，包括互换纠纷、转包纠纷、代耕代种纠纷；另一类是土地承包经营权侵权引发的纠纷，包括人死地在、外嫁女被收回土地、返乡要地、外出务工将土地转包他人等各种因素引发的纠纷。以丰州镇魏闫庄村为例，土地二轮承包以来，魏闫庄村共发生土地承包经营纠纷22起，涉及土地78亩，均为承包纠纷。三是迄今为止土地确权并没有引发大规模土地纠纷。从调研的6个村的情况来看，在确权过程中仅2个村有争议发生，其中，丰州镇西田村有1件，涉及3户4亩地；丰州镇魏闫庄村有3件由于承包共有人不清导致的纠纷，涉及8户22亩地。目前，这两个村的共4件纠纷已经都通过调解的方式得以解决。

4. 土地纠纷解决及纠纷仲裁情况

从平乡县6个村的情况看，二轮承包以来河古庙镇袁庄村共发生2件纠纷、丰州镇魏闫庄村共发生22件纠纷、丰州镇西田村共发生5件纠纷，目前均已解决。在纠纷解决的过程中，调解发挥了极大作用。河古庙镇袁庄村的2件纠纷中，1件通过自行调解解决，另1件通过村委会调解解决；丰州镇魏闫庄村22件纠纷中，8件自行解决，14件通过村委会调解解决；丰州镇西田村5件纠纷中，4件自行调解解决，1件通过村委会调解解决。在调研的6个村中，通过乡镇调解、仲裁调解、仲裁和法院途径解决的纠纷为0。而民众也几乎一致地认为，调解是解决土地承包经营纠纷最为有效的途径。

（二）张家口市农村土地确权及土地承包经营纠纷情况

张家口位于河北西北部，是北京的生态屏障、水和电等资源供应地、蔬菜等农副产品供应地，为北京发展作出了极大贡献，特别是为了保障北京地下水资源，张家口政府人为关闭了许多用于浇地灌溉的水井，农业耕作受到很大影响，经济发展受到很大限制（此次调研的9个村中有7个为贫困村），这对张家口土地确权工作和土地纠纷特点也有一定影响。

1. 土地确权进展概况

张家口市2013年确定大柳沟村等部分村为市级农村土地承包经营权登记试点村，开展了确权登记，2014年继续扩大试点范围，确立全市19个县（区）共19个乡（镇）274个村开展“整县整乡”推进登记试点工作，并要求2014年底完成总结验收，但截至调研时，由于资金匮乏、遗留矛盾难以处理等问题，部分地区确权登记进展情况较为缓慢。此次调研的乡镇和村中，仅尚义县甲石河乡大柳沟村已基本完成确权登记并进入颁证阶段，其他村和乡镇仍在制定方案而没有进入实质阶段。

案例1　张家口市大柳沟村土地承包经营权确权

尚义县大柳沟村经济发展落后、人口较少、村情较为简单，矛盾纠纷相对较少。这也是选择大柳沟村为确权登记试点的重要原因。此次确权登记，经过组织培训、收集调查资料和建立数据库、入村调绘与农民确认、建立农村土地承包管理信息系统4个阶段，坚持“三不漏、四对口、二公示、三确认”的操作原则。“三不漏”即村不漏户、户不漏人、人不漏地块；“四对口”即农户承包地块信息通过农户指认、二轮土地分地底册核认、国土局二调航空摄影图勾画、实地测量四口归一进行逐地核实；“二公示”即公示家庭成员和土地承包登记表以及地块矢量化公示图；“三确认”即农户对农户承包地块情况登记表、土地承包经营权登记公示表、土地承包经营权登记公示图逐块确认。

大柳沟村二轮土地承包合同面积582亩，经过此次清查登记，剔除合同面积中退耕还林面积334.84亩，同时对二轮承包时未纳入承包合同的8.82亩菜地和36.35亩第五类地进行了重新登记确认，因此，此次实际登记确认地宗317块、面积292.23亩，并建立了农村土地承包管理信息系统。大柳沟村土地确权成本约为40元/亩，2013年县财政负担15万元，基本满足此次确权所需资金成本。

2. 农村土地承包经营纠纷情况

（1）纠纷总体情况。根据调研所得村表，9个样本村的土地承包经营纠纷情况如表1所示。

表1　张家口样本村农村土地承包经营纠纷情况

村名		二轮承包以来纠纷数（件）	纠纷类型			涉及农户	涉及土地面积（亩）	解决情况	
			承包	流转	征占			件数	途径
尚义县甲石河乡	大柳沟	2	2	—	—	4	0.1	2	村调解
	瓦桶沟	1	1	—	—	2	—	1	村调解
	西杨木沟	10	10	—	—	34	—	—	—
张北县馒头营乡	东壕堑	0	—	—	—	—	—	—	—
	白沙淖	0	—	—	—	—	—	—	—
	王簸箕沟	2	—	1	1	191	1	2	村调解
张北县郝家营乡	大庙营	1	—	1	—	1	15	1	村调解
	盘城营	1	1	—	—	2	17	1	乡调解
	三义美	0	—	—	—	—	—	—	—

从调研数据来看，与平乡县情况类似，二轮承包以来土地承包经营纠纷情况总体来看尚在可控范围内，且以承包纠纷居多。但有两点值得注意：一是虽然统计的纠纷数量相对不多，但一部分纠纷涉及的农户数量较多，如王簸箕沟的2件纠纷涉及农户191户。这类涉及范围广的纠纷容易引发群体事件，值得关注。二是由于张家口市大部分地区土地确权工作尚未进入实质阶段，因此从此次调研数据尚无法准确衡量确权与纠纷的关系，但从调研了解情况来看，张家口市很多农村地区由于现有土地关系已经较二轮承包时发生非常大变化，确权难度很大，处理不好极易引发纠纷。

（2）纠纷原因与特点。总体来说，张家口市农村土地承包经营纠纷的原因有以下几个方面：一是部分乡村二轮承包工作不规范，土地承包权属不清或确权不准，造成承包地与合同不符，由此引发后续的纠纷；二是部分乡村不按政策规定调整农户承包地，或者因为退耕还林后各户之间土地受到不同影响（例如，有的户将土地全部退耕而没有土地，有的户土地并未受退耕还林影响），为了均衡（即户户都有退耕还林地和耕地）而打乱重分土地，由此引发的纠纷；三是外出人员在没有任何协议情况下自行放弃土地，村委会又将放弃的土地另行发包给他人，现在这部分人又回来要地，由此引发的纠纷；四是土地流转十分不规范，流转的土地面积中一半以上为个人之间口头流转，这为以后诱发纠纷埋下了隐患，如互换土地耕种，后因互换地块价值变化导致不遵守原口头协议或君子协议引发纠纷。

由于张家口可以分为坝上地区和坝下地区，地形地貌不同，土地纠纷也呈现不同程度和特点。其中，尚义县大柳沟村属于坝下地区，人均土地相对较少，加上经济较为落后，土地纠纷程度相对较轻；而张北县处于坝上地区，人均土地较多，且水浇地少、土地贫瘠，导致二轮承包时自愿不要土地的情况大量存在，因此现在回来要地引发的纠纷程度较重。实际上，这种情况在新疆、内蒙古等类似地形地貌的地区同样存在。

案例 2　尚义县农村土地承包经营纠纷特点

尚义县土地纠纷突出表现为二轮承包自愿放弃土地或因外出等原因放弃土地的人现在返乡要地所引发的纠纷。据估计，尚义县各村有5%的农户在二轮承包时自愿放弃了土地。但已经进入颁证阶段的尚义县大柳沟村情况较为简单，这也是选择大柳沟村为确权登记试点的重要原因。据村主任杨兆雨介绍，确权过程中发生了1起纠纷，为家庭内部兄弟之间土地纠纷，后经村委会调解目前已经解决。此外，根据调研了解，大柳沟村共50户农户，其中，“地多人少”的约有6~7户，相对没有发生变化的约有34~36户，“地少人多”的约有6~7户，二轮承包时自愿没有要地而现在又回来要地的有2户10人左右。根据本次调研对纠纷所作的界定，大柳沟村“地少人多”户和现在回来要地户，存在纠纷的隐患。

案例3 张北县农村土地承包经营纠纷特点

张北县的土地纠纷特点则突出表现在以下两个方面。一是退耕还林后土地打乱重分的情况较多，由此引发两个问题：一个是当时有人自愿不要地；另一个是改变了二轮原有土地承包关系，由此引发的纠纷比较严重。据张北县某村数据，村中共160户农户，其中有30~40户在退耕还林重新调地时自愿放弃土地。二是外出农户回来要地引发的纠纷较多，而土地流转纠纷较少。具体表现在，二轮承包时退地且没有办理相关手续，或者二轮承包时找不到原承包人而将地发包给其他人，现在这部分人回来拿二轮承包证书要地，由此引发纠纷。

二、调研中发现的主要问题

对平乡和张家口的调研发现以下几方面问题。

1. 以二轮承包为确权的时间起点在一些情形下不易操作

开展农村土地承包经营权确权，是在二轮承包已签订的土地承包合同和已经颁发的土地承包经营权证书基础上的进一步完善。但在调研中我们发现，实际中有很多地区在二轮承包之后多次调整土地，实际的土地承包关系已经较二轮承包记录发生极大的事实改变。在平乡和张家口主要有这样两种情况：一是一些地区因为退耕还林还草等原因，在二轮承包后不同程度地进行了承包地的调整，这种情况在张家口较多；二是二轮承包时每村都有5%左右的村民自愿不要土地，或分地后又退地，但土地证还在，面对后来土地承包关系事实上的变化，这种情况又加剧了确权的难度；三是个别地区出于农户公平土地的诉求，对土地有一些私自小调整。因此，如果严格地以二轮承包为基础，很多地区的确权工作将面临很大难度，且也不符合农村实际和农民意愿。

2. 城镇化发展较快或有较快预期的地区，确地到户存在较大不确定性

城镇化发展速度较快或有较快发展预期的地区，特别是城乡接合部，由于土地利益越来越大，农民寸土必争，使得原来就存在的边界不清、四至不明、流转不规范等问题导致的问题更加凸显和激烈，农民对确权工作

的利益期望很大，确权难度比较大。平乡县也存在这种情况，他们采取的处理措施就是暂时搁置不予确权，“等到其他地区都确权完成后，他们自己就着急了，就主动要求确权了”。但是，对于这样的处理方式，实际上对暂时搁置不予确权地区的农户来说其正当的土地权益难以在当下或未来得到保障，也是不公平的。

3. 确权登记所需资金的缺口较大

农村土地承包经营权确权登记，需要经过调查摸底、影像解释、制作宗地图、信息录入等14步工作流程等一系列程序和流程规范，在四至不清地区还需要航拍彩图和现场勘测，成本较高。据平乡县农工委估算，确权登记每亩最低需要经费30元左右，虽然从确权开始，平乡地区就积极探索低成本的确权路径，但必要的工作经费仍有较大缺口。而张家口地区由于土地面积较大，四至不清、空间位置不明等情况更多，必须是有资质的公司来完成，确权的成本会更高，基本所需经费都在上百万元左右。目前，张家口地区土地确权工作也正是因为经费不足而导致进展缓慢。以尚义县为例，全县二轮土地承包面积为545541亩，以每亩确权经费需30元计算，仅此项工作就需要经费1600多万元。

4. 政策因素引发的纠纷基层解决难度较大

关于政策因素，以下两个方面是平乡和张家口基层干部反映最多的：一是“政策差”引发大量土地纠纷难以调处。我国一些农村政策调整时在一定程度上缺少前瞻性和统筹协调，导致农民对土地的预期发生变化，影响农民对土地的行为，由此引发了大量纠纷难以解决。最突出的就是，土地二轮承包时仍然收取农业税费，繁重的税费负担使得农民特别是土地贫瘠地区的农民自愿放弃土地，但是几年之后，国家取消农业税费，还给予种地农民以各类农业补贴，“土地红利”形成，这部分当时自愿放弃土地的农户转而要地。这种“政策差”引发大量难以处理的土地纠纷问题。二是相关规定相互“打架”导致部分纠纷难以处理。例如，1997年中央下发《中共中央 国务院关于进一步加强土地管理切实保护耕地的通知》，严禁耕地撂荒，规定“对于不再从事农业生产、不履行土地承包合同而弃耕的土地，要按规定收回承包权”。对此问题，《中华人民共和国土地管理法》规定：“对于农户撂荒两年以上的土地，发包方可以终止承包合同，收回发包的土地。”而按照《中华人民共和国农村土地承包法》第二十六条规定，除全家迁入设区的市转为非农业户口等法律规定情况外，“承包期发包方不得收回承包地”。同时，国务院办公厅发布的《关于妥善解决当前农村土地承包纠纷的紧急通知》也规定：“要严格执行《农村土地承包法》的规定，任何组织和个人不能以欠缴税费和土地撂荒为由收回农户的承包地，已经收回的要立即纠正，予以退还。”这种法律“打架”的情况引发了一系列纠纷，令基层相关部门调处纠纷时无所适从。

三、政策建议

1. 实事求是、科学合理地确定土地确权时间点

鉴于各地二轮承包以来土地实际承包关系已经发生较大的变化，形成事实上的承包关系与二轮承包确定的承包关系的较大不吻合，如果一律以“二轮承包”为基础进行确权，很多地区将面临激发土地矛盾纠纷、无据可依等操作困难。因此，土地确权应实事求是、科学合理地确定土地确权时间点，建议以“现有承包关系”为基础，以稳定土地承包关系和长久不变为出发点和归宿，而不是“一刀切”地以“二轮承包”为基础。

2. 城镇化发展较快地区可以积极探索“确权确利不确地”做法

平乡县在土地确权的过程中，对一些土地情况较为复杂、矛盾纠纷较多的地区，当下确权存在较大困难，特别是在一些城镇化发展较快的城乡接合部，这种情况较为突出，平乡县对比采取“暂时搁置不予确权”的做法。应该说，这也是基层在现有政策规定和指导文件框架下的一种“理性选择”，但当地农户的合法土地权益无法得到及时保障，也因此造成一定程度的不公平。因此建议：一是对确权试点中发现的存在争议的确权政策作出适当修订和完善，提出原则性、指导性意见；二是积极探索在城镇化发展较快地区采取“确权确股不缺地”的确权方式，在规避现有确权困难的同时，保障农户的土地权益；三是充分发挥农民民主和基层自治，解决确权过程中当地面临的具体和特殊困难。

3. 加大财政支持的同时创新方式解决确权经费问题

当前，缺少经费成为阻碍各地确权工作的普遍困难。经费都由中央财政承担是不现实也是不符合“事权与支出责任相匹配”原则的，因此建议：一是地方财政应将确权经费纳入地方财政预算，给予确权工作稳定、

有保障的财政支持；二是在符合确权规范要求下，积极探索各种可能的适合各地实际的技术和方法，如平乡县培训自己的确权登记技术队伍；三是要加强对确权经费使用的监督和管理，特别是针对一些地区存在的确权经费标准高于平均程度较多的情况，提高经费划拨和使用的规范性和透明度。

4. 保持宏观政策一定的连贯性、系统性和前瞻性

从河北省调研反映情况看，很多难以解决的纠纷是因为相关农村和土地政策的不连贯和不衔接，因此建议：一是政策应有统一、明晰的顶层设计，避免政策“碎片化”导致政策之间相互冲突。我国农村土地制度和政策历经多次变迁，历经了土地农民私有到集体所有统一经营再到家庭承包经营三大阶段，这一过程中，相关法律法规和政策文件在一些问题的规定上面存在冲突。如前所述，《中华人民共和国土地管理法》规定土地撂荒两年即可以收回土地，但《中华人民共和国农村土地承包法》则规定在承包期内不得收回承包地；再如，对于农村土地承包经营纠纷的处理，由于农业系统缺乏强制执行力，虽然高法司法解释认为法院应该受理相关纠纷，但地方法院并不执行。相关政策的“碎片化”和相互冲突造成了很多难以调处的土地纠纷，未来政策设计需要加强连贯性和系统性。二是政策需要有一定的前瞻性。调研中我们发现，农村很多土地承包经营纠纷是由于承包或流转不规范导致的，如缺乏合同文本或相关工作记录等，加之农村信息化条件落后，影响农村土地工作的顺利和规范开展，由此造成了一部分土地承包经营纠纷，这需要农村相关政策的设计和制定需要具有一定的前瞻性。

5. 土地确权要密切关注土地纠纷

当前社会上对土地确权存在质疑的声音，一方面认为土地确权会引发或激化大量土地纠纷，对土地确权存在畏难心理，另一方面认为在没有解决少地特别是失地农民的生存问题情况下，土地确权会固化矛盾，因此认为土地确权意义不大或困难太大。根据此次对河北的调研，我们认为，土地确权意义重大：一是确权是赋予农民完整财产权利的必要基础性条件；二是确权是有利于从根本上解决大量土地纠纷特别是历史遗留问题的治本之策。当然，确权的过程中会有激化矛盾的风险，这就需要我们在确权过

程中按统一政策推进工作，对各地具体问题采取不激化矛盾、因地制宜的解决措施，化解一部分矛盾，在没有有效解决办法前可探索“确权确股不确地”等方式，避免纠纷显化和激化问题的情况出现。

附录 8

2013 年调查问卷

表 1　　确权登记过程中可能遇到的操作性问题

问题	具体细节
集体机动地问题	集体机动地由农户暂时耕种的如何确权？集体机动地履行了发包程序发包给农户耕种的如何确权？
地类发生变化问题	未经国土部门批准擅自变更地类的土地如何确权？
土地互换问题	同一集体经济组织内成员交换承包地且没有签订互换合同的如何确权？不同集体经济组织成员之间交换承包地的如何确权？
耕地征占用问题	国家征占集体土地且尚未支付补偿款项的如何确权？集体建设或公益事业占用承包耕地，且只纳入规划并未实际占用的，如何确权？集体土地征占后，由于面积计量标准不一致导致的“有地无面积”的集体耕地，如何确权？农户承包土地部分被征占后剩余土地面积如何计算和确权？
承包耕地调整问题	在《土地承包法》实施前进行的耕地承包经营权调整的，如何确权？在《土地承包法》实施后进京的耕地承包经营权调整的，如何确权？
土地四至打乱问题	因土地流转或整理而打乱四至边界的如何确权？
开荒地问题	在原承包地周围开荒的土地如何确权？在集体四荒地上开垦的土地如何确权？
农民建房占用承包耕地问题	经国土部门批准在耕地上建设住宅用房的如何确权？原宅基地复耕的土地如何确权？未经批准私自建设住宅用房的土地如何确权？
毁损耕地确权问题	因自然灾害毁损无法复耕的耕地如何确权？因取土采石等造成耕地毁损的如何确权？
分户、并户确权问题	户籍由一户分为多户如何确权？户籍合并是否可以以合并的土地承包经营权进行确权？
有纠纷土地确权问题	存在争议或纠纷的土地且一时不能解决的，如何确权登记？

表 2　　农户家庭基本特征（填写 2012 年情况）

问题			2012 年	2011 年	2010 年
A1	您今年年龄?	周岁			
A2	您文化程度?	1 文盲；2 小学；3 初中；4 高中/技校、职高；5 大专及以上			
A3	您家过去三年人口数?	人			
A4	其中：劳动力有几人?	人			
A5	务工劳动力有几人?	人			
A6	您家家庭总收入?	元			
A7	其中：农业收入占多少?	%			

表 3　　家庭和土地资源信息

问题				2012 年	2011 年	2010 年
B1	您家农村住宅属于哪种类型?	1 = 自有 2 = 租用	选 1 从 B2 回答；选 2 从 B6 回答			
B2	您家拥有的农村住宅有几处?	处				
B3	这些宅基地总面积有多大?	平方米				
B4	其中：国家登记的面积多大?	平方米				
B5	如果卖，这些房子能卖多少钱?	万元				
B6	在城里或镇里是否还有其他房产?	1 = 是 2 = 否				
B7	您家实际耕地经营面积?	亩				
B8	这些耕地总有几个地块?	块				
B9	其中：转出让其他人家经营的面积?	（亩）				
B10	其中：从其他人家转入经营的面积?	（亩）				
B11	目前您家耕地主要用于种植哪些作物?	（代码 1）				
B12	这些作物共获得多少收益?	（元）				
B13	土地非农化之前主要用于种植哪些作物?	（同代码 1）				
B14	平均能获得多少收益?	（元）				

注：代码 1：1 = 小麦；2 = 水稻；3 = 玉米；4 = 棉花；5 = 油菜；6 = 花生；7 = 抛荒；8 = 其他（请注明）。

表4　　　　土地非农化利用结果

问题					2012年	2011年	2010年	其他年份
C1	耕地征用	您家有没有耕地被征用过？		1=有 2=没有				
C2		如有	面积多大？	亩				
C3			主要用途是什么？	代码1				
C4			征用方式为哪种？	代码2				
C5			补偿方式为哪种？（可多选）	代码3				
C6	宅基地征用或集体统一规划利用建新村	您家有没有宅基地被征用过？		1=有 2=没有				
C7		如有	面积多大？	亩				
C8			主要用途是什么？	代码1				
C9			征用方式为哪种？	代码2				
C10			补偿方式为哪种？（可多选）	代码3				
C11	您认为土地对您家的最主要作用是什么？			代码4				
C12	土地非农之后，您家收入有什么变化吗？			1=提高 2=降低 3=不变				

注：代码1：1=城镇化公共基础设施建设；2=城镇经营性建设用地；3=军事设施；4=农村集体经营性用地；5=其他（请注明）。

代码2：1=一次征地；2=留地补偿；3=股份合作；4=长期租赁；5=自主开发；6=先买后租；7=其他（请注明）。

代码3：1=现金补偿；2=实物补偿，如新房补差、新旧置换等；3=解决就业；4=其他（注明）。

代码4：1=维持生存；2=获得额外收益；3=社会保障；4=自己的资产；5=其他（请注明）。

表5 **土地非农化利用补偿情况**

问题			2012年	2011年	2010年	其他年份
D1	您家土地非农化的补偿方式为哪种情况？（可多选）	代码1				
D2	其中：现金补偿标准是多少钱？	（元）				
D3	实物补偿标准是什么？					
D4	补偿期限？	代码2				
D5	您觉得该补偿标准如何？	1=偏高 2=适中 3=偏低				
D6	补偿是否出现拖欠行为？	1=是 2=否				
D7	土地非农之后出现了以下哪种情况？	代码3				

注：代码1：1=现金补偿；2=现金补偿与税收分成结合；3=实物补偿，如房屋或土地；4=解决就业；5=其他（请注明）。

代码2：1=一次性足额补偿；2=定额分期补偿；3=现金补偿；4=现金补偿与税收分成结合；5=其他（请注明）。

代码3：1=户籍转变；2=就业提供；3=社保基金；4=重新调整承包地；5=无情况发生；6=其他（如土地流转服务中心或土地托管服务中心、土地交易中心等，请注明）。

表 6　　　　土地纠纷和处理意愿

问题					2012 年	2011 年	2010 年	其他年份
E1		最近三年，有没有发生过土地纠纷？	1 = 有 2 = 没有	若选 2，直接回答 E7				
E2		纠纷属于下列哪种类型？	1 = 土地承包纠纷 2 = 土地流转纠纷 3 = 征占耕地补偿纠纷 4 = 征占宅基地纠纷	选 1 回答 E3 选 2 回答 E4 选 3 回答 E5 选 4 回答 E6				
E3		土地承包纠纷类型？	1 = 涉及村民迁入迁出、出生死亡、妇女权益 2 = 涉及机动地、四荒地发包 3 = 涉及土地承包经营权证					
		上述纠纷是否已经得到解决？	1 = 是 2 = 否	选 1 回答 $E3_1$ 选 2 回答 $E3_2$				
	$E3_1$	主要是通过什么途径解决？	代码 1					
	$E3_2$	打算通过哪种途径解决？	代码 1					
E4		土地流转纠纷类型？	1 = 农户之间 2 = 农户与村组之间 3 = 农户与其他主体之间					
		上述纠纷是否已经得到解决？	1 = 是 2 = 否	选 1 回答 $E4_1$ 选 2 回答 $E4_2$				
	$E4_1$	主要是通过什么途径解决？	代码 1					
	$E4_2$	打算通过哪种途径解决？	代码 1					
E5		征占耕地补偿纠纷类型？	1 = 涉及分配对象确定的 2 = 涉及补偿金分配比例的 3 = 涉及补偿金发放的					
		上述纠纷是否已经得到解决？	1 = 是 2 = 否	选 1 回答 $E5_1$ 选 2 回答 $E5_2$				
	$E5_1$	主要是通过什么途径解决？	代码 1					
	$E5_2$	打算通过哪种途径解决？	代码 1					
E6		征占宅基地纠纷类型？	代码 2					
E7		您家是否存在潜在的（指尚未发生，但存有争议或隐患）农村土地承包经营纠纷？	1 = 是 2 = 否					
E8		若是，是哪种类型？	参照 E2、E3、E4、E5、E6 选择					

注：代码 1：1 = 自行解决；2 = 通过仲裁；3 = 其他方式。

代码 2：1 = 补偿标准低或不合理；2 = 强制征占宅基地；3 = 拖欠宅基地补偿款；4 = 少发或不发补偿款；5 = 其他（注明）。

附录 9

2014 年村级与户级调查问卷

农村土地承包经营纠纷村级调查问卷

________省________市________县________乡（镇）________村

村表填表人姓名：________现任职务：________联系电话：________

表 1　　　　　　　　　　　　　行政村基本情况

V1	V2	V3	V4	V5	V6	V7	V8	V9	V10	V11
自然村个数	本村地势（填代码）	距县城交通距离	距乡镇政府所在地交通距离	是否为贫困村？	经济发展水平在全乡或全镇排名	近 5 年用于直接农业生产的公共投入额？	总户数	其中		
								纯农户	兼业农户	完全不务农户
个	1 = 平原 2 = 丘陵 3 = 山地	公里	公里	1 = 是 2 = 否	1 = 靠前 2 = 居中 3 = 靠后	万元	户	户	户	户

V12	V13	V14	V15	V16	V17	V18	V19
全村总人口	其中		本村全年人均纯收入	本地雇工日工资		宗族情况	
	连续外出务工 6 个月以上人口	常住人口		农业劳动雇工工资	非农行业劳动雇工工资	本村是否有占优势的大家族？有几家？	村书记和村主任是否来自本行政村前两位最大家族？
人	人	人	元/人·年	元/天	元/天	1 = 一家　2 = 两家 3 = 三家　4 = 四家 5 = 五家及以上 6 = 无占优势的大家族	1 = 都不是　2 = 村主任是，村书记不是　3 = 村书记是，村主任不是　4 = 都是

表 2　　　　　　　　　　土地承包与流转情况

V20	V21	V22	V23	V24	V25	V26	V27	V28	V29	V30	V31	V32
全村家庭承包土地面积	其中				人均家庭承包耕地面积	其他承包方式土地面积	耕地灌溉条件	本村地块总体质量（与类似经营结构的其他地区相比）	本村是否已发耕地承包证？	村民有没有重新分地的要求？	土地二轮承包以来，本村有没有调整过家庭承包土地？	如果调整过家庭承包土地，大约每隔几年调整一次？
	耕地	林地	草地	水塘								
亩	亩	亩	亩	亩	亩	亩	1 = 较差 2 = 一般 3 = 较好	1 = 较差 2 = 一般 3 = 较好	1 = 已发 2 = 没发	1 = 有 2 = 没有	1 = 有 2 = 没有	年

V33	V34	V35	V36	V37	V38	V39	V40
本村最近一次调整家庭承包土地是在哪年？	本村流转土地总面积	按照用途分，流转用于种植粮食的土地面积	流转用于种植经济作物的土地面积	按照流转对象分，其中			
				流转给农户的面积	流转给合作社的面积	流转给企业的面积	流转给其他经营主体的面积
年	亩	亩	亩	亩	亩	亩	亩

V41	V42	V43	V44	V45	V46	V47	V48
流转租金				村集体是否统一流转土地？	流转耕地面积占全村耕地总面积比重	本村土地共有多少地块？	本村所在乡镇或县市有没有土地交易中心？
耕地	林地	草地	水塘				
元/亩	元/亩	元/亩	元/亩	1 = 是 2 = 否	%	块	1 = 有 2 = 没有

表 3　　**全村土地确权进展状况**

V49	V50	V51	V52	V53	V54	V55	V56	V57	V58
目前本村土地确权工作进行到哪一阶段？（填代码）	确权后实测面积	确权过程中本村是否调地？	确权过程中当事人提出争议共多少起？	全部争议共涉及多少农户？	全部争议共涉及多大土地面积？	这些争议中，已解决的争议多少起？	解决的争议涉及多少农户？	解决确权争议最主要采取哪一种方式？（填代码）	未解决的争议中，主要是哪些方面导致的？（填代码）
1＝量地 2＝公示 3＝完善合同 4＝颁证	亩	1＝是 2＝否	起	户	亩	起	户	1＝调解 2＝仲裁 3＝法院 4＝其他（请注明）	1＝原始承包资料丢失 2＝承包共有人不清 3＝四至不清 4＝其他（请注明）

问题	选项	答案
如果颁发承包证之后，您认为村集体对农户承包土地还能行使什么权利？（选择题,填代码）	1＝村集体根据农民意愿，可行使继续调地的权利 2＝当农户转让承包的土地时，村集体有同意或否定的权利 3＝当农户撂荒土地满两年，村集体有收回承包土地的权利 4＝当土地被征占时，村集体有同意或否定的权利 5＝颁发承包证后，村集体不能行使任何权利 6＝不清楚还能行使哪些权利	答案填在下面括号内： （　）

土地承包经营纠纷发生与解决情况

这里调查的“土地纠纷”是指在土地承包和经营过程中，农民不满意，向相关人员（如向其他村民、村小组、村集体等）提出自己的主张和诉求，包括过去已经发生并得到解决的争议和纠纷，请注意不要漏填

V59	V60	V61	V62	V63	V64	V65	V66
第二轮承包以来，本村共发生过各类土地纠纷多少件？	其中			纠纷共涉及多少亩土地？	纠纷土地最主要的用途是什么？（填代码）	全部纠纷共涉及多少农户？	开展确权之前，发生的纠纷件数？
	承包纠纷多少件？	流转纠纷多少件？	征占纠纷多少件？				
件	件	件	件	亩	1＝用于种植粮食作物 2＝用于种植经济作物 3＝用于养殖业 4＝用于非农建设用地 5＝其他（请注明）	户	件

V67	V68	V69	V70	V71	V72	V73	V74	V75
全部纠纷中，已经解决多少件？	其中通过调解解决			通过仲裁解决		通过法院解决多少件？	本村有多少调解员接受过专门培训？	您认为哪种解决纠纷方式最有效？（填代码）
	自行调解多少件？	村委会调解多少件？	乡镇调解多少件？	仲裁调解多少件？	仲裁裁决多少件？			
件	件	件	件	件	件	件	人	1＝调解　2＝仲裁 3＝法院　4＝其他

附录10

土地承包经营及确权情况户级调查问卷

________省________市________县________乡（镇）________村

受访者姓名：________性别：_____年龄：_____联系电话：________

与户主关系：________调查日期：______月______日

表1　（户口簿）户主信息

H1	H2	H3	H4	H5	H6	H7	H8
户主性别	户主年龄	是否是少数民族？（填代码）	上过几年学？	是否中共党员？（填代码）	是否干部？（填代码）	户主主要职业（按收入）（填代码）	您家是否为本村较大的家族？
1=男 2=女	周岁	1=是 2=否	年	1=是 2=否	1=是 2=否	1=务农　2=外出打工或经商 3=政府机关或村组织工作 4=小工商业主或私营业主 5=教师医生等　6=退休养老 7=其他	1=是 2=否

表2　受访家庭基本特征

H9	H10	H11	H12	H13	H14	H15	H16	H17				
家庭成员总数	分到地的人数	您家中正在上学的人数		您家中是否有长期照料的病人？	劳动力人数	去年(2013)您家有几个人在家中务农？	去年在家平均每人做几个月农活（除去休闲时间）？	主要农业经营项目（按收入排序，可多选）				
人	人	中小学	大学及以上	1=是 2=否	人	人	月	1=粮谷　2=棉麻　3=薯类　4=油料或大豆　5=糖料　6=烟草　7=药材 8=蔬菜　9=花卉　10=其他园艺 11=水果　12=茶或香料　13=林木 14=牲畜　15=家禽　16=淡水养殖 17=农业服务业　18=其他（请注明）				
		人	人									

H18	H19	H20	H21	H22	H23	H24	H25	H26
近三年年均农业经营总收入是多少元（所有务农项目）？	近三年年均农业总支出是多少元？	过去五年，每年您家务农收入与年初预期是否符合？	去年您家为其他农户打工天数（家庭成员累计）？	为其他农户打工每人每天劳务收入多少？	去年您家里外出打工（从事非农）多少人？	平均每人外出务工几个月？	平均每人每月工资多少元？	每年您家其他非农经营收入多少元？
万元	万元	1=基本符合预期 2=不太符合预期 3=完全不符合预期 4=变动很大，很难预期	天	元/人	人	月/人	元/月	元/年

表 3 **土地确权情况**

H27	H28	H29	H30	H31	H32	H33	H34	H35
您认为您家承包的土地归谁所有?	您家耕地是否开始确权?	若开始确权,您认为目前正进行到哪一阶段?	确权后,实测面积	确权时,您家有没有调地?	确权过程中存在争议的地块有几块?(如果地块没有争议填0)	有争议的地块已经解决了几块?	主要采用何种方式解决?	有争议的地块未解决,是由哪些方面导致的?
1=肯定是国家 2=肯定是集体 3=肯定归自己 4=不明确	1=是 2=否	1=量地 2=公示 3=完善合同 4=颁证 5=不清楚	亩	1=有 2=没有	块	块	1=调解 2=仲裁 3=法院 4=其他(注明)	1=资料缺失 2=共有人不清 3=承包面积变化 4=其他(注明)

H36 您家承包的土地是否被征占过?答案写在括号里:( ) 1=有 2=没有

☞如果回答"有",请继续回答 H37;如果回答"没有",请跳过表 4,继续回答表 5。

H37 您家被征占的土地涉及( )个地块。

H38 您家被征占的土地涉及面积( )亩。请继续回答表 4。

表 4 **承包地征占状况**

指标	H39	H40	H41	H42	H43	H44	H45	H46	H47	H48	H49	H50	H51	H52	H53
					如果有补偿								如果不满意		
	征占年份	征占面积	征地用途	有无补偿	现金补偿		实物补偿		有无提供房屋	有无提供工作	有无提供社保	您对补偿结果是否满意	是否明确提出过	如果提过	
					补偿金额	补偿期限	折多少钱	补偿期限						跟谁提的	有无解决
	年	亩	用途编码	1=有 2=无	元	期限编码	元	期限编码	1=有 2=无	1=有 2=无	1=有 2=无	1=是 2=否	1=是 2=否	对象编码	1=有 2=无
第 1 次															
第 2 次															
第 3 次															

注:用途编码:1=城镇化公共基础设施建设;2=城镇经营性建设用地。

期限编码:1=一次性足额补偿;2=定额分期补偿;3=其他(请注明)。

对象编码:1=小组干部;2=村干部;3=乡干部。

H54　您家承包的土地是否发生争议或纠纷（即自己对土地承包经营存在不满意的地方，并向其他村民、村小组、村集体等提出自己的主张和诉求）？答案写在括号里：(　)1 = 是　2 = 否

☞如果发生过争议，请继续回答表5。

表 5　土地承包经营争议或纠纷发生情况

指标	H55	H56	H57	H58	H59	H60	H61	H62	H63	H64	H65	H66	H67
	类型	原因	涉及面积	涉及农户和企业共多少家？	最早产生哪一年？	是否引起打架？	是否已经解决？	若解决，在哪一年解决？	主要的解决方式是什么？	对争议解决是否满意？	若未解决，打算如何解决？	争议是否涉及土地确权？	争议主要发生在哪个阶段？
	1 = 承包纠纷 2 = 流转纠纷 3 = 征占纠纷	原因编码	亩	家	年	1 = 是 2 = 否	1 = 是 2 = 否	年	1 = 自行调解 2 = 乡镇调解 3 = 村委会调解 4 = 仲裁和解 5 = 仲裁裁决 6 = 法院起诉 7 = 其他（请注明）	1 = 满意 2 = 不满意	1 = 自行调解 2 = 乡镇调解 3 = 村委会调解 4 = 仲裁和解 5 = 仲裁裁决 6 = 法院起诉 7 = 其他（请注明）	1 = 是 2 = 否	1 = 签合同的那段时间 2 = 合同签订之后，土地经营过程中 3 = 其他(请注明)
争议 1													
争议 2													
争议 3													

注：**类型 1 承包纠纷的原因编码**：1 = 村民迁入迁出、出生死亡、妇女权益；2 = 机动地、四荒地发包；3 = 土地承包经营权证；4 = 其他原因（请注明）。

类型 2 流转纠纷的原因编码：1 = 农户之间；2 = 农户与村组集体之间；3 = 农户与龙头企业之间；4 = 农户与合作组织之间；5 = 农户与其他主体之间（请注明）；6 = 其他原因（请注明）。

类型 3 征占纠纷的原因编码：1 = 确定分配对象；2 = 补偿金分配比例；3 = 发放补偿金；4 = 其他原因（请注明）。

附录 11

2015 年村级与户级调查问卷

土地承包经营与流转状况村级调查表

________省________市________县________乡（镇）________村

填表人姓名：____________填表人电话：现任职务：____________

联系电话：____________

表 1　　行政村基本情况

V1	V2	V3	V4	V5	V6	V7	V8	V9	V10	V11
自然村（村民小组）个数	本村地势	与县城交通距离	与乡镇政府所在地交通距离	与最近的集市的距离	是否属于城郊？	经济发展水平在全乡或全镇排名	总户数	常住人口	农业人口	劳动力
个	1 = 平原 2 = 丘陵 3 = 山地	公里	公里	公里	1 = 是 2 = 否	1 = 靠前 2 = 居中 3 = 靠后	户	人	人	人

V12	V13	V14	V15	V16	V17	V18
30 亩以上种植户数量	在城镇从事非农工作累计半年以上的有多少人	本村全年人均纯收入	农户的主要收入来源	家里户主一辈往上追溯两代都为本村人的农户比例？	村里各类合作社数量	本村农户参加合作社的比例是？
户	人	元/人·年	收入来源代码	成	个	%

注：收入来源代码：1 = 农业；2 = 以农业为主兼业；3 = 非农为主兼业；4 = 非农业。

表 2　　　　土地承包与确权情况

V19	V20	V21	V22	V23	V24	V25	V26	V27	V28
全村家庭承包土地面积	其他承包方式土地面积	承包地中，耕地面积	林地面积	草地面积	水塘面积	未发包农用土地面积	耕地质量和种植条件总体如何	是否已发土地承包证?	二轮承包以来调整承包地次数
亩（1 亩 = 666.7 平方米）	亩	亩	亩	亩	亩	亩	1 = 较差 2 = 一般 3 = 较好	1 = 是 2 = 否	次数

V29	V30	V31	V32	V33	V34	V35	V36	V37	V38
二轮承包以来村里调整过的土地占总农用地面积的比重	2005 年以来土地被征用次数	共征用土地面积	土地开始确权时间	土地确权进展	确权中产生争议的农户有几户	确权中产生争议的土地面积占总农用地面积比例	争议最主要原因（可多选）	争议是否已经解决	确权中是否调地
%	次数	亩	年月	1. 未确权 2. 量地 3. 公示 4. 颁证	户	%	争议原因代码	1. 暂时搁置 2. 正在解决 3. 已解决	1. 是 2. 否

表 3　　　　土地流转情况

V39	V40	V41	V42	V43	V44	V45
本村流转土地总面积	流转土地面积占全村农用地总面积比重	主要流转方式	主要转出给谁	流转给种粮大户的面积	流转用于种植粮食的土地面积	流转用于经济作物土地面积
亩（1 亩 = 666.7 平方米）	%	流转方式代码	转出对象代码	亩（1 亩 = 666.7 平方米）	亩	亩

V46	V47	V48	V49	V50	V51
流转租金：耕地	流转租金：林地	流转租金：草地	流转租金：水塘	村集体是否统一流转土地?	本村所在乡镇或县市有没有土地交易中心?
元/亩	元/亩	元/亩	元/亩	1 = 是 2 = 否	1 = 有 2 = 没有

注：流转方式代码：1 = 转包或出租；2 = 股份合作；3 = 托管；4 = 其他，请说明。

转出对象代码：1 = 普通农户；2 = 大户；3 = 合作社；4 = 家庭农场；5 = 企业；6 = 政府。

表 4　　**土地纠纷情况**

V52	V53	V54	V55	V56	V57	V58	V59
2005 年以来，本村平均每年纠纷有多少件？	承包纠纷平均每年多少件？	流转纠纷平均每年多少件？	征占纠纷平均每年多少件？（不足一件填小数）	2005 年以来发生过纠纷的土地占全部农用地面积的比例有多大？	纠纷土地最主要的用途是什么？（填代码）	2005 年以来的全部纠纷中，共涉及多少农户？	全部纠纷中，已经解决多少件？
件	件（不足一件填小数）	件（不足一件填小数）	件（不足一件填小数）	%	土地用途代码	户	件

V60	V61	V62	V63	V64
其中自行调解多少件？	村委会调解多少件？	乡镇调解多少件？	仲裁调解或裁决多少件？	通过法院解决多少件？
件	件	件	件	件

注：①纠纷或争议包括农户之间私下的和反映到村组或政府部门的两种情况；②承包纠纷包括分地调地确权、互换、转让和日常经营等情况中发生的纠纷；③流转纠纷包括农户私下以及和村集体之间的纠纷；④征占纠纷指承包地转为国有土地进行非农化利用时发生的纠纷。

土地用途代码：1 = 用于种植粮食作物；2 = 用于种植经济作物；3 = 用于养殖业；4 = 用于非农建设用地；5 = 其他（请注明）。

附录 12

农村土地承包和流转状况户级调查问卷

________省________市________县________乡（镇）________村

受访者姓名：受访者手机号：________调查员姓名：________调查员手机号：________调查日期：________查表人员姓名：________

1. 受访家庭信息

	实际经营决策者个人信息								家庭信息					
问题	您（受访者）对种地问题是否说了算（即是否实际经营决策者）？	（实际经营决策者）性别	年龄	上过几年学	职业	是否当过村干部	是否办过企业	有没有长期从事农业种植的明确打算（10 年以上）	加入了几个合作社	2014 年年底家中有几口人（参考说明 1）	2014 年年家里几个劳动力（参考说明 2）	这些人中有几人参加非农工作（参考说明 3）	2014 年家庭纯收入是多少（参考说明 4）	其中农业种植业纯收入是多少
单位及说明	1. 是 0. 否	1. 男 0. 女	岁	年	职业代码	1. 是 0. 否	1. 是 0. 否	1. 明确 0. 不明确	数量（如未加入填“0”）	人数	人数	人数	元	元
编码	A1	A2	A3	A4	A5	A6	A7	A8	A9	A10	A11	A12	A13	A14

	家庭信息					
问题	林、牧、渔纯收入是多少	非农收入（工资、土地租金、各项补贴等）是多少	家里从户主一代往上数两代人是否生活在本村	到 2014 年年底家里一共种了多少亩地	其中转入土地共多少亩	转入土地搞规模种植总时间（参考说明 5）
单位及说明	元	元	1. 是 0. 否	标准亩（1 亩 =666.7 平方米）	标准亩（1 亩 =666.7 平方米）	年数
编码	A15	A16	A17	A18	A19	A20

职业代码：1. 农业；2. 以农业为主兼业；3. 非农为主兼业；4. 非农业

说明 1：包括 3 类人员：①户口在家；②在家全年居住 3 个月以上；③具有在外集体户口的在学和参军人员

说明 2：劳动力包括：16 周岁以上（1999 年以前出生）能从事农业或非农业经济活动的人口

说明 3：非农工作指从事农、林、牧、渔业外，并且就业时间超过 1 个月的，有经营收入的工作，包括家庭经营副业

说明 4：非农业纯收入包括工资等劳动收入和土地租金等资产收入，不扣除日常消费支出；农业纯收入为农业总产量与销售价格之积扣除生产成本

说明 5：转入土地总规模超过 15 亩的总年数，如无填“0”

2. 土地承包及农户土地权利认知

	自有土地情况					承包地经营		若开始确权请填写				权利认知	
问题	2014年底承包地总面积（参考说明1）	目前承包地地块数量	承包村集体机动地或荒地面积（参考说明2）	除转入或代耕代种，不在承包合同中列出的地块面积（参考说明3）	二次承包（1997年、1998年）之后，通过土地调整得到的土地面积（参考说明4）	承包地种植作物	承包地最近一年经营的亩均纯收入是多少元（参考说明5）	是否清楚您家承包地在确权中做过测量或标记	是否清楚确权后的土地面积相比原面积的变动情况	确权完成后若有非农就业机会，您是否更愿意转出土地	确权完成后若继续种地，是否更愿意做出长期投资	您现在认为自己的承包地更像是谁的（拥有实质性的土地权利）	您认为土地承包期“30年不变”和改为“长久不变”是否有实质区别
单位及说明	亩（1亩=666.7平方米）	块	亩（如无填“0”）	亩（可估计，如无填“0”）	亩（可估计，如无填“0”）	种植品种代码（可多选）	元/亩·年	1. 是 0. 否	1. 是 0. 否	1. 是 0. 没影响	1. 是 0. 没影响	1. 国家 2. 村集体 3. 自己的	1. 是 0. 否 （若不清楚填“0”）
编码	B1	B2	B4	B5	B6	B7	B8	B9	B10	B11	B12	B13	B14

说明1：承包地是指承包的村集体所有的土地，包括家庭承包和机动地发包发包等方式，在承包资料中列出。

说明2：机动地、荒地承包是指家庭承包以外村集体将预留的机动地、荒地单独发包给个人的方式；家庭承包是指按均分原则由村集体统一将土地分给本组织农户的承包方式。

说明3：如自留山、自留地等。

说明4：不包括二轮承包之时的调地。

种植品种代码：1. 抛荒；2. 粮食作物；3. 经济（包括蔬菜、水果等）或园林等。

说明5：指承包地全部流转出去之前最近一年的纯收入，若未转出为2014年。

3. 2000～2014 年土地转入和经营情况（注意：①若转入时间相近，与各转出方合同或口头协议内容相同，与出让方关系相似，土地质量和种植条件一致，转入后地块种植作物类型一致，则看成一个批次的转入。所以，一次转入的地块数量和出让方可能有多个。②即使无流转 C26－28 也需填写。）

流转批次	转入时间	各批次转入的地块信息											
		此次转入地块数量（参考说明 1）	此次转入地块总面积	刚转入时，与这些块相连的地块总面积（参考说明 2）	这些地块平均离家距离	地块土质状况和种植条件如何	这些地块是否靠近主要道路	这些地块最近一年种植作物品种是	种植的最近一年（不包括 2015 年），所有作物亩均纯收入是多少	转入前您预期这块地收益波动幅度大不大	转入前这些地块是否村集体未发包土地	为此次流转经营专门做出的长期投入有多少（参考说明 3）	一共涉及多少转出土地的农户
按时间由近及远排序，填写最近两次	年月	块（可估计）	标准亩	标准亩	里	1. 好 2. 中 3. 差	1. 是 0. 否	种植品种代码（可多选，用逗号隔开）	元/亩·年	1. 较小 2. 适中 3. 较大	1. 是 0. 否	元	户数
编码	C1	C2	C3	C4	C5	C6	C7	C8	C9	C10	C11	C12	C13

流转批次	与出让方关系		流转方式	合同形式
	与这些农户的关系	此次流转是否有村集体或地方政府的参与或推动		
按时间由近及远排序，填写最近两次	关系代码	1. 是 0. 否	流转方式代码	1. 书面 0. 口头
编码	C14	C15	C16	C17

说明 1：地理上不相连，且内部在一季种植同一种作物即为一个地块。若转入后地块相连则按合并之后计算，例如若经整理合并为 1 大块，则填“1”

说明 2：填写刚转入时已耕种或已知即将要耕种的地块总面积，包含此次转入地块。例如，2014 年 3 月转入 3 块地，共计 10 亩，其中两块和自己家承包地和已转入并种植的地块（共计 6 亩）相连，此时应填写“16”

种植品种代码：1. 抛荒；2. 粮食作物；3. 经济（包括蔬菜、水果等）或园林等

说明 3：包括特定用于该地块的机械设备购置、土地整理和新技术采用和培训成本三项，加总后填入

关系代码：1. 父母或兄弟姐妹；2. 其他亲戚或邻友；3. 本村其他村民；4. 外村或外地人

流转方式代码：1. 代耕代种；2. 转包、出租或互换（互换没有在村集体备案）；3. 股份合作或托管（一般有政府或村集体参与）

续表

流转批次	流转时是否明确规定了土地使用年限（参考说明1）	若是，使用年限是多少年（参考说明1）	您认为通过此后的再商量对此次土地使用时间约定进行变更的难度有多大	流转时如何规定租金调整方式	若选2，规定了租金可调整，那几年一调	您认为通过以后再协商改变租金调整方式的难度有多大（参考说明2）	刚转入时支付租金是多少（参考说明3）	流转时，您认为这块地给您最少种几年您才会租	此次流转哪个阶段问题最多	这些问题向谁提出过	主要解决方式是什么	是否已经解决
按时间由近及远排序，填写最近两次	1. 是 0. 否	年数	1. 容易 2. 说不清 3. 困难	调整方式代码	年数	1. 容易 2. 说不清 3. 困难	元/亩·年	年数	阶段编码	提出对象编码	解决方式编码	1. 是 2. 否
编码	C18	C19	C20	C21	C22	C23	C24	C25	C26	C27	C28	C29

说明1：若明确规定到承包期结束，则选“1”。承包到期按2028年算。

调整方式代码：1. 明确规定了固定不变，或只按粮价调整；2. 大体规定了调整的时间、比例或原则；3. 没作规定。

说明2：指由规定不变到变、或更改调整比例，又或做出新规定。

说明3：若实物形式需转化为货币。

说明4：若发生了转出，接续前面的流转批次情况提问；若未发生转出，按以后如果发生的转出情况进行假设。

规定1代码：1. 规定一个明确的使用时间；2. 规定一个时间范围；3. 不必事先规定。

规定2代码：1. 明确规定一个固定数额；2. 只规定调整的范围或原则；3. 不必事先规定。

规定3代码：1. 明确规定一个固定的调整时间（或不调）；2. 规定一个调整时间范围；3. 不必事先规定。

阶段编码：1. 达成合同或约定之前的谈判阶段；2. 合同或约定本身的问题；3. 流转之后的执行阶段；4. 其他（请注明）；5. 没有问题。

提出对象编码：1. 没有提出；2. 只对出让方/受让方提出；3. 对村/村民小组提出；4. 对乡镇提出；5. 向县市级以上提出。

解决方式代码：1. 没有寻求解决；2. 自行调解；3. 村委会调解；4. 乡镇调解；5. 仲裁解决；6. 法院诉讼。

4. 2005 年以来承包地变动情况（调研员先根据变动原因代码解释承包权变动的可能）

承包田变动次数	变动年份	变动原因	变动后付出或得到补偿或租金	若是，补偿标准是多少	变动和补偿问题是否让你产生过不满	若是，向谁提出过	是否引起过争吵	问题是否已经得到解决	若解决，由哪方起了关键作用
次数（时间由近及远）	年	变动原因代码	1. 是；0. 否	元/亩	1. 是；0. 否	提出对象代码	1. 是；0. 否	1. 是；0. 否	解决方式代码
编码	E1	E2	E3	E4	E5	E6	E7	E8	E9

变动原因代码：1. 经营权转出（通过转包出租或入股托管等）；2. 村庄土地调整；3. 分家；4. 被征用；5. 开荒地；6. 互换/兑换；7. 土地承包经营权转让；8. 土地确权；9. 其他（请注明）。

提出对象代码：1. 没有向外人提出过；2. 只向当事人提出；3. 村/村民小组；4. 乡镇政府；5. 县市级及以上政府。

解决方式代码：1. 私下解决；2. 村民小组；3. 村集体；4. 地方政府。

参考文献

［1］陈丹、陈柳钦：《新时期农村土地纠纷的类型、根源及其治理》，载于《河北经贸大学学报》2011 年第 6 期。

［2］王丽影、任大鹏：《依法完善农村土地承包经营纠纷调解仲裁机制》，载于《农村经营管理》2010 年第 1 期。

［3］蔡虹：《农村土地纠纷及其解决机制研究》，载于《法学评论》2008 年第 2 期。

［4］孙仲玲：《完善农村土地承包经营纠纷仲裁法律制度的思考》，载于《云南民族大学学报（哲学社会科学版）》2012 年第 4 期。

［5］徐晓波：《农村土地纠纷仲裁解决机制的运行现状、问题及对策——以安徽省为例》，载于《唯实》2008 年第 9 期。

［6］黄红卫：《完善土地承包法律政策减少不合理纠纷诉求》，载于《农村经营管理》2013 年第 8 期。

［7］白呈明：《农村土地纠纷的社会基础及其治理思路》，载于《中国土地科学》2007 年第 12 期。

［8］孔喜梅：《农村土地纠纷的类型及对策探讨》，载于《当代经济》2008 年第 12 期。

［9］黄卫红：《我国农村土地纠纷成因透析》，载于《安徽农业科学》2007 年第 35 期。

［10］陈丹、陈柳钦：《新时期农村土地纠纷的类型、根源及其治理》2011 年第 11 期。

［11］刘昕：《浅析农村土地承包经营纠纷仲裁的行政化》，载于《经济述评》2011 年第 6 期。

［12］徐晓波：《我国农村土地仲裁制度之反思与重构》，载于《皖西学院学报》2010 年第 2 期。

[13] 王欢：《农村土地承包经营纠纷解决中对调解仲裁情况的研究》，载于《法制与社会》2013 年第 6 期。

[14] 周艳波：《论农村土地纠纷类型、原因和解决措施》，载于《学术界》2008 年第 1 期。

[15] 白呈明：《农村土地纠纷的社会基础及其治理思路》，载于《中国土地科学》2007 年第 6 期。

[16] 高帆：《土地承包农户纠纷的制度原因及其化解路径》，载于《社会科学辑刊》2006 年第 2 期。

图书在版编目（CIP）数据

基于大样本调查的我国农村土地承包经营纠纷与化解研究/
夏英等著．—北京：经济科学出版社，2020.5
（中国农业科学院农业经济与发展研究所研究论丛．第5辑）
ISBN 978-7-5218-1532-0

Ⅰ．①基… Ⅱ．①夏… Ⅲ．①农村土地承包法-经济纠纷-研究-中国 Ⅳ．①D922.4

中国版本图书馆CIP数据核字（2020）第073946号

责任编辑：齐伟娜 初少磊
责任校对：郑淑艳
责任印制：李 鹏 范 艳

基于大样本调查的我国农村土地承包经营纠纷与化解研究
夏英 吕开宇 等著
经济科学出版社出版、发行 新华书店经销
社址：北京市海淀区阜成路甲28号 邮编：100142
总编部电话：010-88191217 发行部电话：010-88191540
网址：www.esp.com.cn
电子邮箱：esp@esp.com.cn
天猫网店：经济科学出版社旗舰店
网址：http://jjkxcbs.tmall.com
北京季蜂印刷有限公司印装
710×1000 16开 15.25印张 240000字
2020年10月第1版 2020年10月第1次印刷
ISBN 978-7-5218-1532-0 定价：60.00元